幼儿园活动设计与评析

主　编　李士萍
副主编　张学仁　刘　婷　赵建新

天津大学出版社
TIANJIN UNIVERSITY PRESS

图书在版编目（CIP）数据

幼儿园活动设计与评析 / 李士萍主编；张学仁，刘婷，赵建新副主编. — 天津：天津大学出版社，2024.4
ISBN 978-7-5618-7699-2

Ⅰ. ①幼…　Ⅱ. ①李… ②张… ③刘… ④赵…　Ⅲ. ①幼儿园－教学活动－教学设计　Ⅳ. ①G612

中国国家版本馆CIP数据核字（2024）第068310号

出版发行　天津大学出版社
地　　址　天津市卫津路92号天津大学内（邮编：300072）
电　　话　发行部：022-27403647
网　　址　www.tjupress.com.cn
印　　刷　天津泰宇印务有限公司
经　　销　全国各地新华书店
开　　本　787mm × 1092 mm　1/16
印　　张　16.5
字　　数　351千
版　　次　2024年4月第1版
印　　次　2024年4月第1次
定　　价　48.00元

本书编写委员会

主　编　李士萍

副主编　张学仁　刘婷　赵建新

编　委（以姓氏笔画为序）

刘振梅　张玉芝　周　超

郝文慧　柴美艳　傅立洁

写在前面的话

在 2020 年 10 月学前教育专业认证专家进校考察中，专家提出了两个中肯的意见，即必须加强教材建设和优秀案例资源库建设。在 2021 年学前教育专业的国家一流本科专业建设点的建设中，教材和优秀案例资源库的建设仍然是重中之重，其被列入 2022 年重点建设计划中。经过近一年的努力，《幼儿园活动设计与评析》一书的书稿编写完成。

《幼儿园活动设计与评析》以《幼儿园教育指导纲要（试行）》为依据，以 2021 年"国培计划"中西部骨干项目、市级幼儿园骨干教师省内提升培训项目为依托，精选学前骨干教师五大领域活动设计的优秀案例编写而成，充分体现了幼儿园骨干教师对五大领域课程内容的设计与思考。本书资源选取 60 个优秀活动案例，涵盖健康、语言、社会、科学、艺术五大领域，案例真实、鲜活，让师范生感到这是跳一跳能摘的果子，自己有希望通过努力去摘到那个果子，为自己日后能创造性地设计五大领域活动打下良好基础。书中名师、专家从理论高度进行了分析点评，正所谓"物有本末，事有始终，知所先后，则近道矣"，理论点评进一步体现了理论与实践的融合。

本书专家在点评时提出中肯的建议，师范生在学习的过程中是否也像专家一样发现问题，对于发现的问题如何进一步修改完善，或者是同样的主题，师范生怎么设计活动，达到"同课异构"？师范生也可以联系案例的设计者，跟骨干教师共同研讨，修改、完善案例，达到研习的目的。

廊坊师范学院学前教育专业的培养目标是培养学前骨干教师，让师范生在校学习期间站在骨干教师的肩膀上，看的是骨干教师的优秀课例，听的是骨干教师的示范课，得到的是骨干教师师带徒式的有针对性的指导和训练，跟随骨干教师一起研修成长，做到学、思、悟、进，极大地促进培养目标的达成。

本书在编写过程中，得到了廊坊师范学院领导大力支持。幼儿园多位骨干教师提供活动案例，教育学院学前教育系的教师和多位幼儿园园长、名师点评案例，各位编委为本书的编写付出了辛勤努力，特此致谢！天津大学出版社的胡小捷老师对于本书的策划和出版给予大力支持和精心指导，她精益求精的工作态度成为我们学习的榜样，谨致诚挚谢意！由于编者精力和水平有限，本书难免有各种不妥之处，敬请广大读者朋友批评指正！

编　者

2024 年 1 月

目　录

语言领域

社会领域

健康领域

科学领域

艺术领域

语言领域

汤姆的小妹妹

活动基本信息

名　　称：《汤姆的小妹妹》
活动领域：语言
年 龄 班：大班
设 计 者：刘　蕊
点 评 者：陈婷婷

活动设计

设计思路

随着“二孩”“三孩”生育政策的放开，班里多子女家庭的数量逐渐增加。许多孩子做了哥哥姐姐，问题也随之而来。在日常活动中，我发现班上一个平日里爱说爱笑的小女孩突然变得不爱说话了，而且经常因为一点小事与同伴发生争执。在与这位小朋友的聊天中得知，她的家里新添了一个小弟弟，她觉得自己受到了冷落，情绪一直不好。为帮助幼儿疏解不良情绪，依据《3~6 岁儿童学习与发展指南》（简称《指南》）中的教育建议“帮助幼儿学会恰当表达和调控情绪，如：……成人和幼儿一起谈论自己高兴或生气的事，鼓励幼儿与人分享自己的情绪”，我们设计了《汤姆的小妹妹》讲述活动，通过阅读故事，使幼儿感受主人公汤姆在妹妹出生前后的情绪变化，鼓励幼儿接纳自己的不良情绪，师幼共同制作“情绪转盘”，引导幼儿学会合理化解消极情绪。

活动目标

（1）在故事情境中感受主人公在妹妹出生前后情绪的变化。
（2）能够正确接纳自己的不良情绪。
（3）学习合理地释放消极情绪，保持身心愉悦。

活动准备

（1）物质准备：PPT 、背景音乐、纸、水彩笔、亲子照片、父母来信。

（2）经验准备：幼儿有与弟弟妹妹生活的经验、伤心和高兴的情绪体验。

活动过程

1. 回忆生活经验，交流不同的情绪体验

（1）小朋友们，今天老师带来了两张图片，请你们根据图片说一说：图片中的表情是什么样的？（出示表情图）

（2）回忆一下，生活中你遇到了哪些使你高兴或者难过的事情呢？

小结：是呀，不仅小朋友们有高兴和难过的事情，我们大人也有。所以生活中无论遇到哪些事情，产生了怎样的情绪，我们都要努力接纳。

2. 阅读绘本《汤姆的小妹妹》，感受汤姆在妹妹出生前后的情绪变化

（1）今天老师邀请到了一位好朋友，它是一只小兔子，名字叫汤姆，我们来和它打个招呼吧！汤姆是个有故事的小兔子。一起来看看它的家里发生了什么吧！

（2）阅读绘本。提问：汤姆的心情是什么样的？它为妹妹的到来做了哪些准备呢？

（3）小妹妹出生后，汤姆的生活发生了哪些变化呢？它的心情如何？

（4）每当情绪低落时，你是怎样让自己开心的呢？可以怎样帮助它呢？

（5）一起来看看汤姆是如何做的吧，向妈妈倾诉后，它的心情有了哪些转变呢？

3. 联系实际生活，感受有弟弟妹妹的加倍幸福

（1）谈一谈与弟弟妹妹生活的“苦与乐”。

（2）分享班级多子女家庭的日常照片，感受温馨时刻。

（3）“爸爸妈妈有话说”——通过爸爸妈妈来信的形式，与班上小朋友分享部分多子女家庭父母给孩子的来信。

小结：小朋友们，其实爸爸妈妈对你们的爱一直没有变。弟弟妹妹的到来是多了一个爱你的人和你爱的人。你看，汤姆觉得多了一个妹妹，感到爸爸妈妈不如从前爱自己的时候是怎样做的呢？向妈妈倾诉后的小汤姆又重新找到了以前期待妹妹到来时的心情。如果你们在生活中遇到类似或者不同的烦恼，还有什么好方法能让自己高兴呢？

4. 制作“情绪转盘”

（1）小朋友们想一想有哪些方法能够赶走坏情绪呢？请你们用笔画下来吧！

（2）收集各种做法后，制作完成“情绪转盘”。我们将制作完成的转盘投放到班级里，当小朋友有消极情绪时，就让“情绪转盘”转动起来吧！试一试，也许这个方式能缓解你的心情，带来不一样的快乐！

活动延展

1. 教学变式

艺术领域：绘画《我的心情故事》。

语言领域：谈话活动《生气“说”出来》。

社会领域：《快乐的一天》。

2. 活动延伸

在阅读区投放汤姆系列丛书以及《情绪小怪兽》等心理疏导绘本。

3. 家园共育

在微信群中推荐亲子小游戏，促进亲子互动，增进亲子关系。

4. 领域渗透

结合幼儿的年龄特点和心理教育润物无声的特点，由语言领域的活动绘本阅读引入，以汤姆家的故事为线索设置问题情境，通过理解故事中小汤姆的情绪变化使幼儿产生共鸣、共情，由此进行经验的迁移，让幼儿在多种途径中体验情绪、感受情绪、管理情绪，在实现心理健康教育目标的同时，也蕴含着感受家庭温暖的体验，以及爱父母、爱家人的社会情感的培养。

活动反思

《指南》中指出：表达情绪的方式适度，能随着活动需要转换情绪和注意。本次活动通过绘本故事《汤姆的小妹妹》使幼儿理解每个人都有情绪，借助绘本勇敢吐露情绪、理解情绪、接纳自我，在共情中将获得的经验迁移到实际生活中。教师和幼儿互动，说说感到开心、难过的事情，增进了彼此的信任感，从而使幼儿能够大胆倾诉。在贴合实际生活的绘本中，幼儿与主人公产生了共情，在感受主人公情绪变化的同时，也想到了各种排解消极情绪的方法，并用绘画的形式记录下来。这充分体现了幼儿的主体性，教学内容层层推进，幼儿积极参与，乐于与同伴分享交流自己的想法，从而主动寻求解决不良情绪的方法，活动目标基本完成。

专家点评

近年来国家新的生育政策陆续出台，随着二孩、三孩的降生，许多家庭的结构发生了很大的变化，同时也暴露出很多实际问题，本次活动的选题具有现实意义。小弟弟小妹妹的降生，或多或少地使父母忽略和冷落了大宝，他们心里难免会产生落差，作为家长和教师要关注大宝的心理健康。本次活动教师借助绘本故事巧妙引导幼儿将故事情境迁移到实际生活，通过分享家庭照片、绘制“情绪转盘”，让幼儿在多种途径中体验情绪、感受情绪、管理情绪。在活动中教师能够关注到幼儿的心理需求，并引导幼儿尝试在活动中寻求到更多处理情绪的办法，形成积极稳定的情绪情感，让幼儿充分感受到亲情和关爱，做到身心健康和谐发展。整体活动设计流畅，能够根据活动目标、活动重点、活动难点等挖掘绘本，教师通过有价值的提问，激发幼儿学习和参与的积极性，既能关注整体又能注重个体差异，给予幼儿充分自主表达的机会，在活动中能够注重健康、语言、社会领域的渗透融合，重新让孩子接纳自己的不良情绪，在勇敢表达自己情绪的同时与绘本主人公产生共情，找到适宜的释放方法。

建议在幼儿自主表达环节，教师可以给幼儿足够的时间，注重师幼互动语言，关注儿童经验，让每个幼儿在原有经验的基础上获得新的提升。

02

其实我是一条鱼

活动基本信息

名　　称：《其实我是一条鱼》
活动领域：语言
年 龄 班：大班
设 计 者：吴天利
点 评 者：刘成俊

活动设计

设计思路

3~6 岁幼儿阅读与书写准备的培养目标是，充分让幼儿体会通过阅读获取信息的乐趣，以符号图片的形式梳理故事脉络，培养幼儿初步的阅读理解能力和叙事性讲述的核心经验；运用符号文字续编、创编故事训练说话，让幼儿初步感受文学语言的美，培养文学语汇、文学想象学习的核心经验。在秋季的主题活动中，孩子们尤其对落叶情有独钟。由落叶引发对季节流转的感知，在各种美术创意、诗词吟咏和自然探究的活动之后，《其实我是一条鱼》这个散发精神力量的绘本，让孩子们更喜欢阅读并亲近文学作品。绘本图文清新隽永、充满哲思，使人浮想联翩，勇敢地追求自己的梦想，更要像落叶一样，在追梦的过程中去善良助人、成全他人、成就自己，给幼儿以心灵上的启迪。

活动目标

（1）学会阅读绘本图画，感知故事内容，感受儿童故事的反复结构。

（2）初步学会用图画的方式梳理故事内容。

（3）感受帮助别人、快乐自己的美好情感。

活动准备

（1）物质准备：绘本、PPT、音乐、字卡、绘本情节图片、纸笔。

（2）经验准备：大班幼儿对故事情节的猜想和表达能力。

活动过程

1. 出示图片导入，激发兴趣

教师出示绘本封面图片。

师：请观察一下封面上都有什么？

师：这本书的书名叫《其实我是一条鱼》。请你猜一猜：其实我是一条鱼，这会是谁的想法呢？是鱼还是叶子说的呢？让我们一起欣赏这个故事来寻找答案。

2. 教师播放 PPT 讲述故事

（1）“一片叶子做了一个梦，梦见自己变成一条鱼，在大海里游来游去。”

提问：叶子的梦想是什么？（做一条鱼，到大海里——帮助幼儿重点记忆，用记号笔画下叶子、大海的符号。）

师：“那它的梦想会实现吗？”

（2）教师继续讲述：“有一天，叶子被风从树上吹下来，一会儿落到屋顶上，一会儿落到路灯上，就是不愿意落到地上。”

师：“叶子落到地上不是很正常吗？在这个金秋的季节里，小朋友们在地上捡到了那么多叶子来进行创意美术。那这片叶子为什么就是不愿意落到地上呢？”（围绕叶子的梦想展开思考）

师：“后来，叶子落到一个男孩的头发上，男孩把它摘下来玩了一会儿，然后把叶子扔进了一口水井里。”

师：“读到这里你是不是为叶子担心啊，担心什么？叶子被扔到水井里，这距离大海太遥远了，叶子还会实现梦想吗？”（提醒幼儿时刻不忘叶子的初心是什么）

3. 教师继续讲述到故事结尾

教师讲述在过程中，引导幼儿感受叶子反复说的话和故事重复的结构，请幼儿参与表达。

4. 回顾内容，梳理展示情节图片

（1）你认为叶子实现它的梦想了吗？它千辛万苦的旅程都经过了哪些地方？能按先后顺序把这些地点表达清楚吗？老师把幼儿表述的地点标出序号并张贴图示卡片。

✎ **小结**：叶子虽然没有变成一条真正的鱼，最终却得到了猫的认可，所以，它的梦想已经实现了。

（2）叶子在这些地方分别遇到哪些人，他们把树叶当成了什么？（边回答边在相对应位置上贴出情节图片）

（3）叶子是怎么说的，又是怎么做的？你喜欢这片树叶吗，为什么？

✎ 小结：叶子每次帮助别人完成心愿，它自己也是快乐的，我们都喜欢乐于助人的人。

（4）你遇到过助人为乐的人吗？请你和大家分享一下。

你帮助过别人吗？说说你帮助别人后的感受是怎样的？

✎ 小结：原来我们身边也有这么多充满爱心的人，帮助别人，也会让自己快乐起来。

（5）叶子的梦想是大海，用箭头把树叶的旅行路线按顺序连起来，你发现了什么？（从水井到池塘、从池塘到小河边、从河边到湖边、从湖边到大江、从大江到大海，叶子每一次帮助别人都让自己离梦想又近了一步。）

请问你有梦想吗？你的梦想是什么？在完成梦想的过程中，遇到困难时你会怎么做？

小结：每个人都有梦想，只要我们坚持不懈、克服困难，梦想就一定会实现。

活动延展

1. 教学变式

艺术领域：绘画活动——《我的梦想》。

语言领域：续编故事、创编诗歌、情境表演。

社会领域：引导幼儿勇敢追梦，培养幼儿乐于助人的品格。

2. 活动延伸

教师引导幼儿表达自己的梦想，并进行创意绘画。

每个人都有梦想，你有哪些奇妙的、有趣的、夸张的、新颖的想法呢？你是否想过要去实现它呢？我们可以用符号图画表示出来。

（1）幼儿听着音乐，画出自己的梦想。

（2）把幼儿完成的创意绘画连起来编成一首小诗。

3. 家园共育

幼儿向家长讲述自己的梦想，家长帮助幼儿录制视频并保存视频。

4. 领域渗透

本次教学活动使语言领域和社会领域得到了融合与渗透。如在叶子的追梦过程中，它无畏艰辛，无私地奉献自己来帮助别人的经历，可以引导幼儿体会帮助别人、快乐自己的美好情感，培养幼儿乐于助人的良好品格。

活动反思

本次教学活动从幼儿非常感兴趣的绘本故事《其实我是一条鱼》出发，从叶子的梦想故事延伸到孩子们的梦想，鼓励幼儿大胆想象并勇敢表达，各环节层层递进。活动中采用问答互动的方式引发幼儿理解绘本内容，引导幼儿感受叶子反复说的话和故事重复的结构，并让幼儿初步学会用图画的方式梳理故事内容，本次教学活动基本达到了预设目标。

活动材料

其实我是一条鱼

孙玉虎

一片叶子做了一个梦，梦见自己变成一条鱼，在大海里游来游去。

有一天，叶子被风从树上吹下来，一会儿落到屋顶上，一会儿落到路灯上，就是不愿意落到地上。

后来，叶子落到一个男孩的头发上，男孩把它摘下来玩了一会儿，就扔进了一口水井里。

水井里住着一只蚂蚁。蚂蚁问叶子："你是一条船吗？你可以带我去外婆家吗？"

叶子回答说："其实我是一条鱼，我要去大海，但我不介意做你的船。"

于是，蚂蚁跳上叶子小船，顺着水井的洞洞漂到了池塘边的外婆家。

池塘下着雨，一只在荷叶下躲雨的青蛙问叶子："你是一把伞吗？帮帮我吧，我要去学校接我的孩子，但又怕淋湿我的裙子。"

叶子回答说："其实我是一条鱼，我要去大海，但我不介意当你的伞。"

于是，青蛙顶着叶子小伞，在荷叶上蹦蹦跳跳，来到了小河边的学校。

学校里住着一只松鼠，它对叶子说："真是一张漂亮的信纸啊，我想给住在湖边的兔子写封信，它生病了，你可以帮帮我吗？"

叶子回答说："其实我是一条鱼，我要去大海，但我不介意当你的信纸。"

于是，叶子带着满身的祝福，漂啊，漂啊，一直漂到了湖边。

兔子捡起信纸，上面的字迹已经模糊不清了，它问叶子："我可以把你折成口琴吗？听到我的琴声，松鼠就不会为我担心了。"

叶子回答说："其实我是一条鱼，我要去大海，但我不介意让你折成口琴。"

于是，松鼠听到了兔子的琴声，它知道那是兔子在回信说："我很好，信已收到。"

叶子离开湖边，继续在水面上漂啊，漂啊。有一天，它漂进了一条大江。

江面上的风很大，一只载着蜗牛的木碗在浪里打着旋儿，蜗牛问叶子："你是一张帆吗？我的帆被风吹破了，去不了大海了，你可以帮帮我吗？"

叶子回答说："其实我是一条鱼，我正好也要去大海，我不介意做你的帆。"

于是，蜗牛升起了叶子船帆，历经千辛万苦，终于在一个黄昏驶进了大海。

这时候，叶子船帆破败得只剩下光秃秃的叶脉了，远远望去，就像一排鱼刺。

最后，叶子被海浪冲上了沙滩。一只在海边散步的猫忍不住舔了舔它，心想，这条鱼还是树叶味道的呢。

专家点评

（1）本次活动选取的绘本《其实我是一条鱼》，讲述了一片普通的叶子带着爱和勇气，在帮助他人的过程中，成就了自己梦想的故事。故事既有丰富的想象力，又有精神的感染力，蕴含生命哲理。绘本使用重复结构的句式，适宜幼儿阅读和理解。教师绘声绘色地讲述，从叶子的梦想引出幼儿的梦想。活动目标明确，无论是从教学思路上还是从组织形式上都体现了儿童视角的教育理念。

（2）《3~6 岁儿童学习与发展指南》在语言领域中指出：大班幼儿能根据故事的部分情节或图书画面的线索猜想故事情节的发展。在本次教学活动中，教师提问的思想引领贯穿着整个教育过程，幼儿追随故事的情节，大胆猜测并表述叶子想要变成一条鱼的梦想之旅。图片的使用，帮助幼儿理清故事情节的发展，创设了交流的情境，营造了讲述的氛围，有助于幼儿完整、有序、连贯地讲述故事。幼儿在活动中自主阅读、倾听、思考、表述，他们的表达能力得到了充分的发展。同时，活动也让幼儿懂得了在追求梦想的过程中，坚持不懈的精神、无畏艰辛的勇气、助人为乐的品格都会助力他们最终实现梦想、走向成功。

（3）在活动的师幼互动环节，建议教师把握评价时机，对幼儿的表现做出适时的评价，同时把握评价的主导性和多元性，评价要以“激励和赏识”为主，语言准确、简练，让幼儿产生情感的体验和成功的喜悦，提高学习的积极性和主动性，激发幼儿的学习兴趣。

谁咬了我的大饼

活动基本信息

名　　称：《谁咬了我的大饼》
活动领域：语言
年 龄 班：小班
设 计 者：张　榆
点 评 者：傅立洁

活动设计

设计思路

《3~6 岁儿童学习与发展指南》在语言领域中指出："语言是交流和思维的工具。"幼儿期是口语发展的重要时期，口语表达能力主要是在交流和运用的过程中发展起来的；教师应为幼儿创设自由、宽松的语言交往环境，鼓励和支持幼儿与成人、同伴交流，让他们想说、敢说、喜欢说，并能得到积极回应。《谁咬了我的大饼》这个故事里的角色都是生动有趣的小动物，它们的对话都是一些简单的问答句，特别适合小班的幼儿学习，丰富幼儿的语言表达能力。随着故事情节的发展，教师可以采用游戏的方式来帮助幼儿理解活动内容，拓展幼儿的学习经验，增强教学的趣味性。

活动目标

（1）初步理解故事内容，知道不同动物的牙印特点。
（2）能用语言表述疑问句："是你咬了我的大饼吗？"
（3）增加幼儿听故事的兴趣，体验绘本带来的乐趣。

活动重难点

（1）重点：完整表述疑问句："是你咬了我的大饼吗？"
（2）难点：初步理解故事内容，知道不同动物的咬痕特征，并根据特征进行判断。

活动准备

（1）物质准备：场景布置；绘本、PPT、音频；泡沫仿真大饼；小猪头饰；小猪手偶；小鸟、兔子、狐狸、鳄鱼、河马的图片；若干个带牙印缺口的小饼干。

（2）经验准备：幼儿会唱儿歌《饼干操》，会做律动。

活动过程

1. 以故事内容导入，提出疑问

师：今天老师给你们带来了一个好朋友（出示小猪手偶），就是这只小猪，跟大家打个招呼。小猪有一件有意思的事情想跟大家分享，我们一起来听一听吧！

师：小猪做了一个好大的饼（拿出来仿真大饼），唉，累死了，我都想睡一会儿了！你们帮我看好了大饼啊，千万不能让谁偷咬了！（假装睡着）

师：（醒来）咦？（手指指向缺了一块的大饼）是谁咬了我的大饼？

师：（问幼儿）是你咬了我的大饼吗？是你咬了我的大饼吗？是不是你偷咬的啊？肯定是你偷咬的！那是你们咬了我的大饼吧！

师：都不是你们，那是谁呢？我听到了有小动物在说话，难道是它们（场景中的小动物们）咬了我的大饼？让我们一起去问问看！

>> **分析**：情境导入，让幼儿自然而然地进入故事情境中，进行探索。

2. 观察、比较、验证嘴巴形状不一样、大小不一样、牙齿不一样，咬的牙印就不一样

观察一：

师：小猪遇见了小鸟，想一想，小猪会怎么问呢？（请幼儿自主回答）哦！你们觉得小猪会这么问，那我们来听一听小猪怎么问的吧："小鸟小鸟，是你咬了我的大饼吗？"

师：小鸟说："不是我，不是我，你看！"小鸟咬一口给我们看看。（拿场景中的小鸟在仿真大饼上假装咬一口，咬掉一块）

师：我的大饼是小鸟咬的吗？为什么不是小鸟咬的呢？（将半圆形和小鸟咬的三角形对比）不一样，哪里不一样？小鸟咬的是什么形状？那为什么小鸟咬的是三角形呢？哦，原来这跟小鸟嘴巴的形状有关系，小鸟的嘴巴是小小的、尖尖的三角形，所以它咬出来的大饼就是小三角形。

观察二：

师：小猪继续走，又去问小兔子。（请幼儿帮忙问）"小兔，小兔，是你咬了我的大饼吗？"兔子会怎么说？"不是我，不是我！"

师：兔子也说不是我，怎么办？

师：那小兔子你也咬一口给我们看看。（请小兔子在仿真大饼上咬一口）

师：是小兔子咬的吗？为什么不是？小兔子咬的是这样的！（指向缺口）为什么小兔子咬的是这样的呢？因为小兔子的嘴巴有三瓣，还有两颗大门牙！所以，小兔子咬的就是有两颗方方的大门牙的正方形。

观察三：

师：也不是小兔子咬的。那再问问狐狸先生吧。

师请幼儿问："狐狸狐狸，是你咬了我的大饼吗？"

师：狐狸说："不是我，不是我！"

师：怎么证明？（也请狐狸在大饼上咬一口）

师：狐狸咬的跟我这个（引导幼儿回答："不一样"），狐狸咬的是（引导幼儿回答："三角形"），因为狐狸的嘴巴形状就是三角形。但是看一下，狐狸的三角形和小鸟的三角形一样吗？有什么不一样呢？狐狸是大嘴巴，小鸟是小嘴巴。所以一个是大大的三角形，一个是小小的三角形。

观察四：

师：唉，你们帮我问了这么多，都不是它们咬的，我们再来一起问问鳄鱼。（请幼儿一起大声问鳄鱼）"是你咬了我的大饼吗？""不是我，你看。"（请鳄鱼在大饼上咬一口）

师：这个是鳄鱼咬的牙印，跟我的这个半圆形的牙印（引导幼儿回答："不一样"），所以是它咬了我的大饼吗？（引导幼儿回答："不是的"）（指着鳄鱼的牙印）鳄鱼有许多锋利的牙齿，所以咬出来的牙印像锯子一样。

观察五：

请幼儿一起问河马："是你咬了我的大饼吗？"

师：河马没有说话，张开大嘴在大饼上"啊呜"咬了一小口。（拿下河马图片咬一口大饼）这个（指出河马的牙印）是不是河马咬的呢？（引导幼儿回答："不是的"）因为河马嘴巴很大，有很多方方的牙齿。所以也不是河马咬的。

>> **分析**：观察、比较、验证，这是科学探究的基本素养，让幼儿在情境中进行具有趣味性的探索，增强幼儿探究的愿望，从而使幼儿热爱科学探究活动。

3. 游戏环节，根据不同的牙印进行配对

师：哎呀，都不是它们咬了我的大饼啊？那是谁呢？想得我的头都疼了！可是，我的大饼你咬一口，它咬一口都被分掉了！我的肚子饿死了！我要再来做些饼干吃！你们跟我一起做吧！（做饼干操）

师：揉一揉，团一团，啪啪啪，饼干饼干圆又圆。（双手手心上下相对，做揉面团的动作，双手上下击掌三次，做"啪啪啪"拍饼干的动作，然后伸出双手拇指食指比出圆形饼干。）

师：哇，谢谢你们帮我做了这么多饼干！这回我一定要保管好，可不能再让哪个小馋猫偷咬了！可是做完饼干好累啊，我再睡一会儿。你们一定要帮我看好啊！（老师假装睡觉）

师：啊，睡得好香啊！（醒来，伸个懒腰）我的饼干没被谁咬吧？太好了，我来尝一尝！（拿出带缺口的小饼干道具）哎，又是谁咬了我的饼干？为什么每一块上面都有牙印？

师：你们一个人拿一个帮我看看！（分给幼儿每人一块带缺口的小饼干道具）

师：你的是谁咬的？你的呢？你的呢？也可以跟你旁边的小朋友说一说。

师：小动物们咬了一口就不吃了，太浪费了，我们可不能浪费食物，现在你觉得小饼干上的牙齿印是谁咬的，就请你把饼干送到它的嘴巴里，请它全部吃光吧！（请幼儿把饼干贴到对应小动物的嘴巴旁边）

师：我们看一看，你们有没有都找对！

集体观察、个别纠正，请送错的小朋友自己来纠正。

>> **分析**：通过亲身体验比较、寻找正确的答案，这是孩子对自己的肯定。

4. 揭晓谜底，在绘本中结束活动

师：你们真的很棒啊，把小饼干都送给小动物们了。

师：可是，我的大饼到底是谁咬的呢？小猪饿极了，“啊呜”自己也在大饼上咬了一口，呀！小猪的牙齿印是什么形状的啊？半圆形，现在你们知道是谁咬了小猪的大饼了吗？

师：是谁咬的啊？哦，原来是小猪自己咬了自己的大饼都不知道，真是个糊涂的小猪啊！

5. 播放 PPT 和音频，完整听一遍故事

师：小猪谢谢你们帮助它解开了难题，找到了咬大饼的小动物，现在我们也要休息了，一起跟小动物们说再见吧！

活动延展

1. 活动延伸

（1）老师将更多材料投放到科学区，请幼儿自主选择动物及对应的牙印。

（2）老师将材料投放到表演区，请小朋友扮演故事中的小动物，来寻找偷吃大饼的小动物吧！

2. 家园共育

回家和爸爸妈妈讲一讲这个故事。

3. 领域渗透

根据五大领域间有机结合、相互渗透的原则，《谁咬了我的大饼》也可作为一次科学领域活动来开展，通过小动物寻找牙印的活动，来培养幼儿观察、比较、验证的实验方法。

活动反思

该绘本选用了小朋友们生活中比较熟悉的小动物作为主角。活动的开始先出示小猪，

设置疑问，引起幼儿的好奇，接着讲述故事，小猪以“咬痕”为线索寻找咬掉大饼的小动物，小猪一次次地让动物们在自己做的大饼上咬上一口，通过对比来找出那个在自己睡觉时偷咬大饼的动物。该活动能让孩子在阅读绘本过程中始终充满好奇心，也能让孩子认识不同动物的牙印特征。不足的是活动中的提问还可以深入一些，幼儿仿句式说话比较少，幼儿语言表达能力培养还比较欠缺。

活动资料

饼干操

揉一揉，团一团，啪啪啪，饼干饼干圆又圆。

专家点评

由于课前的道具准备形象充分，加上教师在整个活动中丰富的肢体语言的使用以及不同音色语调的使用，小朋友们始终保持高度兴奋和投入状态。虽然是语言活动，但其中的《饼干操》律动游戏设计巧妙，既与故事环节相吻合，又让幼儿的身体得到舒展。其次，活动中适当融入了观察、比较、验证的科学方法，恰当地进行爱惜粮食不浪费的品格教育，效果很好。

04

甜甜的河水

活动基本信息

名　　称：《甜甜的河水》
活动领域：语言
年 龄 班：小班
设 计 者：董　艳
点 评 者：傅立洁

活动设计

设计思路

开学已经一个多月，我发现班里很多孩子的语言表达能力比较弱，有的孩子甚至不能完整地说一句话，表达时声音也很小。针对这一现象，为了能够让孩子们更自信地去表达，我特意设计了本课程。另外，三岁幼儿多以自我为中心，孩子们经常因争抢玩具而哭闹，通过绘本故事可以让孩子们感知分享带来的快乐。

活动目标

（1）初步理解故事内容，尝试说一说故事中的对话。
（2）体会小熊的情感变化，大胆表达自己的想法。
（3）感受分享的快乐。

活动重难点

（1）重点：初步理解故事内容，尝试说出故事中的人物对话。
（2）难点：体会小熊的情感变化，能够大胆表达自己的想法。

活动准备

（1）物质准备：PPT、棒棒糖、杯子、勺子。
（2）经验准备：了解不同小动物的习性。

活动过程

1. 出示棒棒糖，以谈话方式导入

师：小朋友们，你们看，老师这里有一根棒棒糖，它有很多种颜色，你觉得它吃到嘴里可能会有什么味道呢？（调动幼儿已有经验，引导幼儿根据不同颜色说出不同味道，激发讨论兴趣）

师：这根五颜六色的有不同味道的棒棒糖，它吃起来一定是甜甜的。

2. 活动内容

（1）感知故事前半段。

师：小熊也有一根棒棒糖，小熊的棒棒糖还发生了好多故事，是什么故事呢？我们一起来看一看吧！

出示第一张图

师：小熊也有一根棒棒糖，它独自来到河边，欢欢喜喜地正要吃，一条小鱼游过来了。

师：谁来给大家学一学小鱼是怎么游过来的？

出示第二张图

师：当小鱼游过来，小熊是怎么做的呢？（小熊赶紧把棒棒糖藏起来）

师：小鱼抬起头对小熊说了一句话，小鱼说："小熊，小熊，你在干什么？"我们听一听小熊的回答："没干什么，没干什么。"（教师边说边做双手背后的动作）于是小鱼游走了。

出示第三张图

师：小鱼走后，小熊把棒棒糖拿了出来又要吃，这时又有谁来了呢？（引导幼儿观察图片）谁来学一学小螃蟹是怎么游过来的？

出示第四张图

师：瞧，小螃蟹也抬起了头，它会问小熊什么呢？

师：小熊是怎么说的呢？（模仿句式，找 2 个小朋友上台说一说，引导幼儿用肢体语言表现小动物的形象）

出示第五张图

师：小螃蟹走后，小熊准备吃棒棒糖，这时谁又来了？小乌龟走路的特点是怎样的？

师：我们一起帮小乌龟问一问小熊吧。（引导幼儿说出："小熊，小熊，你在干什么？"）小熊说："没干什么，没干什么。"（巩固句式）于是小乌龟也走了。

师：碰到好朋友后，小熊为什么要把糖果藏起来？（体会小熊的心理）

（2）讲述故事后半段。

出示第六张图

师：好朋友都走了，小熊并没有把棒棒糖吃了，小熊的心情是怎样的？（引导幼儿观察小熊的表情）它觉得非常孤单，不停地呼喊好朋友，但是它们都没有回来。

师：小朋友你们快帮助小熊想想办法，怎样才能让朋友们回来呢？（因为幼儿已有经验不足，过程中不要刻意否定幼儿的回答）

师：谢谢你们帮助小熊想了这么多办法，我们一起来看一看小熊用的方法和你们的一样吗？（观察图片，大胆表达）

师：哇，小熊把棒棒糖分享给大家，好朋友真的回来了。（体会小熊因为朋友的回来而感到开心）

师：你最喜欢小熊的哪个好朋友？请你学着它的样子游到小熊身边吧！

师：为什么小熊把棒棒糖放到河水里，小鱼它们就回来了呢？（引发思考，大胆表达）

师：原来是河水变甜了，现在老师把棒棒糖也放到水里，一会我们也来尝一尝棒棒糖水的味道吧！

3．完整欣赏故事

师：等待的时间我们再来完整欣赏一遍《甜甜的河水》这个小故事吧！

4．观看图片，了解更多的分享

师：懂得分享后的小熊变得非常开心，我们给小熊鼓鼓掌吧！在幼儿园里小朋友们可以做到哪些分享呢？

师：一起分享玩具，不争、不抢，交换着玩，例如，秋千可以两个小朋友一起荡，小朋友们还可以一起分享美味的食物。（幼儿表达，教师补充）

师：我们再来看看还可以分享什么？分享帮助、拥抱、关心，安慰伤心的小朋友。（幼儿表达，教师补充）

师：这一组图片，每个小朋友都在开心地笑，分享微笑也是一件幸福的事情，分享微笑你会获得什么呢？

师：以后早晨来幼儿园的时候不要再哭了，微笑着进幼儿园，微笑着和老师打招呼，这样不但你自己变得快乐，小朋友们也更喜欢和你一起玩！（幼儿表达，教师补充）

5．活动结束

师：现在我们来看一看，棒棒糖放进水里，水到底变成了什么味道呢？（找 2~3 个小朋友尝一尝）

师：其他小朋友也想喝，请你们把甜甜的棒棒糖水分享给每一个小朋友吧（体验分享的快乐）（提醒幼儿喝完后将杯子放到桌子上）。

师：我们也分享了甜甜的水。你们现在心情怎么样呢？

师：既然分享是一件快乐的事情，小朋友们可以将自己的玩具或者和爸爸妈妈一起制作的小手工、小零食带到幼儿园和小朋友们分享。

活动延展

1. 活动延伸

（1）请幼儿思考为什么棒棒糖放水里会变小呢？——融化，怎么样才能让棒棒糖融化得更快呢？如果剩下的棒棒糖都融化了，水会不会变得更甜呢？请幼儿将剩余的棒棒糖放到科学区，验证刚才的猜测。

（2）在表演区投放小动物头饰，幼儿自主表演绘本故事。

2. 家园共育

请幼儿把故事讲给爸爸妈妈听，请家长引导幼儿选一个小玩具或制作小零食、小手工分享给好朋友。

3. 领域渗透

幼儿的学习是多领域互相渗透、有机结合的，本节课中将科学领域中物体的融化、如何让棒棒糖更快融化、棒棒糖全部融化水是否更甜等知识点融入语言课中。

活动反思

本节课以幼儿喜欢的棒棒糖导入，激发了幼儿的参与兴趣；分段式讲解，帮助幼儿更好地理解故事；由浅入深地提问，让幼儿在角色表演中学会人物对话。课程最后延伸到科学领域，激发了幼儿的探究兴趣。不足之处是活动中教师应给予幼儿更多的表达机会，让幼儿想说、敢说。

专家点评

学会倾听并能听懂常用语言，愿意讲话并能清楚地表达是幼儿语言领域最重要的培养目标。活动中，教师引用绘本故事，为幼儿创设自由、宽松的语言交往环境，这个过程中教师鼓励和支持幼儿大胆表达，模仿句式学习语言，同时渗透社会领域内容，教给幼儿要想与人交往就要懂得分享的道理，这对于独生子女尤为重要。

点点点

活动基本信息

名　　称：《点点点》
活动领域：语言
年 龄 班：小班
设 计 者：尚秀娟
点 评 者：刘　婷

活动设计

设计思路

本活动来自一本可以让孩子一边读一边游戏的神奇绘本《点点点》，以幼儿喜欢的集体游戏方式进行，以适合小班幼儿年龄特点的游戏情境重新演绎经典绘本故事。整个过程采用新颖的身体互动游戏贯穿始终，玩转绘本，力求让幼儿达到：身体是放松的，注意力是集中的，情绪是愉悦的，思维是活跃的。幼儿在“变魔法”的情境中，得以尽情地玩耍，发挥想象，充分表达，并在潜移默化中丰富了对颜色、数量、位置等的认知经验，最终喜欢上该绘本。

活动目标

（1）在看看、说说、想想中，锻炼幼儿的倾听能力，使幼儿了解绘本的内容。

（2）在动作指令的操作中，感知并理解点点的数量、颜色、方位、大小等变化。

（3）在魔术般的互动游戏情境中，体验阅读带来的快乐。

活动重难点

（1）重点：在看看、说说、想想中，锻炼幼儿的倾听能力，使幼儿了解绘本的内容。

（2）难点：在动作指令的操作中，感知并理解点点的数量、颜色、方位、大小等变化。

活动准备

（1）物质准备：红黄蓝圆点若干、魔法棒一个、PPT。

（2）经验准备：幼儿已经认识红、黄、蓝三种颜色，知道变魔法的意思。

活动过程

1. 活动导入

教师出示魔法棒，激发幼儿兴趣。

师："孩子们，你们看老师手里的是什么？"

（教师出示魔法棒，红色、黄色和蓝色的圆点点。）

幼："魔法棒，红色、黄色和蓝色的圆点点。"

师："今天老师带你们和点点们一起变魔法！"

2. 采用魔法游戏，感知图画书内容

（1）出示黄点点，激发阅读兴趣，调动幼儿思维，进行想象猜测。

师："黄点点也是一个神奇的魔法师，它会变什么呢？"

（幼儿猜想）

师："想不想和它玩一玩？"

（2）通过多种指令，完整感知图书。

教师发出指令，引导幼儿边说边用小手去做"点一点""摸一摸""按一按"动作，并同时用PPT演示指令后的变化。

①点一点，点点会变多。

②摸一摸，点点会变色。

③按五次，点点变五个。

师："小朋友们一起伸出手指一边按一边数，看黄点点变成了几个？"

师："怎么把红点点和蓝点点也变成五个呢？"

④摇一摇，点点会移动。

⑤吹一吹，点点会飞走。

⑥拍一拍，点点会变大。

师："拍一下手，看看会发生什么变化？"

师："接着拍两下、三下、四下、五下呢？"

3. 游戏环节

幼儿变身魔法点点，表演绘本故事片段。听指令，做游戏。

游戏方法：让幼儿选择自己喜欢的颜色圆点，变身为"魔法点点"，教师说魔法"咒语”即指令，幼儿“变魔法”即做相应的动作。

师：“这些点点也全部被施了魔法，让我们变成点点，一起来变魔法吧！”

（1）点点变多，感知5以内的数量。

师：点点们准备好了吗？我要说魔法咒语了——按五次红/黄/蓝点点！

（2）看图片听指令感知方位变化。

师：第二个魔法咒语，请看图片并认真听——向左/右/前/后歪倒！

（3）数数拍手，用身体动作表示点点变大。

师：第三个魔法咒语是拍手数数，点点要怎么变呢？

幼：“变大！”

4. 活动结束

教师介绍图画书的名称，请喜欢图画书的孩子到图书角继续阅读，以后继续做游戏。

活动延展

1. 活动延伸

在本次活动后，将绘本《点点点》投放在语言区，幼儿可独自或结组进行阅读游戏。制作红黄蓝三色圆点，将其投放在角色表演区，幼儿可进行游戏类表演。

2. 家园共育

本周的好书推荐为绘本《点点点》，对游戏类绘本重点做了介绍，同时将绘本中隐藏的数量、颜色、排序、方位、大小等知识及对幼儿专注力、反应力的培养进行详细介绍。希望家长们多给孩子选择优秀的适合他们年龄阶段能力发展的好书，进行好书共读，培养幼儿的阅读兴趣和爱好。

3. 领域渗透

本次活动渗透到科学领域的数学方面较多，如数量、颜色、排序、方位、大小等，让孩子在魔法游戏中感知数学内容。

活动反思

本次活动从知识与技能、情感、态度三方面进行了目标设置。依据小班幼儿的年龄特点和学习方式，以魔法游戏为主要形式，让幼儿在看看、说说、想想中，了解绘本的内容，将动作指令变为魔法口诀增强趣味性，让孩子们在变魔法中感知点点的数量、颜色、方位、大小等变化，充满了惊喜尖叫的课堂体现了在魔术般的互动游戏情境中，孩子们体验到阅读带来的快乐。活动的不足在于临时调整幼儿游戏形式，导致活动准备得不够充分，部分幼儿对游戏规则的理解不够充分，导致幼儿在最后的游戏中体验不够，未能尽兴。我及时将活动转移到户外继续进行绘本游戏，弥补了课堂活动的不足。

活动资料

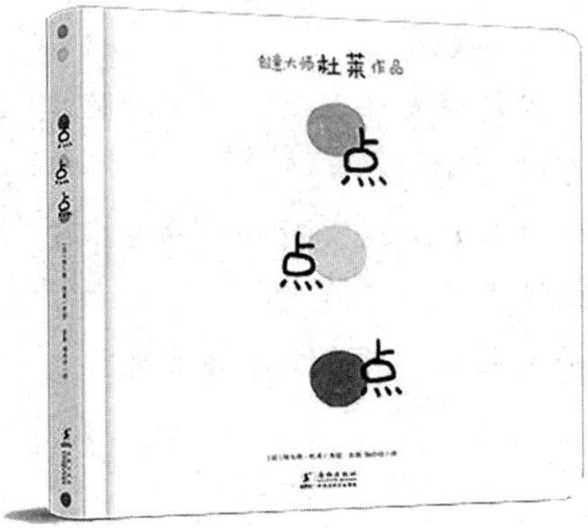

专家点评

《3~6岁儿童学习与发展指南》中指出："幼儿的学习是以直接经验为基础，在游戏和日常生活中进行的"；"幼儿期是语言发展，特别是口语发展的重要时期。幼儿语言的发展贯穿于各个领域，也对其他领域的学习与发展有着重要的影响"。本次活动中教师用游戏的方式演绎绘本，通过这种方式，幼儿在层层递进的游戏中理解图书中的画面的意义，并达成活动目标。

活动延展中将绘本放在语言区和表演区，同时扩展到数学领域，支持幼儿在区域活动中自主学习，并能感知数量、颜色、排序、方位、大小等知识，充分关注了幼儿学习与发展的整体性。

手电筒看见了什么

活动基本信息

名　　称：《手电筒看见了什么》
活动领域：语言
年 龄 班：大班
设 计 者：史晓璐
点 评 者：刘　婷

活动设计

设计思路

在大班《动物大世界》主题活动（帮助幼儿观察动物的种类、特点等）背景之下，我发现孩子们喜欢动物，他们会去动物园看各种各样不同的动物，还会通过书籍、网络等方式了解不同动物的生活习性和特殊本领。

在这次活动中，我根据大班幼儿的年龄特点，以“探险”的形式激发幼儿学习的兴趣，在探险过程中让幼儿发现森林里隐藏的动物，并通过仔细观察画面，合理猜测动物和环境之间所能发生的有趣故事。

活动目标

（1）通过观察画面，寻找森林里出现的动物，运用叙事性讲述要素，大胆讲述动物之间发生的事情。

（2）为自己在黑暗中勇于探索、积极表达而感到自豪。

活动重难点

（1）重点：通过观察画面，寻找森林里出现的动物并讲述。

（2）难点：运用叙事性讲述要素，大胆讲述动物之间发生的事情。

活动准备

（1）物质准备：自制手电筒、背景底板、PPT。

（2）经验准备：在主题活动中，幼儿搜集夜间活动的动物的生活习性。

活动过程

1. 鼓起勇气，走进森林，引出故事发生的场景

师："这是一片怎样的森林？如果请你一个人单独走进这样一片森林去探险，你愿意吗？说说你的理由。"（出示森林图）

师："就像你们说的，这是一片神秘（黑夜）的森林，看上去黑漆漆的，伸手不见五指，如果请你一个人走进这样一片森林，进行一场从未有过的探险，孩子们，你会愿意吗？说说你的理由。"

过渡：故事的主人公有一个特殊的名字叫"我"。"我"家附近有一大片森林，村子里的人们都不敢走进去，因为他们害怕，只有"我"不怕。有一天，"我"准备好了足够多的食物和水，带上了有用的工具还有最重要的手电筒。你们愿意跟着"我"一起去这片神秘的森林里探险吗？

2. 初次探险，发现故事人物

（1）幼儿用翻页笔发现森林中的动物。

（2）交流分享。

师："刚才你们用手电筒（翻页笔）在森林里找到了什么动物？"

✎ 小结："夜晚的森林真热闹，有老鼠、猫头鹰、蛇、狐狸、蝙蝠、兔子、鹿，还有萤火虫和刺猬。"

师："这是谁？又来了一个小动物？你觉得小兔子和小刺猬之间会发生什么故事呢？它们会说什么呢？"

【鼓励幼儿讲述夜晚热闹的森林中小兔子和小刺猬之间发生的故事，激励幼儿仔细观察并大胆想象，勇于用完整的语言表达自己的发现。】

3. 出示任务卡，再次探险，完整讲述故事

（1）首先介绍任务卡，用图文并茂的提示板，引出叙事性讲述要素，请幼儿进行完整讲述。过程中要注意讲清时间、地点、人物、事件等叙述性讲述要素。

师："在森林里，我走着走着发现了一个宝箱，这个宝箱里装着任务卡。小朋友们需要把任务用自己的语言说出来，每说出一个，老师会奖励你一个小贴画，集满十个小贴画，就可以换一个宝物。"

（2）幼儿用自制手电筒在森林中探险，小组交流自己的发现，教师巡回指导，观察幼儿的表现，倾听幼儿讲述的故事。

（3）故事分享会。教师示范运用叙事性讲述要素，讲述夜晚热闹的森林中小兔子和小刺猬之间发生的故事，讲清楚时间、地点、人物及发生的事情，鼓励幼儿发挥想象，积极表达探索与发现。故事分享中提示幼儿运用叙事性讲述的要素进行完整讲述，积极鼓励与肯定幼儿的讲述，激发幼儿参与讲述的热情。

师："我们的故事分享会开始了，首先我先讲一个好听的故事吧，请小朋友们认真听。在漆黑的夜晚，神秘的森林里，小兔子在它的房子里睡不着，它就出来了，这时它看见了它的好朋友小刺猬。它和小刺猬说："小刺猬，我睡不着，你陪我玩会吧。"于是，小刺猬和小兔子又玩了起来，它们荡了会儿秋千，踢了会儿足球，玩得很开心，玩累了，小兔子也困了，小刺猬就把小兔子送回了家，小兔子睡着了还做了一个甜甜的梦。我讲清楚时间、地点、人物、事件了吗？"

提问："谁愿意分享你在森林里发现的有意思的故事？"

小结：正是因为你们能勇敢地走进森林，仔细地观察，大胆地想象，才会发现那么多精彩的故事。

4. 活动结束

师："今天我们创编了这么多精彩的故事，让我们为自己的故事起一个好听的名字吧。"

活动延展

1. 活动延伸

老师准备自制折叠图书材料，与孩子们继续创编故事，为自己创编的故事起名字，用多种材料完成自制图画书。

2. 家园共育

请家长们和幼儿一起在家里自制图画书，完成故事创编并记录下来。

3. 领域渗透

在角色表演区，幼儿可以自由地选择小动物进行扮演，积极地运用角色语言进行对话。

活动反思

这是一本柔和舒缓且略带轻幽默的无字图画书。《手电筒看见了什么》让读者体验到在夜间探索树林的惊奇和兴奋，孩子们会开心地反复琢磨书中的诸多细节，幻想着创建属于自己的"夜晚小天地"。在操作材料上，教师巧妙运用了自制手电筒，从而使活动更加丰富有趣，进一步激发了幼儿探索发现的兴趣。

本次活动的重点是让幼儿了解叙事性讲述的要素，难点是运用叙事性讲述要素，完整地讲述故事，组织幼儿进行叙事性讲述活动，要掌握幼儿讲述的重难点、兴趣点。在本次活动中融入了幼儿感兴趣的森林里动物和生活中的事物，层层深入，在第一次探索森林时，运用了电子设备翻页笔，让幼儿初步感知并观察森林中出现的动物；第二次探索运用教具，让幼儿分小组充分讲述，持续吸引幼儿不断探索讲述。

搭建支架，启发幼儿讲述。

（1）情境支架。幼儿的想象力非常丰富，喜欢富有情境的对话。在森林这个特定的环境下，幼儿能够更快地进入讲述的内容中。

（2）材料支架。教师用图文并茂的提示板，引出叙事性讲述要素，请幼儿进行完整讲述，过程中注意讲清时间、地点、人物、事件等叙述性讲述要素。材料支架不仅可以增强讲述过程的趣味性，还可以帮助幼儿学习与巩固新的叙事性讲述核心经验。在教师一边使用材料一边讲述的同时，增强了教师讲述的生动性，并提高了幼儿讲述的兴趣。

活动资料

专家点评

《指南》指出，幼儿的语言能力是在交流和运用的过程中发展起来的。应为幼儿创设自由、宽松的语言交往环境，鼓励和支持幼儿与成人、同伴交流，让幼儿想说、敢说、喜欢说并能得到积极回应。本次活动中教师运用一本无字书，通过出示情境引导幼儿观察图书，引导幼儿表达自己的发现，通过任务卡分组创编故事等环节，环环相扣，不断鼓励幼儿讲述自己的发现，根据故事的部分情节或图书画面的线索猜想故事情节的发展，续编、创编故事。在活动延展中，扩展到角色扮演区，鼓励幼儿把自己创编的故事表演出来，并且鼓励幼儿与家长进行再次创编，可以充分发展幼儿的想象力。

07

我的神奇马桶

活动基本信息

名　　称：《我的神奇马桶》
活动领域：语言
年 龄 班：中班
设 计 者：邓长双
点 评 者：李伟光

活动设计

设计思路

通过绘本教学，引导中班幼儿自主阅读。根据绘本的故事情境，设计挑战性的闯关游戏，激发幼儿的探究欲望和想象力，培养幼儿对图画和文字的兴趣，使幼儿乐于表达和交流。

活动目标

（1）通过闯关游戏，激发幼儿的探究欲望和阅读兴趣。

（2）尝试看图说话，让幼儿自主表达，培养幼儿的观察力和语言表达能力。

（3）通过让幼儿画适合自己的神奇马桶，培养幼儿的想象力和创造力。

活动准备

（1）每人一盒彩笔、一张白色绘画纸。

（2）每组一份任务清单和图片若干。

（3）PPT、《我的神奇马桶》绘本书。

活动过程

1. 图片导入，引出故事内容

（1）出示封皮页

师说：

①今天老师给你们带来了一个好听的故事，谁能告诉我这本书的

名字呢？

②这本书的作者是日本的铃木典丈，想要走进这个有意思的故事，小朋友们要和老师一起边读绘本边闯关。

（2）出示闯关图片

师说：仔细观察图片，你都看到了谁？请说出他们的样子，尝试用一句完整的话来说出你看到的画面，例如："我看到了一个头顶红色马桶圈的小人。"（引导幼儿说完整的一句话：我看到了一个黑色的小企鹅。我看到了一个头戴星星标志头盔骑着独轮车的选手。）

2. 教师引导幼儿一边讲故事一边闯关

（1）老师出示第一张图片

师说：

①小朋友们在这张图片上看到了什么呢？（幼儿："看到一个小弟弟坐在马桶上，上厕所。"）对呀！小弟弟在做一件我们每个小朋友每天都会做的事，但是今天他有一个不一样的想法："天天都坐在同一个马桶上，就不能换一个不一样的马桶吗？"

②谁来说说小弟弟都想到了什么样的马桶呢？（老师分别出示4张图片，让幼儿轮流来说图片的内容，及时鼓励回答的幼儿，给予表扬。）

③小弟弟想到的这些马桶真有意思，我们跟着老师一起边读故事边闯关吧！准备好了吗？谁能在这张图片上找到那只黑黑的小企鹅？请举手告诉我。

④越来越好玩了！接下来，为小弟弟的每一个好朋友都想一个合适的马桶吧！（展示图片，引导幼儿观察图片，轮流说说小弟弟一共有几个好朋友，都是谁。）

3. 操作游戏卡片，分组完成配对任务

（1）教师将幼儿分成3~5人一组。

（2）教师讲解规则：小朋友们需要将人物和适合他的马桶图片配好对（教师示范）。

（3）幼儿动手操作。

①幼儿分组观察图片，一边交流一边合作，完成配对游戏。

请操作好的幼儿把任务卡给老师。

验证操作结果。

师说：小弟弟的好朋友们都找到了适合自己的马桶，那小弟弟的秘密马桶是什么呢？

4. 教师继续讲故事，引导幼儿闯关

师说：

①咦？怎么不见了呢？小弟弟的过山车马桶被偷走了！那个毛茸茸的尖脑袋就是小偷！

②你们想不想帮助小弟弟找到过山车马桶？（幼儿："想。"）那我们需要完成闯关才能帮助他成功找到小偷，让我们来帮帮他吧！

③我们来到了马桶城，请挑战第二关：请大家认真观察图片，说一说你都看到了什么

样子的马桶呢？用完整的一句话告诉老师：“我看到了 ×× 马桶，我喜欢马桶城的 ×× 马桶。”

④我们追到了马桶码头，请挑战第三关：请大家认真观察图片，找一找那个毛茸茸的尖脑袋的家伙在这里吗？小弟弟找到它了吗？（引导幼儿观察图片，大胆猜想。）

⑤我们追到了马桶赛车场，请挑战第四关：请大家认真观察图片，用你们熟悉的词语来描述你看到的比赛是什么样的？比如：“我看到的比赛很激烈、很火爆、很紧张……”（引导幼儿发散思维，用合适的形容词来描述比赛场景。）

⑥最后，我们穿越了马桶森林，小弟弟也成功地抓到了那个小偷，原来他是想和森林里的好朋友们一起坐过山车马桶呀！小弟弟想到了一个好办法：把马桶一个挨一个连到一起，就成了大家一起坐的过山车马桶了，好了，分开两腿，出发！虽然每天只能孤单地去坐马桶，但是大家都一样啊，爸爸、妈妈、好朋友都是一个人坐马桶，不管是谁，每天都要去坐马桶，一想到大家都是马桶好伙伴，我就好开心！

活动延伸

师：小朋友们，想不想给自己也设计一个适合自己的神奇马桶呢？快快动手画下来吧！和好朋友一起说一说你画下来的马桶的神奇之处。（教师引导幼儿用彩笔画出适合自己的神奇马桶）

活动反思

（1）本节绘本活动，我积极引导幼儿观察绘本中的图片，表达故事内容，引发幼儿自主阅读，培养幼儿良好的阅读习惯。

（2）在活动中，让幼儿参与阅读故事、观察画面并进行完整的叙述和表达、进行合作式的配对活动、自由画出适合自己的马桶，注重幼儿的课堂参与和实际操作，激发幼儿的阅读兴趣和学习探索的欲望。

（3）活动中的闯关环节，按照观察—描述—猜想—表达—联想的顺序设置闯关游戏，注重创设游戏情境，引导幼儿进行绘本阅读。

专家点评

本节活动的整体效果很好，体现了有效的师幼互动；活动最后的点题很准确，和延伸部分的衔接语可以更完善。活动的目标梯度体现得略显不足，需要根据幼儿发展水平进一步完善。《指南》中语言活动目标—倾听与表达—愿意讲话并能清楚地表达，对于大班幼儿，该维度的要求可以更具体并增加一定的难度，如能有序、连贯清楚地讲述一件事情，讲述时使用常见的形容词，语言较为生动等。看视频，故事情节对于大班幼儿来讲相对简单，找各种马桶小人的设计也相对简单，建议增大难度。

自己的颜色

活动基本信息

名　　称：《自己的颜色》
活动领域：语言
年 龄 班：大班
设 计 者：郝津梦
点 评 者：倪凯歌　付　莹

活动设计

设计思路

在漫长的冬夜里，变色龙变成了黑色。为了能够拥有确定不变的一种颜色，变色龙再一次陷入了那一份不确定中，它独自忍受漫长的冬夜，以及无边的那一片黑色。幼儿在成长中会发现四季的更替和身边很多事情的变化，在变化之中的幼儿又会有怎样的感受呢？这是值得一起探讨的问题。

活动目标

（1）认知目标：通过欣赏绘本《自己的颜色》，了解变色龙和人类的不同之处。

（2）能力目标：通过哲学讨论能表示自己的意见、聆听同伴的观点，并能呈现自己的观点。

（3）情感目标：喜欢参与哲学活动，能积极思考与愿意表达。

活动准备

（1）物质准备：《自己的颜色》绘本、PPT、白板、水彩笔、白纸。

（2）经验准备：幼儿知道变色龙会变色的特点，同时了解一些生活中的变色现象。

活动过程

1. 准备活动（3 分钟）

律动导入：颜色歌。

2. 呈现刺激物（5 分钟）

教师讲述绘本《自己的颜色》。

3. 思考时间（10~15 分钟）

给幼儿 5~10 分钟时间回想绘本内容、思考问题并画下来，孩子们对于变色龙的看法和问题可以在同伴之间聊一聊。（教师巡回蹲下询问孩子的想法并帮助有困难的幼儿）

4. 问题生成（10 分钟）

幼儿提出问题，教师记录：

问题一：为什么变色龙会变色？

问题二：为什么变色龙是五颜六色的？

问题三：为什么变色龙可以随周围的环境变化？

问题四：为什么变色龙没有自己的颜色？

问题五：为什么变色龙可以变色，而人不可以？

5. 问题分类、澄清

由每个幼儿解释或澄清他们的问题。

6. 选择问题

问题由儿童投票或协商产生。

问题	票数
问题一：为什么变色龙会变色？	
问题二：为什么变色龙是五颜六色的？	
问题三：为什么变色龙可以随周围的环境变化？	
问题四：为什么变色龙没有自己的颜色？	
问题五：为什么变色龙可以变色，而人不可以？	

7. 起始发言

师：“变色龙为什么没有自己的颜色呢？”谁有自己的想法可以说一下？

8. 构建对话

师：为什么人不可以变色，而变色龙可以变色呢？

幼儿进行回答和分享。

师：变色龙变色和人变色是一样的吗？哪里不一样？

幼儿阐述自己的理由。

9. 最后发言

鼓励过程中发言较少的幼儿表达他们的观点。对所讨论的问题或议题提出自己的最新想法。

教师总结：今天很多小朋友都发言了，而且声音很洪亮，我们的活动就到这里，谢谢小朋友们。

活动延展

1. 教学变式

教师可以在教学活动中加入外表变化和行为变化的区别，如：你在爸爸妈妈面前和爷爷奶奶面前是一样的吗？是变的还是不变的？你有没有过不得不变化的时候呢？

2. 活动延伸

请幼儿画下不同场景、不同情况中的自己或者不同的变色情况，并和大家分享自己的经历。把自己的作品贴在变色龙的大卡纸上。

活动反思

在活动环节中，教师没有进行活动的评估环节和概念地图的绘制，应完整地展现帮助孩子进行观点的建构及表达。

教师在发现问题陷入僵局后，没有及时地深化或转化问题，而是直接选择了孩子们投票数第二多的问题进行讨论，此时教师应尝试引导幼儿进行下一步讨论。比如：一定要有自己的颜色吗？为什么变色龙想要拥有自己的颜色呢？后面为什么又不想拥有了呢？

在活动后期，部分孩子对于谈话内容的参与度较低，并开始游离。教师在活动环节的把控上应设置可以让孩子们按照观点选择分组而坐或更加具有互动性的形式进行发言，帮助幼儿集中注意力，关注身边同伴的表达。

首先，教师的用语还是不够谨慎，有时会出现"正确""错误""没有想法""答案"等词汇，虽然教师当时的本意是希望孩子不要被正确或错误的回答所束缚，但是没有考虑到，这种词的出现本身就是对幼儿的隐形提示。所以，教师应调整活动时的用语，可以把"答案"转化成"发言""你想说什么"等。当幼儿出现没有表达的情况，教师应安静等待或及时地转化问题，帮助幼儿更好地、更放松地去表达，或和孩子说"没关系"让孩子放下心理负担和紧张情绪。

在活动进行时，教师因为紧张导致表情比较严肃，这在无形中给孩子们带来了隐形的紧张感，教师应保持愉悦放松的状态，营造宽松愉悦的氛围，让幼儿能在这种环境中放松地、没有负担地表达自己的想法。

在讨论中，教师对于问题的转化和深入做得还是不够充分，教师如何引发哲学问题？儿童哲学与日常教学活动的区别是什么？应讨论哲学问题，大问题、大概念。比如：变色龙愿不愿意变色？如果它可以选择，它想变成什么颜色？它变色后还是它吗？这些问题才是从表象到本质的探寻，要去发现改变背后的本质是什么。例如自然与环境的联系，外在与内在变化等原因。

活动资料

《自己的颜色》PPT。

专家点评

（1）从表象到本质的探寻，改变背后的本质是什么？包括自然与环境的联系，外在与内在变化等。

（2）如何引发哲学问题？儿童哲学与日常教学活动的区别是什么？讨论哲学问题，大问题、大概念。变色龙愿不愿意变色？如果它可以选择，它想变成什么颜色？它变色后还是它吗？

（3）引导幼儿建立哲学观点。学会转换看待问题的视角，如何看待这个世界？换位思考；思考方法；为人处世的原则（关怀性思维）。

（4）分两节课进行讨论：上半节课专注于提问，下半节进行深入的哲学讨论。

报纸上的洞

活动基本信息

名　　称：《报纸上的洞》

活动领域：语言

年 龄 班：小班

设 计 者：张智杰

点 评 者：马　文

活动设计

设计思路

结合品格养成教育下的文明礼仪小标兵活动，我组织了本次活动。以绘本阅读为媒介，在听听、看看、说说的过程中，引导幼儿表达自己的想法，大胆地与人打招呼。

活动目标

（1）听故事了解丑小兔克服害羞、胆小的整个过程，感受丑小兔的心情变化。

（2）观察画面中洞洞的变化，大胆表达。

（3）愿意和别人打招呼，体验找到朋友的喜悦感。

活动准备

（1）物质准备：多媒体课件、一张报纸。

（2）经验准备：幼儿有过和教师分享故事的经验。

活动过程

1．导入报纸，设置疑问

出示 PPT——报纸。

师：这是什么？——这是一张报纸。你们看，这张报纸上出现了什么？这里为什么会有洞洞呢？是谁弄的呢？今天老师给小朋友带来了一个故事，故事的名字叫作《报纸上的洞洞》。让我们一起去故事里发现吧。

2. 分段欣赏故事，发现洞洞的变化

（1）出示 PPT 第 3~5 页，教师讲述故事，让幼儿认识苹果猪和丑小兔，感受它们截然不同的性格特点。

师：苹果猪和丑小兔是一对好朋友，它们住在一起，它们每天都喜欢趴在窗前，看着窗前人来人往。苹果猪每次都喜欢把手探出窗外，和来来往往的人们打招呼："Hi，你好，Hi，吃饭了吗？"

提问：它看到小班的小朋友了，也来跟小班的小朋友打招呼："Hi，你好，吃饭了吗？"你们要怎么回答他？

师：就这样，苹果猪认识了很多新朋友。可是丑小兔呢？当有人和丑小兔打招呼的时候，丑小兔是怎么做的？它为什么会这样？它开心吗？这样它就没有新朋友了。

（2）观察 PPT 第 6~9 页，探索洞洞报纸的用处。

师：丑小兔想，有什么办法能让我看到大家，而大家看不到我呢？

师：你看苹果猪在干什么？这下丑小兔想到了好方法。什么方法呢？丑小兔在报纸上挖了一个洞。

师：这天，苹果猪又像往常一样趴在窗前和大街上的人打招呼。丑小兔呢？你怎么发现的？

（3）做游戏，观察洞洞的变化。观察 PPT 第 10~11 页，猜一猜在洞洞里的是什么？

师：丑小兔在洞洞里看到了什么？猜一猜是什么？因为洞洞太小了，所以看不清楚，洞洞变大要念出咒语："洞洞，洞洞快变大。"是草莓？草莓一蹦一跳地跳到了小鱼身上，跳到了哪个小鱼身上了？在第几条小鱼的身上？

师：这次又在洞洞里看到了什么？有什么办法能看清楚？一起念咒语。原来是毛毛虫，毛毛虫一扭一扭地变成了拐杖，哪根拐杖是毛毛虫变的？说出序号。

小结：小洞洞看不清楚到底是什么，洞洞变大了，就能看清楚了。

（4）观察 PPT 第 12~13 页，发现洞洞的变化，从洞洞里都看到了什么？

师：丑小兔在洞洞看到了什么？看到了几个人？洞洞变大后又看到了什么？几个人？你想跟哪个洞洞里的人交朋友呢？请个别孩子来说。

（5）出示 PPT 第 14 页：感受洞洞变大了，丑小兔的胆子也变大了。

师：洞洞变得越来越大，丑小兔的胆子也越来越大，街上的人都看到了丑小兔，大家都跟丑小兔打招呼："Hi，你好，丑小兔。"丑小兔也大胆地跟大家打招呼，就这样，丑小兔也有了新朋友，也变得很开心。

3. 结束环节

幼儿园里也有很多的新朋友，来到幼儿园要勇敢地和老师、小朋友打招呼，这样我们就会有更多的新朋友。

活动延展

1. 教学变式

在其他活动中，充分利用辅助玩具引导幼儿勇敢地打招呼。也可以鼓励幼儿在活动前、活动中以及活动后和小伙伴、老师打招呼。

2. 活动延伸

师：幼儿园里举行礼仪小标兵活动，请小朋友们到门口迎接幼儿来园，用最大方的声音来问好。

3. 家园共育

在父母接送幼儿时，积极主动地与他们打招呼、交流。同时，鼓励幼儿见到父母、爷爷奶奶、外公外婆时，积极主动地打招呼，表达对他们的爱。见到老师时，鼓励幼儿先向老师问好。老师要经常和家长沟通孩子礼仪习惯的培养。

4. 领域渗透

在娃娃家活动时，幼儿用礼貌用语表达所扮演的角色，比如妈妈、医生、收银员等。

在科学角活动时，当幼儿想加入小朋友的活动时，老师用礼貌用语示范，比如“我可以玩吗？”表达自己想参与到活动中的意愿。

在健康领域活动时，老师用礼貌用语示范，比如“下一个就是我了”来耐心地表达对玩皮球活动的意愿。

活动反思

该绘本选用了小朋友生活中比较熟悉的小动物作为主角，故事中的丑小兔害羞又胆小，它对外面的事物充满好奇，渴望朋友但又胆小害怕、缺乏自信，这和小班幼儿的年龄特点极其相似。本次活动紧紧围绕着活动目标开展，不足的是在活动中的提问还可以更深入一些，让幼儿多观察，大胆发言。

活动资料

多媒体课件、绘本《报纸上的洞》、一张报纸。

专家点评

知：此次教学活动通过绘本故事阅读，让幼儿模仿并掌握基本的礼貌用语，并积极主动地利用活动设计为学生提供练习这些基本礼貌用语的契机。

情：此次教学活动创设了一个轻松的气氛，因此能够从玩中对幼儿进行礼仪教育。和别人打招呼引发的是幼儿与人为善的愉悦心情，培养了幼儿对周围人的关爱之心。

意：此次教学活动有一个隐形的意义，就是它培养了小班儿童的无私品质。“做有礼貌的孩子”看起来是一件小事，但它是成年人意志品质最初的表现形式。

社会领域

包公审石头

活动基本信息

名　　称：《包公审石头》

活动领域：社会

年 龄 班：大班

设 计 者：张贤玲

点 评 者：张玉芝

活动设计

设计思路

2016年1月5日颁布的新版《幼儿园工作规程》中，培养目标“体智德美”变成了“德智体美”，国家把幼儿德育的培养目标放到了首要的位置，3~6岁幼儿正处在世界观、人生观、价值观尚未成型的阶段，可塑性极强，也极易受外界影响。因此，开展社会主义核心价值观的启蒙教育刻不容缓。包公是我国历史中的十大忠臣之一，在人们心目中的形象是公正廉明、铁面无私的，一直被人们所歌颂，他的优良品格正是孩子们需要学习的。把社会主义核心价值观教育与中国传统文化相结合，通过包公审石头的故事，引导幼儿理解包公公正的品质和小孩孝顺的意义，在幼儿的内心深处奠定向包公和小孩学习的种子。

活动目标

（1）理解包公抓小偷的方法，了解水油分离的科学现象。

（2）学习包公聪明机智、公平正义的品质，以及小孩孝顺懂事的优良品质。

（3）能够使用完整的语言表达自己的想法。

活动准备

（1）物质准备：《包公审石头》PPT、5角硬币、水、油等实验用品,《中华人民共和国民法典》一本。

（2）经验准备：幼儿具有基本的规则意识。

活动过程

1. 故事导入

师：小朋友们，今天我们讲一个故事，看看主人公是谁吧？

（幻灯片故事导入，幼儿观察画面，回答问题。）

2. 听、论讲述——建立对公正的认知

（1）认识公平。

师：今天我们来听一听这个故事吧！从前，有一个小孩，家里可困难了，爸爸去世了，妈妈生病了。小朋友，你们说，如果你的家里也这么困难，你会怎么样？

（引导幼儿要孝顺妈妈。）

师：是的，这个小孩和小朋友们一样孝顺，他在家帮妈妈干活。他还出去卖油条。有一天，他卖完了油条，用他那油乎乎的手数着铜钱，一共有100枚，小孩很高兴。小孩为什么高兴？

（引导幼儿向孝顺妈妈的方向思考。）

师：小朋友们，你们都是好孩子。小孩知道，有了这些铜钱，就能给妈妈买药治病了。小孩太累了，躺在石头上睡着了，忽然他醒了，发现篮子里的铜钱不见了，小孩急得哇哇大哭。

师：如果你是小孩，你的钱丢了，应该怎么办呢？

（启发幼儿思考。）

师追问：小孩辛苦挣来的钱，就不要了吗？这样对于小孩的劳动公平吗？

（通过追问，引导幼儿思考公平的意义。）

小结：小孩辛苦劳动挣来的钱如果不要了，这对于小孩的辛勤付出不公平，应该找到钱，抓住小偷。

（2）认识正义。

师：这时候，包公带着人路过，看到了小孩在哭。你们说包公会怎么样呀？

（赞扬幼儿乐于助人的优秀品格，引导幼儿用完整的话来试着问一问。）

师：包公决定帮助小孩找到铜钱。

小结：包公能够让事情朝着公平的方向进展，说明他是一个主持正义的人。

（3）了解水油分离的科学现象。

师：包公对石头说："石头，老实交代，是不是你偷了小孩的铜钱？"石头没反应，包公又问，石头还是一声不吭。

师：这时包公生气了，"我问你，你竟敢不说话！"于是他就让手下的人用棒子打石头。

师：包公这样做，周围的人会怎样？

（幼儿积极发言。）

师：周围的人看到后，都哈哈大笑，说："大家都说包公聪明，原来也是个糊涂人啊！"

师：包公听了，非常生气地说："你们竟然嘲笑我，罚你们每人一枚铜钱。"说完，他就让手下端来一个盆，里面接上清水，让人们排好队，一个一个地往水里扔铜钱。轮到一个人的时候，他一扔完，包公立刻让手下把他抓了起来，说："你就是偷铜钱的小偷！"这时候，大家都迷糊了，不明白为什么。被小孩油乎乎的手摸过的铜钱，放到水里会发生什么呢？

（鼓励幼儿畅所欲言。）

师：小朋友们，老师今天也准备了硬币，一盒用油泡过，一盒没有，咱们一起看一看是不是和小朋友们想的一样吧。

（幼儿实验，发现水油分离的现象。）

师：我们看看，包公是不是和小朋友们的发现一样啊（展示 PPT）。果然，只有这个人丢下铜钱后，水面上浮起了一层油。小孩用油乎乎的手摸了铜钱后，铜钱上粘了油，才会这样的。

师：在证据面前，小偷掏出了铜钱还给了小孩，也受到了法律的惩罚。

（4）认识"公平 + 正义 = 公正"。

师：小朋友们，你们觉得包公怎么样？

小结：包公看到小孩的钱丢了，他觉得是不公平的，应该找到钱。同时他又能够主动地帮助小孩，包公是一个有正义感的人。

一个人既公平又正义，我们就说他公正。

3. 我当小包公

师：现在，老师请你们也来当包公，帮我们判案。

师：看这是什么——《民法典》。

师：《民法典》就是守护人民公平正义的法典，老师把它交到哪个小朋友手上，哪个小朋友就变成了公正的代表了，现代小包公。

师：看！这两个小朋友在干什么，公平吗？为什么？如果你是包公，你会怎么办？

（三张图片，比高矮、玩卡牌、插队，请小包公来公正地判断并指出改正方式。）

师：小朋友们，故事听完了，你喜欢故事中的谁呀？为什么？

（引导幼儿提炼本活动主题：做像包公一样公正的人，做像小孩一样孝顺的孩子。）

总结：小朋友们说得很好，以后我们也要做像包公一样公正的人，做像小孩一样孝顺的孩子。

活动延展

1. 活动延伸

冬季易发多种呼吸道疾病，出门戴口罩能够预防传染病，这既是对自己的保护，也是对他人的保护，引导幼儿在公共场所佩戴口罩，同时鼓励幼儿提醒身边的人佩戴口罩。

2. 家园共育

随着多孩政策的放开，目前二孩、三孩家庭已经十分普遍，指导家长在育儿方面要公平地对待孩子们，更需要公正地对待子女间的矛盾，请家长做好幼儿的榜样。

指导家长支持并鼓励幼儿在家做家务、多为父母服务，引导幼儿从小做孝顺父母的好孩子。

3. 领域渗透

科学：活动中充分尊重幼儿的兴趣点，支持幼儿通过直接感知—亲身体验—实际操作了解水油分离的科学现象，把实验材料投放到科学区，引导幼儿在区域活动中继续探究。

语言：大班幼儿的语言逻辑思维、阅读和表达能力正在迅速发展，把故事《包公审石头》绘本投放到阅读区，供幼儿自主阅读、同伴间分享阅读。

活动反思

1. 选材精准

本活动以中国传统经典故事为主线，挖掘故事中的公正元素，进行社会主义核心价值观教育，符合国家教育方针和幼儿学习方式。

2. 解读精妙

“公正”对于幼儿园阶段的幼儿来说，属于比较难的价值观，教师对教材进行深入解读，把公正解析为“公平”和“正义”，让困难的问题简单化。第一步包公审石头的故事，帮助幼儿建立对公正的认知，将公正内化于心；第二步“我是小包公”，引导幼儿公正地对待生活中的一些现象，将公正外化于行，引导幼儿对公正做到初步的知行合一。

3. 尊重幼儿

故事中包公让众人往水盆里面扔铜钱，抓到小偷，孩子们一定会感到好奇。教师充分支持幼儿的探究意识和质疑精神，为幼儿提供材料，进行试验观察，表现出教师尊重幼儿的教育观、儿童观。

4. 活动不足

活动中幼儿的表达非常积极，但是由于教育环节设置得比较多，教师不能充分倾听幼儿的表达。这就需要教师正确认识集体教育的价值，可以把活动拆解为两节递进式的活动，支持幼儿在表达中进行思考，发展逻辑思维能力，实现深入学习的学习效果。

专家点评

社会主义核心价值观教育是无论哪个学段都应该重视并作为重要内容学习开展的，运用中华传统经典故事作为载体进行社会主义核心价值观教育既符合幼儿的年龄特点，属于幼儿感兴趣的事物，又有利于传承中华优秀传统文化，拓宽幼儿视野，丰富幼儿经验。教师对于活动内容的选择比较精准。

活动目标设计明确、恰当、全面，活动将目标定位于科学认知、公正与孝顺好品质的学习、完整表达三个方面，说明教师拥有整体性的教育观，注重各领域之间、各目标之间的相互渗透和整合，关注幼儿身心全面和谐发展。

活动采用了讨论、实验、迁移等多种教与学的方法来突破重难点，注重运用开放式提问启发幼儿积极思考、交流，发展了幼儿的判断、推理能力，锻炼了幼儿完整连贯进行表达的语言能力。通过提供丰富材料，使幼儿在实际操作中感知油不溶于水的水油分离现象，既增长了幼儿的科学知识，又成为幼儿理解故事情节的基础和支撑，真正支持幼儿具身认知的学习方式。活动最重要的是对公正、孝顺好品质的学习，在教师引领的多次讨论过程中，先拆分理解公平和正义两个概念，再综合理解公正概念，最后通过迁移到处理日常生活中遇到的公正与否的情况，从概念到实践，让幼儿在知与行两个层面进行相辅相成的理解和运用，较好地达成了活动目标。

活动环节设计层层递进，合理有效。集体、小组、个体活动有机结合，为幼儿安排了较为充分的探索时间和思维的过程，保证了幼儿有机会既动脑又动手还动口，幼儿积极主动参与活动，建构起了初步的公正、法治的价值观，拓展了科学、语言等领域的相关经验，较好地达成了活动目标。

建议活动中有完整讲述故事的环节，能够让幼儿体验到完整、连贯、起伏跌宕、妙趣横生的故事情节和文学的魅力。

山姆教我来防火

活动基本信息

名　　称：《山姆教我来防火》

活动领域：社会

年 龄 班：中班

设 计 者：刘薇薇

点 评 者：张玉芝

活动设计

设计思路

根据中班幼儿的年龄特点，利用消防员山姆的经典动画形象贯穿整个活动始终，使幼儿了解生活和游戏中的防火小知识、知道如何安全地燃放烟花；增强幼儿的安全防护意识，提升幼儿的自我保护能力；宣扬“安全第一”的主题。

活动目标

（1）初步了解生活和游戏中的防火知识。

（2）知道如何安全地燃放烟花，提升自我保护能力。

（3）强化幼儿安全防护意识。

活动准备

PPT，消防员山姆图片（或玩偶）。

活动过程

1. 导入

谈话：今天老师请来了一位神秘人物给我们上一节安全课。大家猜猜他是谁呢？

出示山姆图片：他就是消防员山姆，小朋友们来和他打个招呼吧！

教师模拟山姆口吻：小朋友们你们好，我是消防员山姆，很高兴来到中班和大家一起做游戏、学本领。小朋友们，你们准备好了吗？我们今天讲的是哪方面的安全知识呢？请你们仔细看下面的视频，一会儿我要提问！

2. 山姆来上防火课

（1）播放 PPT，教师提问：视频里讲了什么？属于哪方面的安全知识？

幼儿谈论。

教师总结，山姆温馨提示：不要把玩具（易燃物）放在炉子旁；火柴（打火机）不是玩具，不能玩。

（2）播放 PPT，教师提问：从刚才的故事中，我们知道了哪些防火知识？

幼儿谈论。

教师总结，山姆温馨提示：烟雾警报器能拯救生命；一个插座上不能插太多插头。

（3）播放 PPT，教师提问：从刚才的故事中，我们又知道了哪些防火知识？

幼儿谈论。

教师总结，山姆温馨提示：小孩不要玩烟花。

（4）教师提问：小朋友，请你想一想生活中还有哪些地方需要注意防火？

幼儿思考谈论。

观看 PPT 后总结：不要乱扔烟头；蚊香不能靠近容易着火的物品；拒绝燃放孔明灯。

3. 消防站的焰火晚会

谈话：中班的小朋友们真聪明，知道这么多的防火知识，所以消防站五十周年庆典，要举行一个烟花晚会，特别邀请咱们去参加。

教师播放 PPT。

教师提问：燃放烟花时需要注意哪几点？幼儿回忆讨论。

总结，山姆温馨提示：看烟花时，人和动物要远离烟花；用细蜡烛点烟花，尽量离得远远的；绝不回去看没点着的烟花，它有可能在你脸上爆炸；小孩儿要在大人陪同下燃放烟花，安全第一！

4. 总结

消防总队全体队员提醒大家：消防知识记心间，远离火灾保安全！

队员们要归队了，小朋友和山姆及他的队员们说再见吧！

活动延展

1. 活动延伸

开展消防演练活动，帮助幼儿了解在幼儿园发生火灾时如何有秩序地正确逃生。

表演区投放消防员服装和道具等材料，幼儿在游戏中学习如何拨打火警电话和说出自己的家庭住址。

2. 家园共育

请家长带幼儿模拟从家里到楼下的逃生路线，并画出路线图。

3. 领域渗透

语言领域开展创编防火安全儿歌活动；社会领域开展致敬消防员活动。

活动反思

根据中班孩子们好奇好问的特点，依据皮亚杰的认知发展理论，我采用多媒体直观教学法，让孩子们带着问题去听、去看，接着进行讨论，不能随便玩火、生活中的火灾隐患有哪些。开始时，孩子们获得的经验是零碎的，再通过老师加以分析、引导，小组、个体的经验就演变成了集体的、有价值的完整经验了。在教学课件中，加入孩子们喜欢的动画片片段和人物形象，可以使教学过程变得形象生动，充分调动起孩子们的学习兴趣。通过游戏的方式，让孩子在参与和互动中获得知识的体验，令孩子终身受益。

专家点评

统计数据显示，意外伤害在我国儿童死亡原因总数中占 26.1%，且有逐年增长趋势，所以安全教育刻不容缓，保证幼儿生命安全是幼儿园工作的基础和重点。

安全教育是幼儿园健康领域工作中的重要组成部分，儿童安全和自我保护教育应包含身体安全、心理安全、社会适应安全三个方面。在社会适应安全方面，幼儿应该能够熟记自己和家人的基本信息并会电话求救、认识常见安全图标和提示、认识生活中常见安全隐患标识并主动远离危险场所、掌握一些基本的安全防范自护和求救方法。所以，幼儿园必须持续开展消防、避险、安全常识等内容的教育活动，促进幼儿安全方面的意识、技能不断发展提升。

本活动聚焦消防安全，从知识维度帮幼儿初步了解生活和游戏中的防火知识；从技能维度让幼儿知道如何安全地燃放烟花，提升自我保护能力；从情感意识维度强化幼儿安全防护意识。目标具体明晰，适合幼儿当前水平，又能够进一步深化幼儿的消防知识和技能。

活动选用动画人物创造情境游戏氛围，有效增强了幼儿参与活动的积极性，孩子们跟随喜爱的动画人物山姆，开启了学习之旅，一直保持较为浓厚的兴趣。

活动运用了互动课件多媒体技术，让孩子们通过观看、体验、讨论、总结，自己梳理出生活中的消防安全注意事项，帮助幼儿积极思考、主动建构知识和技能，教师采用鼓励、启发的谈话方式，没有对幼儿进行过多干涉，保证了学习效果。

抱抱

活动基本信息

名　　称：《抱抱》
活动领域：社会
年 龄 班：小班
设 计 者：任美芳
点 评 者：傅立洁

活动设计

设计思路

小班幼儿刚刚入园生活，很多还存在着入园焦虑的问题，例如：哭，不参与活动，不愿意与其他小朋友交往等行为。为了在班级内营造一个温馨舒适的氛围，引导幼儿主动参与到幼幼、师幼互动中，根据《指南》中社会领域的“愿意与人交往中，愿意和小朋友一起游戏”这一目标，结合本班幼儿日常活动中的表现，我设计了社会领域的活动——《抱抱》。

活动目标

（1）初步理解故事内容，并知道喜欢、开心、安慰别人等时候可以用抱抱来表达。

（2）乐意与老师、同伴一起游戏，体验抱别人和被抱的温暖。

活动重难点

（1）重点：初步理解故事内容，乐意与老师、同伴一起游戏，体验抱别人和被抱的温暖。

（2）难点：知道喜欢、开心、安慰别人等时候可以用抱抱来表达。

活动准备

（1）物质准备：PPT、手偶、游戏音乐。

（2）经验准备：幼儿有抱抱的经验。

活动过程

1. 手偶导入，激发幼儿兴趣

师：今天我们班来了一位好朋友，我们一起来看看谁来了？（出示手偶）

幼：小猴子。

师：它有个很好听的名字，叫啵啵。小朋友们一起和它打个招呼吧。

（让幼儿用自己喜欢的方式打招呼。）

师：（展示图1）啵啵有点调皮，它不听妈妈的话，悄悄地离开了妈妈，独自跑到大森林里去玩了。

2. 欣赏故事，理解故事内容，体验小猴子的心情变化，感受爱的抱抱

（1）理解故事内容，体验小猴子的心情变化，知道抱抱是开心的。

师：（展示图2）啵啵独自走在森林里，突然大喊："抱抱。"小朋友们，它看到了谁？

幼：（幼儿集体回答）大象和它的宝宝。

师：这里呀，有两头大象，一头是大象妈妈，一头是大象宝宝，那它们在做什么呢？

幼：抱抱！

师：它们是怎样抱抱的啊？看到它们抱抱是开心的还是不开心呢？

（幼儿与老师合作模仿图片中大象一起抱抱的样子。）

幼：是开心的。

（2）理解故事内容，体验小猴子的心情变化，知道抱抱是高兴的。

师：（展示图3）啵啵和大象们继续往森林中走去，我们再来看啵啵又看到了什么？

幼：蛇妈妈和蛇宝宝、变色龙妈妈和宝宝。

师：变色龙妈妈和宝宝是怎么抱抱的？它们是在哭还是在笑呢？

（老师和幼儿模仿变色龙妈妈和宝宝拥抱的样子。）

幼：是笑着的。

（3）理解故事内容，体验小猴子心情变化，知道抱抱可以表达关爱。

师：（展示图4）啵啵看到小动物和妈妈在抱抱，有些伤心了，它也想自己的妈妈了。（展示图5）大象妈妈看到后，抱起啵啵放在了自己的身上，一起向前走。

师：（展示图6、图7）啵啵又看到了狮子妈妈和宝宝、长颈鹿妈妈和宝宝，它们在做什么呢？

幼：它们在抱抱。（老师、幼儿一起做拥抱的姿势。）

师：（展示图8）啵啵看到了大家都在抱抱，更伤心了，啵啵大哭起来，它开始想念自己的妈妈了。（展示图9）这时，妈妈听到了啵啵的哭声，跑了过来，抱起了啵啵说："妈妈爱你。"

小结： 最后，啵啵、啵啵妈妈还有好多小动物们都抱在了一起。好高兴呀，它们都成了好朋友，这是一种互相关爱的抱抱。

3. 感受拥抱，体验抱别人和被拥抱的温暖

（1）引导幼儿抱抱自己的朋友。

师：看到小动物们抱抱，我们也抱一抱吧。

（引导幼儿与挨着的小朋友抱一抱，感受和同伴在一起的快乐。）

（2）体验和老师拥抱的快乐。（和老师抱一抱）

师：老师从第一眼看到你们的时候就喜欢上你们了，谁想和老师抱一抱？

（老师张开手臂，迎接小朋友，和小朋友们一起抱抱。）

师：抱抱是什么感觉？

幼：软软的、甜甜的，和棉花糖一样……

小结：原来拥抱的感觉这么美好，抱别人和被别人抱都是暖暖的、香香的，很幸福。

4. 出示图片，理解抱抱的不同含义

师：今天老师也带来了好多照片和视频，我们一起来看看照片里面都有谁，他们在做什么？

（1）理解抱抱可以表达爱和安慰。

①出示妈妈与宝宝拥抱的图片。

师：照片里面都有谁啊，他们在干什么啊？

幼：妈妈和小弟弟，妈妈在抱小弟弟。

师：这是爱的抱抱。

②出示小朋友与小朋友拥抱的照片。

师：照片中有两个小朋友，他们在干什么啊？

幼：他们在抱抱。

师：是的，他们是好朋友，他们是友谊的抱抱。

③出示小朋友哭的照片。

师：照片上的小朋友怎么了？

幼：他哭了。

师：我们想想办法怎么让他不哭？

幼：给他一个抱抱。

师：真棒啊，你们都是有爱心的好宝宝。

（2）理解抱抱可以表达开心和喜悦。

①出示玩滑梯高兴和老师拥抱的视频。

师：看，这是我们玩滑梯最开心的时候，小朋友在和老师拥抱。这些拥抱是开心还是不开心呢？

幼：是开心的。

师：开心的时候找老师分享你的喜悦。

②出示踢球胜利的图片。

师：看，这是我们大班哥哥姐姐在踢足球，他们进球后是怎样庆祝的呢？

幼：抱在一起。

师：胜利的时候也可以一起表达分享我们的喜悦。

✎ 小结：抱抱是我们表达爱的方式。当我们难过时，抱抱会安慰我们悲伤的情绪；我们开心时，送一个抱抱给你身边的人，和大家一起分享你的喜悦。

5. 集体游戏

播放音乐《爱我你就抱抱我》。当音乐响起的时候，老师和小朋友一起大手拉小手转圆圈。当音乐停止的时候，找到好朋友一起抱一抱。

活动延展

1. 活动延伸

老师们每天照顾我们很辛苦的，送给班里其他老师一个大大的抱抱。

2. 家园共育

小朋友们回到家里，也要给家人一个爱的抱抱，他们每天照顾我们很辛苦的。

3. 领域渗透

语言领域：鼓励幼儿用语言描述绘本内容，表达自己的想法。

健康领域：在心理健康方面，可以保持良好的情绪，帮助幼儿找到稳定情绪的方法。

活动反思

本次活动中我看到孩子的学习积极性，也能感受到爱与被爱的情感。活动中我采用了启发式的提问、观察、语言表达和动作模仿等方式，激发孩子们的探究兴趣。拥抱表达的含义很多，希望此次活动可以为我们班的孩子们营造一个充满爱的氛围，增进孩子与孩子、孩子与老师之间的亲密感，从而降低幼儿入园的焦虑。

同时，经过本次活动，教师也发现了一些不足之处。首先，即使是小班年龄段的孩子，我们也需要去引导孩子们用完整的语言回答老师的问题。其次，在游戏环节中要将游戏规则对小朋友们讲述得再清楚些，让幼儿形成初步的规则意识。

专家点评

刚刚入园的小朋友经过一个月的时间虽然已经能够基本适应幼儿园的生活，但毕竟离开家庭的时间还很短暂，很难融入集体，也难免时常发生情绪压抑或失控的现象。本节活动很适宜也很必要。教师借助绘本故事《抱抱》，利用情境模仿引导幼儿体验拥抱，并通过拥抱的方式来纾解释放情绪、传递友爱和温暖，对幼儿形成健康积极稳定的情绪很有帮助。

耳朵喜欢好声音

活动基本信息

名　　称：《耳朵喜欢好声音》
活动领域：社会
年 龄 班：大班
设 计 者：李　洋
点 评 者：傅立洁

活动设计

设计思路

我们的周围充满了各种声音，我们的生活也离不开声音，但这些声音中有好听的，也有让我们听了很不舒服的。对于大班幼儿来说，这个阶段正是社会规则秩序建立的关键期，让幼儿了解噪声危害，可以培养幼儿的文明行为和环保意识。声音在我们的日常生活中到处都可以听见，让幼儿了解乐音和噪声，具有一定的教育价值，既符合幼儿的现实需要，又能激发幼儿的好奇心与求知欲。因此，我设计了此次活动，活动内容分为以下步骤：谜语导入—操作体验感知理解—游戏体验 —总结经验—标识设计。

活动目标

（1）理解什么是噪声，知道噪声对人体健康的危害。
（2）能从自身做起，拒绝噪声污染。
（3）产生创造安静环境的欲望，培养环保意识。

活动重难点

（1）重点：理解什么是噪声，知道噪声对人体健康的危害。
（2）难点：能从自身做起，拒绝噪声污染。

活动准备

（1）物质准备：PPT，打击乐演奏视频，几种打击乐器，自录音频。

（2）经验准备：初步知道什么是乐音，什么是噪声。

活动过程

1. 谜语、谈话导入

师：今天给大家猜个谜语，这个谜语的谜底就在我们的身上，是我们身体的一个器官，猜猜看究竟是什么——左一片，右一片，隔座山头不见面。

幼：耳朵。

师：是我们的耳朵，耳朵有什么作用呢？

幼：耳朵可以听声音。

2. 操作体验、感知理解

（1）演奏打击乐器，感受不同声音。

师：老师分别请几个小朋友上来演奏乐器。

师：小朋友们听到这些乐器的声音，有什么感受？

幼：好听。

师：请几个小朋友来选择你们喜欢的乐器一起演奏，我们来听听是什么感受？

幼：很乱，难听，很刺耳。

（2）感受乐音。

师：老师现在播放一段音乐，你们再来听一听是什么感受吧。

幼：好听，很舒服，很美。

（3）感知噪声。

（教师播放生活中的噪声音频。）

师：我们再来听听来自生活中的一些声音，听听是什么感受。

幼：好吵，听了难受，不舒服。

师：我们刚才听到的声音有的让我们听了感到很舒服、很美好，有的却（播放噪声）感觉很吵、很不舒服。

师：我们将那些听了很不舒服、刺耳的声音叫作噪声，这些声音不仅会让我们心情烦躁，严重的还会影响我们的身体健康。

【此环节通过播放优美的音乐、噪声的前后对比，让幼儿进一步感受不同的声音，知道什么是噪声。】

（4）结合经验谈论噪声。

师：回忆一下你曾经听到过哪些噪声？当时有什么感受？（装修声、电锯声、尖叫声、吵闹声、嗡嗡声……）

（5）播放幼儿在班级里吵闹的音频，引导幼儿从自身出发，拒绝噪声污染。

师：老师给大家播放一段音频，你们听听这是在哪里？是不是噪声。

幼：是我们的声音，好吵。

【以上环节通过幼儿谈论生活中的噪声，让幼儿唤起经验并进一步感受噪声，再播放幼儿在班里的吵闹音频，进一步让幼儿得到自我教育，控制自己不制造噪声、拒绝噪声污染。】

（6）播放PPT，了解噪声的危害及解决办法。

师：刚才我们听了这么多噪声，小朋友们结合你们听到的感受，来说说噪声会给我们带来哪些不好的影响？应该怎么办？

小结：轻微的噪声会影响睡眠和休息，让人心烦意乱、易怒、注意力不集中。长期生活在严重的噪声环境中，会损坏听力，严重的甚至会导致耳聋，引发心脏病等严重疾病。当听到噪声时应及时躲开或捂住耳朵，知道保护自己，不让自己受伤害。

3. 游戏体验

游戏“传话接龙”。

游戏玩法：3~5人一组，教师分别给每组第一名幼儿传达一句口令，请幼儿依次小声传递到队尾。传话又快又准确且不被其他队伍听到的小组获胜。

师：小朋友们，噪声对我们有这么多不好的影响，要怎么减少噪声呢？我们玩个游戏，看看从游戏中能不能找到减少噪声的方法吧。

师：你们都成功地完成了传话游戏，想想是怎么完成的，那你们找到减少噪声的方法了吗？

幼：小声说话可以减少噪声。

师：原来小声说话也可以把我们想说的话表达清楚，看来我们找到了减少噪声的方法。

【游戏是幼儿最喜欢的活动，在轻松愉快的游戏中孩子们找到了减少噪声的方法，并认同小声说话也可以交流，传达想法，进一步解决了活动难点。】

4. 经验总结

教师：你们知道生活中哪些环境里也需要小声说话、保持安静吗？

小结：医院、绘本馆、餐厅、电影院等公共场所都需要保持安静。在这些场所小声说话，既是对他人的尊重，也是文明礼貌的表现。老师希望小朋友们都能遵守公共规则，在这些公共场所不大喊大叫，做文明礼貌的小朋友。

活动延展

1. 活动延伸

师：小朋友们，我们已经找到了减少噪声的方法，但是在幼儿园里如何让大家时刻注意呢？是不是有个提示会好一些啊。我们每人设计一个“请勿制造噪声”的提示牌吧。

（大家一起为幼儿园设计制作“请勿制造噪声”的温馨标志牌，制作完成后一起讨论，然后去需要的地方张贴提示，鼓励幼儿做噪声检测员，相互监督。）

2. 领域渗透

幼儿最后为幼儿园设计请勿制造噪声的温馨提示牌环节渗透到了艺术领域，老师创造机会和条件，支持幼儿的艺术表现。

活动反思

在本次活动中，幼儿和老师充分互动；传话游戏环节，幼儿很乐于参与，通过游戏很容易理解并找到了减少噪声的方法。但在唤起幼儿生活经验环节，有些幼儿由于知识经验的欠缺不能说出自己知道的生活中的噪声，使得课堂气氛和活动效果欠佳。

专家点评

教育源于生活，又回归于生活。我们每天被各种声音包围着，其中有好声音也有噪声。教师通过不断的操作体验、声音对比，让幼儿感受不同声音，唤醒以往的生活经验。接下来引导幼儿了解噪声的危害，共同探讨减少噪声的方法，并适时进行社会规则教育。尤其最后延伸活动为幼儿园设计、张贴请勿制造噪声的温馨提示牌环节，不仅支持了幼儿的艺术表现，更是幼儿进行自我教育和他人教育的亮点，使本次活动主旨得到升华。

垃圾分类我知道

活动基本信息

名　　称：《垃圾分类我知道》

活动领域：社会

年 龄 班：中班

设 计 者：张智杰

点 评 者：傅立洁

活动设计

设计思路

《3~6 岁儿童学习与发展指南》中强调要结合社会生活实际组织幼儿活动，要引导幼儿爱护身边的环境。生活中垃圾处处可见，“垃圾分类”是环保教育中首选的教育资源，垃圾分类的活动可以增强幼儿的环保意识。中班幼儿有初步的垃圾分类意识，具备一定的观察与学习的能力。此活动为垃圾分类的第二课时，重点是通过观察生活中常见的垃圾来认识可回收的五大类垃圾。本节活动让幼儿通过举一反三的方式找出生活中常见的可回收垃圾，并按照可回收垃圾的标志进行投放，进一步增强幼儿的环保意识。

活动目标

（1）知道可回收垃圾包括废纸、废塑料、废玻璃、废金属、废布料五大类，并初步了解每一类都包括生活中常见的哪些垃圾。

（2）找出常见的可回收垃圾并分类。

（3）进一步增强幼儿的环保意识。

活动重难点

（1）重点：知道五大类可回收垃圾，找出常见的可回收垃圾并分类。

（2）难点：通过举一反三的方式找出生活中的可回收垃圾。

活动准备

（1）物质准备：PPT。

（2）经验准备：有初步的环保意识，对垃圾分类有初步了解。

活动过程

1. 图片导入

出示图片（脏脏的垃圾桶）。

师：这张图片上有什么？看到这张图片你有什么感觉？

（出示两种做法图，让幼儿选择。）

师：如果你拿到了垃圾，你会怎么做？

（出示分类整洁的垃圾桶。）

师：因为小朋友们的正确做法，把垃圾都放回了垃圾桶里，环境变得干净整洁了。

【引导幼儿观察画面，分别感受脏乱差的垃圾堆和干净垃圾桶对人的影响，激发幼儿的环保意识。】

2. 认识可回收垃圾

（1）引发已有经验。

引导幼儿观察图片上分类整齐的四个垃圾桶。

师：图上的四个垃圾桶一样吗？哪里不一样？为什么会不一样呢？垃圾桶上的标志都代表什么？

【引出可回收垃圾。】

（2）进一步熟悉可回收垃圾标志。

师：我们现在来看看这个垃圾桶上的图标是什么样子的呢？它代表什么垃圾？

教师引导幼儿描述可回收垃圾标识的形状、颜色等特点。

师：可回收垃圾的图标是绿色的，外面一个绿色的圆圈，里面是一个绿色的三角形，三角形是由三个箭头组成的，表示可以循环利用的垃圾，叫作可回收垃圾。

【加深对可回收垃圾标识的记忆。】

（3）认识五大类可回收垃圾，并通过举一反三的方式认识生活中常见的五类可回收垃圾

师：想一想生活中哪些垃圾是可以循环利用的呢？

根据幼儿的回答，教师逐一分类。

① 纸制品。

师：废旧书本是可回收垃圾，书本是用什么做的呢？生活中还有哪些东西是用纸做的？

（幼儿自由回答，在幼儿回答不上来的时候，教师引发幼儿已有经验进行提示。）

小结：纸制品属于可回收垃圾。比如：作业本、废旧报纸、纸质酸奶盒、废旧纸箱等。

② 塑料制品。

师：刚刚有小朋友说，饮料瓶是可回收垃圾，对，塑料制品也是可回收垃圾，那生活中还有哪些物品是塑料做的呢？

（引导幼儿在教室里找一找，说一说。）

小结：塑料制品也属于可回收垃圾。比如：塑料玩具，幼儿园放玩具的塑料小筐等。

③ 玻璃制品。

师：我们刚刚认识了几种可回收垃圾？你们还知道哪些不同的可回收垃圾呢？

幼儿回答后，教师出示玻璃瓶和玻璃制品，逐一认识生活中玻璃材质的废旧物品。

④ 金属制品。

师：我们刚刚认识了几种可回收垃圾？（带着幼儿一起回忆学过的三种可回收垃圾。）

师：除了这三种外你们还知道哪些是可回收垃圾呢？

出示金属制品图片。

师：这些废旧金属制品也属于可回收垃圾，有哪些？（引导幼儿观察图片说出物品名称。）

⑤ 布制品。

师：除了刚刚我们说过的四类物品，还有一类物品也属于可回收垃圾，它就穿在我们的身上，是什么呢？——废旧衣服。废旧衣服是什么做的呢？

让幼儿通过举一反三的方法找一找教室里的可回收垃圾。

【此环节通过多媒体演示法、启发式提问法引导幼儿观察图片和教室中的物品，通过举一反三的方式让幼儿发现生活中的五大类可回收垃圾。完成本次活动重点。】

3. 游戏环节

（1）进行垃圾分类。

出示游戏课件，课件中有可回收垃圾桶和其他垃圾桶，请小朋友们观察思考并将垃圾放到对应的垃圾桶里。

师：这里有两个垃圾桶，都表示什么呢？不是可回收的垃圾应该放到哪里呢？

请幼儿在大屏幕上操作，如果有错误，可以进行验证并总结。

（2）分组进行比赛。

分成男孩一组，女孩一组。

师：现在要找出可回收垃圾，看谁找得又快又准确。

游戏后，验证结果，巩固所学的内容。

【此环节通过分类游戏、竞技游戏的方式激发幼儿的兴趣，让幼儿与多媒体互动，对可回收垃圾进行分类。巩固幼儿所学新知，突破活动难点。】

4. 活动结束

师：今天我们认识了五种可回收垃圾，都有哪五种？

师：我们平时扔垃圾的时候，需要小朋友们动脑筋想一想要如何去分类投放。接下来让我们争当环保小卫士，一起去生活中试一试吧。

活动延展

1. 活动延伸

将垃圾分类的玩教具投放到益智区，请小朋友们在区域活动时进行操作。找一找家里、户外等地方的常见可回收垃圾。

2. 家园共育

活动中的小游戏可以生成二维码，发送到家长群，回家后孩子们可以和爸爸妈妈一起比一比。还可以将家里的垃圾进行分类处理，并向爸爸妈妈宣传生活垃圾要分类。

3. 领域渗透

渗透了科学领域的内容——分类。可回收垃圾按类别分为纸制品、塑料制品等五大类，每个类别里又分别有不同的物品。

活动反思

陶行知先生说“生活即教育”，此次活动贴近孩子的生活，利用信息技术创设小游戏，让幼儿在游戏中学习如何进行垃圾分类。垃圾分类活动内容量大，可以分为若干节课进行。此次活动是垃圾分类的第二个课时，重点是认识可回收垃圾的五大类。在游戏环节，因为时间关系没能让所有幼儿都进行游戏体验，但通过知识胶囊的方式，将此次活动的游戏环节生成二维码，发放到班级群，让幼儿回家后和爸爸妈妈在手机上一起进行垃圾分类游戏比拼。从知识胶囊中还能看出孩子们对知识的掌握情况，很好地运用到了信息技术，将家园共育与课堂教学相结合。在班级中投放不同标识的垃圾桶，引导幼儿将生活垃圾进行分类投放。活动内容从生活中来，又将所学知识运用到了生活中去。

活动资料

专家点评

《指南》中指出：人际交往和社会适应是幼儿社会学习的主要内容，幼儿应在成人的指导下，遵守基本的行为规范，爱护公共环境。本次活动中，教师将信息技术与传统教学充分融合，通过多媒体演示，启发式提问，幼儿与多媒体互动游戏等方式，将重难点层层推进，活动目标逐个达成。活动延展中使用知识胶囊的方式，将小游戏推广到家长群，支持亲子互动进一步认识可回收垃圾，并能正确分类，是对所学新知的进一步巩固，充分体现了“教育源于生活，教育又回归于生活”的原则。

我喜欢我

活动基本信息

名　　称：《我喜欢我》
活动领域：社会
年 龄 班：大班
设 计 者：徐旭丽
点 评 者：赵　静

活动设计

设计思路

曾经有一位哲人这样说过："谁拥有了自信，谁就成功了一半。"幼儿期是幼儿个性品质可塑较强的一个阶段，从小培养幼儿拥有自信的品质，对其一生都有深远影响。对于大班幼儿来说，他们自我意识的发展主要体现在自我评价能力上。能够正确地认识、评价自我，才能自信地去迎接以学习为主要活动的人生新阶段。因此，根据大班幼儿的这些特点，我设计了《我喜欢我》这个教育活动。

活动目标

（1）理解故事内容，知道每个人都有自己的独特之处，谁都代替不了。

（2）能发现自己和同伴的长处，并能大胆地讲述理由。

（3）在宽松的活动氛围中，树立幼儿的自信心。

活动准备

（1）物质准备：PPT、操作图卡、音乐《你笑起来真好看》。

（2）经验准备：孩子对自我有初步的认识和评价。

活动过程

1. 谈话导入：通过谈话让幼儿进入故事情境

师：小朋友们，今天老师请了一位动物朋友来做客，让我们看看它是谁？（出示青蛙图片）

师：你们喜欢小青蛙吗？你们知道它有哪些本领吗？（幼儿说出青蛙的优点）

师：可是今天小青蛙在池塘边，忍不住大哭了起来。这是为什么？

2. 结合课件，教师讲故事前半部分

师：小青蛙开心地在池塘边唱歌；它看到好朋友野鸭会飞，自己不会，很伤心；又看到松鼠会爬树，自己也不会，更伤心了；再看到山羊会识字，自己还是不会，所以伤心地哭了起来。

师：小青蛙为什么会这么伤心难过？难道它真的很没用吗？

师：它有没有自己独特的本领？

师：原来小青蛙有这么多本领，它不应该伤心呀！我们要去怎样安慰它呢？（引导幼儿大胆说出自己的想法）

3. 结合课件，教师继续讲故事的后半部分

师：听完故事后，山羊是怎么劝说小青蛙的？

师：山羊还笑着对小青蛙说："其实我们大家都很喜欢你！"

师：那现在小青蛙的表情会是怎样的呢？（开心）

小结：山羊不仅知道自己的独特之处，还能观察别人，并说出它们的优点。

4. 操作图卡

教师让幼儿回忆故事中出现的几个小动物，遇到每个动物后小青蛙的心情有哪些变化，并让幼儿拿图卡操作。

小结：通过操作让幼儿再一次加深理解故事内容及含义。

5. 话说"本领大"

师：小朋友们，你们都有哪些本领呢？或者还能帮助别人做什么事情呢？（幼儿展示自己的本领——跳舞、唱歌、武术、当值日生、做家务等。）

小结：肯定孩子们：你们太棒了！

6. 召开"赞美会"

师：孩子们，看一看我们周围的同伴，你还能发现他们身上的其他优点吗？下面我们召开一个赞美会，请你用"我喜欢谁，是因为他能……"的句式，大声地赞美他。

师：玩"点兵点将"的游戏，请点到的小朋友站到台上，大家来夸赞他。

师：孩子，有这么多小朋友赞美你，你感觉怎么样？（开心、快乐、幸福、温暖等）

小结：通过赞美会，让幼儿感受赞美别人与被别人赞美的快乐。

7. 展示"你我他"

师：孩子们，随着音乐和老师一起动起来吧！

小结：孩子们，你们笑起来真好看！希望你们继续努力，拥有更多的优点，那么喜欢你的人也会越来越多。如果有人问你："你喜欢你自己吗？"你要怎么回答他？（小朋友大声齐说："我喜欢我自己。"）说的同时，做一个自信的动作造型结束本次活动。

活动延展

1. 活动延伸

在大班下学期，孩子们即将步入小学，我会让孩子们继续来讨论“长大了一岁的我能干了”，作为此次《我喜欢我》活动的进一步延伸。通过活动，引导幼儿拥有积极心态，对自己的成长充满希望，树立信心。

2. 家园共育

孩子在活动前、后和家长一起翻阅小时候的照片或者探讨儿时趣事，能够更加深刻地认识自我和评价自我，增强自信。

3. 领域渗透

本次活动将社会、语言、艺术三个领域的知识相互融合，将各领域有机结合在一起，注重幼儿的全面发展。

活动反思

（1）整个活动从幼儿的角度出发，尊重幼儿个性化发展。

（2）活动氛围宽松愉悦、温馨快乐，幼儿参与度高，与教师互动性强。

（3）通过讲故事、谈话、赞美会以及歌唱表演等几个环节，层层递进。各环节中，教师及时用欣赏的眼神和赞美的语言给幼儿以充分的肯定和鼓励。

（4）关注个别性格内向的幼儿，鼓励他们大胆发言，并挖掘其优点，使其能自我欣赏，产生积极情绪。

专家点评

1. 选材精准

幼儿期是人的心理、生理发展的关键期，心理健康与否将会对他们的认识、情感、个性、道德的发展和社会适应能力产生极其深刻的影响。自信是心理健康的主要标准，帮助幼儿树立自信心是幼儿形成健康人格的关键。

2. 设计巧妙

绘本《我就是喜欢我》是荷兰作家马克斯•维尔秀恩的作品，这是一本有助于幼儿建立自尊、自信的心理教育故事书。

教师选择此绘本作为活动的切入点，立意非常深刻，同时教师对绘本内容进行选择性删减，让故事更加聚焦“自信”的主题，处理得非常恰当。

3. 层次清晰

教育活动结构清晰，活动中，孩子们先帮助童话人物重拾自信，再自信地展示自己，最后发现身边伙伴的优点，各环节层层递进，过渡自然，孩子们在轻松、自由、自主的氛围中树立了自信，也学会了尊重他人。

16

消防安全记心间

活动基本信息

名　　称：《消防安全记心间》
活动领域：社会
年 龄 班：大班
设 计 者：刘　颖
点 评 者：万立勇

活动设计

设计思路

《幼儿园工作规程》与《幼儿园教育指导纲要》都明确指出：加强对幼儿的安全教育至关重要，幼儿要知道必要的安全自救常识。因此，我结合大班幼儿的年龄特点与认知水平，将防火知识和自救技能用其感兴趣的方式呈现出来。活动中我采用闯关的形式，结合游戏与动画视频，激励幼儿一步步探索消防救援的知识，最终达到消防安全记心间的目的。

活动目标

（1）了解消防安全知识，知道遇到火灾、洪灾、煤气泄漏以及需要高空救援时都可以拨打 119。

（2）能正确拨打火警电话 119，面对火灾不慌张，准确描述火灾情况，提高自我保护能力。

（3）感恩消防员的辛苦，体验人与人之间的关爱之情。

活动准备

（1）物质准备：PPT、数字号码牌、湿毛巾、小小消防员勋章。

（2）经验准备：幼儿有关消防安全活动知识的储备，如知道火警号码是 119。

活动过程

1. 情境导入，激发幼儿参与活动的兴趣

师：小朋友们，今天老师变身消防员，要带你们去执行消防救援任务，你们愿意参加吗？

幼：愿意。

师：首先老师要为你们介绍消防站的接线员婷婷，她负责接听消防救援电话。

接线员婷婷：小朋友们你们好，我是消防站的接线员婷婷，负责接听消防救援电话，然后再把任务的具体位置和情况告诉你们。

师：小朋友们，我们跟婷婷打个招呼。

幼：婷婷你好。

接线员婷婷：你们真有礼貌。小朋友们，执行消防救援任务可不是一件简单的事，需要懂得许多消防安全知识，我先来考考你们，如果你们能顺利过关，就能变身小小消防员，跟老师一起去执行消防救援任务啦！

2. 以闯关的模式逐步呈现问题，引导幼儿熟悉消防知识，增强幼儿参与活动的自信心

（1）第一个问题，学会拨打119。

接线员婷婷：第一个问题，消防救援电话是多少？你能准确拨打电话吗？

师：小朋友们，消防救援电话是多少呢？

幼：119。

师：你们说的没错，消防救援电话是119，老师准备了号码牌，请一个听得认真的小朋友到前面来拨打消防救援电话。（请幼儿模拟真实拨打场景）

师：小朋友们，你们能不能尝试用身体来表示数字119呢？

教师鼓励个别幼儿进行尝试，如果幼儿用伸出手指的动作则提醒不是用手指，而是用整个身体来表示。然后鼓励全体幼儿起立，听口令表示数字119。

接线员婷婷：恭喜你们，第一轮挑战顺利过关！

（2）第二个问题，认识不同颜色的抢险救援服。

接线员婷婷：第二个问题，什么情况下可以拨打消防救援电话呢？

幼：在遇到火灾的时候。

师：没错，在遇到火灾、洪灾、煤气泄漏（真实生活中是看不到煤气的，但是能用鼻子闻到，一旦发生煤气泄漏，应立即打开门窗，关掉煤气开关，尽快离开房间，在户外拨打119。打电话会产生静电，如果煤气太浓的话就会爆炸）、被困高空（比如盖楼房的叔叔在高空作业的时候遇到危险，不能安全回到地面上）、被困地下（工人叔叔在地下工作的时候遇到危险）的时候，我们都可以拨打119。

幼：老师，晚上可以拨打119吗？

师：可以呀，119是全天24小时都有人接听的，但是我们不能随意拨打救援电话，必须有重大消防安全事故发生的时候才可以拨打119。

师：小朋友们，请你们仔细观察，每幅图中都有消防员叔叔，他们有什么不一样？

幼：他们穿的衣服颜色不同。

师：你们观察得真仔细，消防员衣服的颜色有橙色和黑色两种，那什么时候穿橙色衣服？什么时候穿黑色衣服呢？

幼：不知道。

师：请你们比较这几组图片，相信你们就能得出结论了。

幼：灭火的时候穿黑色的衣服，其他时候穿橙色的衣服。

师：在生活中，我们要善于观察，将不同之处进行比较，就能得出结论。黑色的消防服属于灭火防护服，它的面料是防火的，专门用于灭火时穿，衣服上的荧光条配上黑色的衣服更容易被火场里的受困人员发现。

师：橙色的消防服属于抢险救援服，它的面料是耐磨的，主要是日常的抢险救灾时使用。接下来老师来考考你们，火灾救援的时候消防员要穿什么颜色的衣服？

幼：穿黑色衣服。

师：水灾救援的时候消防员要穿什么颜色的衣服？

幼：穿橙色衣服。

（3）游戏环节，通过实际操作巩固幼儿认知。

师：接下来我们一起玩一个游戏，名字叫比比谁找得准。游戏规则是每次请两个小朋友到前面来，在规定的时间内找出需要穿橙色消防服的场景，找得多的小朋友会获得小小消防员的勋章。

接线员婷婷：恭喜你们，第二轮挑战顺利过关！

（4）观察图片，增强幼儿防火意识。

接线员婷婷：小朋友们，请你们看看，这几种做法对吗？如果是你，你会怎么做？

师：第一幅图发生了什么事？

幼：一个小朋友在家里玩火。

师：他的做法对吗？

幼：不对，容易引发火灾。

师：第二幅图发生了什么事？

幼：油锅着火了，用水扑灭。

师：他的做法对吗？

幼：不对，应该用锅盖盖住锅。

师：锅的温度很高，如果用水扑，会产生很多水蒸气，或者被加热的水会飞溅，很容易烫伤人。

（5）第三个问题，帮助幼儿了解拨打电话后怎么说。

接线员婷婷：第三个问题，拨打消防救援电话后应该怎么说？

师：小朋友们你们看，明明自己正在家里做科学小实验，不小心点着了窗帘，火越来越大，拨打119后应该怎么说？我们来模拟一下这个场景。

幼：花园小区5号楼601着火了……

师：家里还有谁？

幼：只有我自己。

师：有人员受伤吗？

幼：没有。

师：你去小区门口等我们，你穿的什么颜色的衣服？

幼：……

师：好的，我们马上到。

幼儿回答后为其颁发小小消防员的勋章，教师鼓励多名幼儿大胆尝试，注意语言表述要清晰。

接线员婷婷：恭喜你们，第三轮挑战顺利过关！请老师为你们所有人颁发小小消防员的勋章。

3. 观看PPT，引导幼儿树立尊敬消防员的意识

师：小朋友们，消防员叔叔非常勇敢，因为他们每次救援都是非常危险的。在熊熊烈火面前，他们不怕危险，勇往直前。在洪水救援中，他们踩在冰冷的水里，护送人们到达安全的地方。在火灾救援中，他们摘下自己的呼吸面罩，给被救的孩子戴上。困了他们就倚着消防车睡一会儿，醒了再继续抢险救援。他们是最值得我们尊敬的人！全体起立，向消防员叔叔敬礼！我们小朋友们要向消防员叔叔学习，努力学习本领，长大后才能帮助更多的人。

4. 全体幼儿参加模拟救援，活动自然结束

接线员婷婷：小朋友们，你们已经具备了基本的消防安全知识，现在有任务，请你们做好准备！

电话响起："喂，友谊路与和平路交口的美美超市着火了，火势较大，没有人员伤亡，我穿着红色大衣，在路口等你们，请来救援。"

师：小小消防员们，要去救火了，赶紧上消防车，我们出发！

活动延展

1. 教学变式

幼儿通过对消防知识的了解能够辨别出错误的行为，进而提出正确的做法。

2. 活动延伸

我们可以通过多种方法或途径，如儿歌、绘本、标识牌、环创等形式来加强孩子对消防安全的理解与在生活中的应用。还可以通过区角活动，如美工区中以绘画、手工的形式，引导幼儿用丰富的想象和绚烂的色彩表达对消防员的崇敬，用独特的消防视角向大家展示不一样的消防形象。

3. 家园共育

在本次活动的基础上，幼儿还可以在家长的协助下进行居家消防演练，巩固幼儿在幼儿园习得的消防技能，做到有事不慌、积极应对、自我保护。

4. 领域渗透

《幼儿园教育指导纲要（试行）》中指出各领域内容要相互渗透，有机联系，注重活动的综合性。活动中，我比较注重各领域的综合，并以最佳的渗透方式呈现出来，比如与语言领域的整合，整个活动以师幼对话的形式引导幼儿，通过启发引导式的提问，激发幼儿的学习兴趣，启迪幼儿的思维，调动幼儿学习的积极性，还通过双向互动式提问，帮助幼儿体验提出问题和分析问题的过程。

活动反思

孩子们天真无邪，对很多灾难的严重后果都没有预期。所以，有效地引导孩子们建立消防意识、学习消防知识势在必行。本次活动旨在引导幼儿建立基本的消防安全常识，学会基础的自我保护技能，也为后续系列活动的开展做好铺垫。

专家点评

培养幼儿的消防安全意识，是提高幼儿自我保护能力、促进孩子健康快乐成长的重要教育内容，也是幼儿园、家庭和社会对幼儿的责任。老师开展的这节活动课，是对孩子进行的一节生动的消防安全教育，不做样子，扎扎实实地让孩子们建立消防意识、习得消防知识，是一次对幼儿非常有意义的生命安全教育。

发脾气的火

活动基本信息

名　　称：《发脾气的火》
活动领域：社会
年 龄 班：中班
设 计 者：赵亚薇
点 评 者：李伟光

活动设计

设计思路

本次活动是以“11·9”消防安全活动日为契机而设计的。《幼儿园教育指导纲要》明确指出：幼儿园必须把保护幼儿的生命和促进幼儿的健康放在工作的首位。可是对于火，幼儿缺乏相应的防火知识和能力，他们不了解火的危害，不懂得如何安全用火，常常因为好奇和贪玩，致使小火成大灾，造成无可挽回的悲剧。因此，我在幼儿已有的生活经验的基础上，根据日常生活中常遇到的场景，让幼儿认识火灾的危害，养成良好的行为习惯，遇到火灾要第一时间逃离火场，知道生命是第一位的，要学会保护自己，提高幼儿的逃生与自救能力。

活动目标

（1）了解火的用途，知道用火不当会给人们带来灾难。
（2）了解防火知识，认识常用标识，学会自我保护的常识和方法。
（3）了解消防员叔叔工作特点，萌生尊重消防职业的情感。

活动准备

“严禁烟火”“安全出口”“火警119”标识，火的相关图片，消防逃生演练图片和视频，消防员救火的图片，湿毛巾若干。

活动过程

1. 谈话：猜猜这是什么，引出幼儿对火的认识

（1）导出话题：小朋友们好，今天老师要跟小朋友们说一个神奇的东西，它能帮我们把鸡蛋煮熟、能让我们吃到好吃的烤肉，猜猜这是什么呢？

引出火，并请幼儿说说火能帮我们做什么。

（2）观看图片，小结，火能帮我们做哪些事情：能煮饭、点燃奥运火炬、将神舟飞船送上太空，能照明、取暖等。

（3）生成问题：火的作用可真多呀，但是火是臭脾气的家伙，它发起脾气来，可不得了，会怎样？请幼儿畅所欲言。

（4）观看图片，发脾气的火会怎样。

✎ 小结：火发起脾气来就会乱跑乱撞。跑到房子里，会烧毁房屋；跑到森林里，会把树木烧光；撞到小朋友身上，就会把小朋友烧伤。

火发起脾气来，是不是太可怕了呀，让人们损失了财物，污染了空气，甚至还会带走人们的生命！那么火为什么会发脾气呢？

2. 讨论：火为什么会发脾气（形成火灾的原因）

（1）因为人们一些不好的生活习惯，火才生气发脾气了。造成火灾原因的图片（小孩玩火、大人乱丢烟头等）。

（2）警示教育：判断对错。出示图片请幼儿判断图片中的行为是否正确。

（3）想一想，怎样提示大家注意安全，不能用火呢？认识“严禁烟火”标识。当看到这样的标识时一定要注意不能用火！

✎ 小结：我们应该怎样做：不随便玩火，不玩打火机，看到没熄灭的烟头及时踩灭，不让爸爸或叔叔躺在沙发或床上吸烟，不能让电动车在家里充电，加油站不能玩手机，小朋友们来幼儿园时提醒爸爸妈妈把家里的电源都切断等。

3. 防火安全教育：万一出现火情，该怎么办

立刻远离火场，寻求帮助，寻求帮助的对象可以是消防员叔叔，也可以是成年人。

（1）怎样快速让消防员叔叔知道火情（打火警电话 119）。

（2）怎样远离火场：不用慌张，找安全出口，低头弯腰，用湿毛巾捂住口鼻，不能乘坐电梯，身上着火就地打滚压灭。

（3）讨论：逃离火场的时候，小朋友怎样做才能更好地保护自己？

观看幼儿园消防逃生演练视频和图片，总结消防逃生演练动作，并模拟。

请小朋友们拿出毛巾，感受毛巾的湿度，告诉小朋友们湿毛巾能阻挡更多的浓烟。

（4）模拟消防逃生演练。

（5）总结逃生演练过程，请小朋友说一说为什么选择从右侧跑到安全的地方？（因为那里有安全标识）认识安全出口标识。

（6）情感教育：火灾发生后，谁来保护我们？

请小朋友们观看消防员叔叔救火的视频和图片。

消防员叔叔是伟大的逆行者，大火熊熊，人们都跑到安全的地方，但是消防员叔叔却不怕危险，冲向大火，救出被火围困的人们，扑灭大火，保护人民的生命安全。消防员叔叔是最勇敢、最可爱的人。

看到消防员叔叔受伤的手，小朋友是什么样的心情？激发幼儿崇敬消防员叔叔的情感。

活动延展

（1）寻找园内的消防设施：小朋友们，咱们一起去找一找幼儿园里什么地方有安全出口标识，什么地方有灭火器，都有哪些消防设施好不好？

（2）学习消防安全小儿歌。

你拍一我拍一，
小孩不玩打火机；
你拍二我拍二，
远离电源和气罐；
你拍三我拍三，
消防安全重如山；
你拍四我拍四，
消防安全无小事；
你拍五我拍五，
烟大快把口鼻捂；
你拍六我拍六
遇到火灾快呼救；
你拍七我拍七，
遇到火灾快逃离；
你拍八我拍八，
消防安全从小抓；
你拍九我拍九，
报警拨打 119。

（3）录制微课：《火》。

活动反思

课程之前，幼儿园进行了一场消防安全演练，幼儿初步了解了一些消防安全知识，有折毛巾、捂口鼻等逃生经验。所以在活动过程中，幼儿情绪饱满，表现比较活跃，有话可说，愿意表达，能积极地配合老师，幼儿与老师积极互动，基本完成了活动目标。但是教师在做微课的时候发现，虽然是基于幼儿已有的生活经验选择的图片，但有的图片选择得还可以更符合幼儿的特点，在情感教育环节，图例较少，不能很好地引起幼儿的情感共鸣。

专家点评

教师了解幼儿年龄特点，活动设计及活动材料的准备能够从幼儿已有的生活经验出发，活动环节完整，活动过程流畅，能很好地激发幼儿的表达欲望，与幼儿互动良好，较好地完成了活动目标。活动延展充分，不仅通过消防安全小儿歌加深幼儿对安全防火的认识，还制作了活动微课，与家长共同观看，达到了家园共育。教师仪表端正，教态自然，语气生动，但是语速稍快了一些。情感教育环节比较仓促，教师自己反思选择的图片比较少，没能更深入地激发幼儿的情感共鸣。

不跟陌生人走

活动基本信息

名　　称：《不跟陌生人走》
活动领域：社会
年 龄 班：大班
设 计 者：张雪梅
点 评 者：万立勇

活动设计

设计思路

《幼儿园教育指导纲要》中指出：要让幼儿知道必要的安全知识，学会保护自己。将保障幼儿的生命安全和身体健康放在工作的首位。在日常生活中，3~6 岁的小朋友活泼好动，缺乏安全意识，容易上当受骗，因此我设计了这节《不跟陌生人走》的安全主题活动。从教育角度让幼儿学会自我保护，增强安全意识。

活动目标

（1）知道不能听信陌生人的话，不跟陌生人走。
（2）了解基本的防拐骗知识和自救的方法。
（3）面对陌生人应提高观察力和对事物的判断能力。

活动准备

（1）物质准备：绘本故事、PPT、各种职业和自救图片、风筝、零食、玩具。
（2）经验准备：了解各种职业，知道父母的姓名和电话。

活动过程

1. 导入部分（故事导入）

师：小朋友们大家上午好，上课之前我们先来做一个小律动《请你像我这样做》。

律动：请你像我这样做，我就像你这样做；
请你像我拍拍腿，我就像你拍拍腿；
请你像我踩踩脚，我就像你踩踩脚；
请你像我拍拍肩，我就像你拍拍肩。

师：今天老师给大家带来了一本有趣的绘本故事书，让我们一起来看一看吧！

教师拿出准备好的绘本故事书《朱乐找妈妈》，绘声绘色地为小朋友们讲述故事内容。

2. 互动环节

师：在刚才的故事中朱乐为什么会和妈妈走丢？他是怎么做的？（幼儿纷纷表达自己的想法。）

师：在刚才的故事中，朱乐在超市因为要捡一个橘子不小心和妈妈走丢了，但是他没有慌张，而是沉着冷静地根据线索找妈妈。那你们在超市或者外出的时候一定要注意安全，要紧跟妈妈的脚步，不要和陌生人说话，更不能和陌生人走啊！

师：朱乐找到了妈妈很开心，那我们一起做一个找朋友的游戏放松一下吧！

游戏规则：老师和幼儿一起边拍手边唱《找朋友》的儿歌，当儿歌暂停时老师说出其中一个小朋友的明显特征，请其他小朋友按照线索特征快速找出这个小朋友是谁。

3. 情境再现

正当教师和幼儿在游戏进行中，一位陌生阿姨敲门走进教室。

（1）其他班家长客串金禹（化名）妈妈的朋友出现，来接金禹去给他的眼睛做治疗。（金禹的眼睛弱视，需要做治疗。）

事由：你好，上午妈妈带你去做了治疗，医生说效果特别好，所以下午想让你再去一次。现在妈妈正在蜜雪冰城给你买甜筒，因为妈妈要排队，所以让阿姨先来接你，你跟阿姨去找妈妈吧！（此环节金禹会被带走，然后老师和其他小朋友继续游戏。）

（2）老师安排游戏继续进行，小班翟老师友情客串一位漂亮姐姐出现。（翟老师乔装打扮一番，手拿零食玩具发卡。）

事由：小朋友们你们好，我是李小萌（化名）的姐姐，你们知道她今天为什么没有来吗？因为今天是她的生日，我来请小朋友们去参加她的生日聚会，参加的小朋友都会得到一个发卡头饰，而且还有很多好吃的零食！因为我们要给她一个惊喜，所以大家都是秘密行动的，不要告诉任何人，想参加的小朋友可以跟我走！（此环节会有一部分幼儿被带走。）

两位志愿者“骗”走幼儿后，可以带孩子们在其他活动室待一会。

4. 防拐知识讲解

（1）幼儿被带走后，教师提问没有被“骗走”的幼儿，为什么你们没有跟着漂亮阿姨走？你们觉得走的小朋友是去参加李小萌的生日聚会吗？

（2）请志愿者把被骗走的幼儿带回，老师进行严肃批评，及时安慰幼儿并进行正面的引导。告诉幼儿无论在任何情况下面对陌生人的任何诱惑都不能跟他走，这是非常危险的事情！

（3）教师给幼儿讲解防拐骗的PPT内容。教会幼儿面对陌生人时应该如何提高警惕，学会辨别坏人、自我施救和寻求他人帮助的方法。

（4）游戏巩固。

秋天到了，老师要带着小朋友们去秋游了。小朋友们排好队，我们的小火车开动了，边走边欣赏秋天的风景和丰收的景象。途中突然遇到陌生人，陌生人（老师客串）说道：小朋友们好，你们去秋游呀！正好我也去秋游，我手里有一个风筝真漂亮啊！可是我一个人放风筝没有意思，你们想不想和我一起去放风筝啊？我这里还有好吃的！最后尽管阿姨用各种诱惑，但是小朋友们都非常坚定地和陌生人说不，没有人和她走。

师：幼儿通过上面的体验和PPT的学习增强防拐意识，知道不能跟陌生人走，更不能吃陌生人给的食物，遇到陌生人要寻求他人或老师的帮助。

师：孩子们，你们真棒！老师为你们的机智勇敢点赞！看来你们已经掌握了新的本领，学会了自我保护的方法。即使遇到陌生人也不怕了，现在让我们继续开开心心地去秋游吧！

5. 活动结束

教师请所有志愿者进入教室和幼儿沟通拥抱，告诉幼儿这些都是我们的老师或者幼儿家长扮演的陌生人，请小朋友们不要害怕，对幼儿做好心理疏导工作。但是在现实生活中一定要提高警惕，一定不要和陌生人说话，更不能跟陌生人走。

活动延展

1. 活动延伸

活动中提到如果我们遇到陌生人要寻求哪些人帮助？保安、售货员、门卫、交通警察等都是我们可以信任的人。那为什么这些人可以帮助我们呢？以这节课为契机，我们开展了《各行各业的人们》职业体验活动，并和区角活动、娃娃家活动相结合。让孩子们了解生活中各行各业的人们，熟悉他们的职业特点，知道他们是可以信任的人。

2. 家园共育

对于3~6岁的幼儿安全教育十分重要，这不仅仅是幼儿园教师单方的责任，更需要家长的支持。只有家校合作相互配合，才能增强幼儿的安全意识，提升幼儿遇到陌生人的应变能力。为此我们特别开展了《不跟陌生人走》的周活动，让家长在安全可控的范围内离开孩子，观察幼儿的反应和应变能力，既可以检验幼儿在课堂上学到的知识，又能发现现实生活中遇到的实际问题。家长们反响强烈，纷纷表示这样的课堂形式既新颖实用又具有启发性。

3. 领域渗透

本节课程内容丰富，孩子们在绘本里、在互动游戏下进入我们设定的“陌生人”情境模式，除了有社会领域的内容，还和多领域相结合，互相补充、相互渗透。语言领域的绘本，艺术领域的儿歌以及社会领域的秋天来了等知识，都贯穿于整节教学活动中，相得益彰，让课堂丰富有趣，师幼得到有效互动。

活动反思

此次安全教育活动旨在帮助幼儿认识到生活中可能遇到的一些问题和现象。师幼共同分析判断，让幼儿知道在生活中不要轻信陌生人的话，更不能跟陌生人走。幼儿园必须把保护幼儿的生命和促进幼儿健康放在工作首位。安全教育是一个长期过程，需要渗透到每一日的生活中，不断增强孩子们的安全意识，提高自我保护能力，为每位幼儿撑起一把安全保护伞。

活动资料

歌曲《找朋友》。

专家点评

本次活动选材符合幼儿的生活经验水平，活动内容贴近孩子们的日常生活。活动目标清晰明了，活动过程中师幼互动性较强，各环节的设置衔接紧密、层层递进。幼儿在情境模拟中感受突发事件的真实发生，但对于部分幼儿，教师要做好心理疏导和情绪的安抚，在活动延展部分，要注意家园共育工作。

健康领域

19

火灾来了我不怕

活动基本信息

名　　称：《火灾来了我不怕》
活动领域：健康
年 龄 班：大班
设 计 者：陈婷婷
点 评 者：柴美艳

活动设计

设计思路

近年来，幼儿意外伤害事件频发。幼儿年龄小，生活经验少，对于灾难的判断能力明显不足，自救防护能力也较为薄弱，如果在火灾中，幼儿不会保护自己，后果将不堪设想。《幼儿园教育指导纲要》中指出：幼儿园必须把保护幼儿的生命和促进幼儿的健康放在工作的首位。儿童的安全是所有发展的保障，只有在儿童生命健全的基础上，才能保证其身心健康发展。5~6 岁幼儿正处于思维活跃期，活泼好动。我设计的这节活动《火灾来了我不怕》对幼儿具有现实教育意义，目的在于让幼儿知道在平时生活中不能随便玩火，增强幼儿的防火意识，学习拨打 119 火警电话的正确方法以及火场逃生的基本方法和技能。教育内容既贴近幼儿的生活，又考虑到了未来发展需要。《指南》中指出：在教育教学活动中，应该开展丰富多彩的安全教育活动，促进每个幼儿健康发展。对幼儿进行安全防护知识教育，增强幼儿安全防护意识，帮助幼儿学习保护自己的技能和方法，进行安全意识教育是十分必要的。

活动目标

（1）了解火灾发生的几种原因，懂得如何防范。
（2）有初步的自我保护意识，掌握自救逃生的方法及技能。
（3）激发幼儿对消防员叔叔的崇敬和爱戴之情。

活动准备

（1）物质准备：PPT、毛绒玩具、湿毛巾、托盘、火灾宣传主题绘画。

（2）经验准备：幼儿已有初步的火灾逃生、拨打电话的经验。

活动过程

1. 故事导入

出示皮皮猴玩偶，讲述故事：皮皮猴和爸爸妈妈住在一个风景如画的花园小区里，这里环境优美、绿树成荫，他们一家生活得很幸福。一天，皮皮猴自己在家的时候，玩起了爸爸的打火机，结果一件非常严重的事情发生了。小朋友，你们猜猜看，发生了一件什么事情？我们一起来看看。

2. 观看着火视频

观看课件，师提问：小朋友们，皮皮猴家里发生了什么事情？（幼儿回答）

师：对，皮皮猴家里发生了很大的火灾。

师提问：你们看到大火有什么样的感觉？（幼儿回答）

师提问：那现在皮皮猴应该怎么办？（幼儿回答）

师：对，尽量躲到安全的地方，拨打 119 火警电话。

消防员叔叔已经出发了。

3. 观看消防员叔叔出警视频

师：小朋友们，你们觉得消防员叔叔的出警速度怎么样？想对消防员叔叔说点什么呢？（幼儿回答）

师：对，消防员叔叔出警迅速，他们就是我们的安全卫士。尽管消防员叔叔能把大火扑灭，但无情的大火依然会给我们的生活带来很严重的伤害。

4. 观看森林、城市、商场过火后和人员受伤的视频

师：一场大火能让郁郁葱葱的森林变成一片灰烬，能让繁华喧闹的商场变成一片废墟，能让我们原本美好的幸福家园变得一无所有。大火能让我们的身体受到伤害，甚至失去宝贵的生命。小朋友们，为什么会有这么多的火灾发生呢？（幼儿回答）

师：那怎样做才能避免火灾的发生呢？（幼儿回答）

5. 出示禁止标识

请幼儿观察 PPT 中都有哪些标识，幼儿自由回答。（禁止燃放鞭炮、禁止吸烟、禁止玩火柴、禁止燃气）在生活中，我们要按照这些警示标识去做，注意用火、用电、用气的安全，就能避免一些火灾的发生。

师：如果真的起火了，怎么办呢？（幼儿回答）

教师梳理总结幼儿的答案。

6. 展示主题绘画

师：在我们幼儿园，老师也经常会带着小朋友上防灾、减灾的安全课，那就请小朋友把你们绘制的防灾主题绘画拿出来，与同伴交流，看看还有哪些灾难，我们怎样一起战胜它。

请幼儿讲述自己的绘画作品，教师总结，遇到火灾、地震等不慌张，快速拨打求救电话。

师：发生火灾应该拨打什么电话？

幼：119。

师：拨打119的时候，应该说点什么？（幼儿回答）

师：对，首先说清楚失火地址，再说清失火的原因。

师幼模拟拨打报警电话，提醒幼儿用最短的时间说清楚地址和起火原因。

7. 观看正确逃生图片

分别出示四张图片：高层住宅、电梯、楼梯、安全出口。

幼儿观察，请幼儿判断和说出哪些是正确的逃生方法，哪些是错误的做法，对的做“√”的手势，错误的做“×”的手势。

8. 观看正确的火灾逃生视频、播放火警警报

警报响起，幼儿模拟逃生。

（1）用湿毛巾捂住口鼻，寻找安全出口，弯腰进行逃生。

（2）身边如果没有湿毛巾怎么办？幼儿想办法，可以将衣袖、衣领打湿捂住口鼻。

9. 出示图片

师：小朋友们，如果火势较大，我们已经逃不出去了，那么在家中怎么办？如何自救？

出示四张图片，分别为：厨房、书房、卧室、卫生间。和幼儿一起说说为什么厨房、书房、卧室不可以躲藏；引导幼儿说说躲在哪里更安全，和幼儿一起说说为什么。了解简单的自救方法。

总结： 因为这些地方有很多易燃的物品，有书籍、燃气、被褥，这些都是易燃物品，躲藏在这里不安全；而卫生间有水源，可以暂时躲避，等待消防员叔叔救援。

10. 观看幼儿园疏散示意平面图

出示幼儿园的逃生路线图，引导幼儿要养成善于观察的好习惯，特别是到陌生的环境中，更要观察、留意逃生路线和安全出口。

11. 教师小结

遇到火灾不要害怕，不要慌张，做好安全防护，捂住口鼻，快速跑到户外安全地带，等待救援人员。

12. 学习消防儿歌

小朋友，快快来，我们都来讲安全。

不玩电器不玩火，把住预防这一关。
火灾一旦已发生，不要惊恐和慌乱。
千万不要贪财物，千万不要跳下楼。
听从指挥快速跑，乘坐电梯不安全。
浓烟围困呼吸难，要把身体贴地面。
弄湿毛巾捂口鼻，离开火场去求援。
快快拨打“119”，消防队来保平安。

13. 结束部分

师：小朋友们，今天我们学习了怎样避免火灾的发生，也学会了简单的逃生方法，现在小朋友们作为小小宣传员，给幼儿园的小弟弟小妹妹们讲解火灾宣传画，宣讲火灾的危害和逃生的小妙招。

活动延展

1. 教学变式

幼儿讲解火灾宣传画的环节，此处可以不作为主要环节，而是作为课后延伸，回到班级进行主题绘画，让幼儿讲解宣传画的内容，加深幼儿对火灾危害的认识，树立防灾、自救的意识。

（1）艺术领域。

①美工区：开展消防安全主题绘画、绘画安全标识，粘贴在班级（饮水机粘贴“小心烫伤”、洗手池粘贴“请节约用水”、小便池粘贴“请及时冲洗”、阅读角粘贴“请爱护图书”等）。

②表演区：幼儿表演安全情景剧。

（2）语言领域：开展安全系列绘本阅读（溺水、地震、食品安全、走失），将消防主题的绘画制作成安全主题绘本投放在班级阅读区。

（3）健康领域：开展“我是小小消防员”体育游戏。

2. 活动延伸

寻找家庭安全通道和逃生路线，并绘制家庭逃生路线图。

3. 家园共育

（1）和幼儿一起寻找家庭中的火灾隐患，观察小区里和楼道中是否有乱堆乱放的垃圾，和幼儿一起清理这些垃圾。

（2）带幼儿去消防队参观，了解消防员叔叔的训练和生活，和幼儿一起模拟拨打 119 报警电话，熟记家庭地址。

4. 领域渗透

在观看消防员叔叔救火时，感受消防员叔叔的机智勇敢、不怕困难的高尚品质，激发幼儿对消防员叔叔的崇敬和爱戴之情。

活动反思

通过孩子们熟悉的皮皮猴导入活动，激发了幼儿的学习兴趣，并配有音频和视频，这样运用信息化教学模式让幼儿的感受更加直观和深刻。尤其是在播放商场、森林燃烧后的混乱场面，人们受伤后的画面，配上伤感的音乐时，孩子们都沉浸在悲伤之中。这种视觉和听觉上的震撼让幼儿感受更强烈，记忆会更加深刻。

整个活动中，幼儿兴趣浓厚，积极参与活动。孩子们在活动中感受到了火的危害以及了解了一些防火知识。在逃生演练环节共进行了两次演练，第一次是有湿毛巾的，因为是模拟逃生，幼儿的动作有些缓慢，我进行了讲解，告诉幼儿如果真的发生了火灾，时间会很紧迫。如果发生火灾时身边没有湿毛巾，那我们怎么办？这个环节考察幼儿的分析问题和解决问题的能力。有的幼儿说用袖子，有的说用衣领，这些都是好办法，就是要培养幼儿灵活应对突发事件的能力和应变能力。在整个活动中，幼儿能了解到火灾的危害，也能积极地说出自己的想法，较好地实现了本次活动的教学目标。

不足之处是分享主题绘画的环节可作为经验梳理，在活动延伸环节中体现。

专家点评

（1）目标明确，内容适宜。本次活动主要围绕消防安全，对幼儿进行了一次生动、有趣的消防安全意识及自我保护能力的教育，体现了《3~6 岁儿童学习与发展指南》中的教育目标：具备基本的安全知识和自我保护能力。在活动内容的选择上选取了大量生活实景资料，结合实际生活对幼儿进行安全教育，也体现了《指南》精神的落实。

（2）层次清晰，方法得当。整体活动设计流畅清晰，教学方法灵活，各环节过渡自然。整个活动充分体现了以幼儿为主体，能紧紧围绕目标开展，环环相扣，较好地完成了教学目标。活动中，从情境引入—消防出警—火灾视频—警示标志—逃生图片—逃生视频及实地演练等，借助现代信息技术，恰当选择视频、图片和音乐，具有较强的冲击力，使幼儿能够感同身受，加深了其对火灾危害的认识、激发幼儿对消防员叔叔的崇敬和爱戴之情，对如何预防火灾及火灾中自救的正确方法等也有了深刻的感性认识，很好地达成了教育目标。

（3）互动自然，回应恰当。整个活动中，教师教态亲切自然，营造了一个宽松的互动氛围。对幼儿的回应及时、准确，突出了幼儿在活动中的主体地位。尤其是注重提问的开放性，引导鼓励幼儿大胆表述自己的经验、想法和感受。充分关注了所有幼儿，注重个体差异，让每一个幼儿都有机会表达。同时，教师能够注重幼儿自主学习意识的培养，抛出问题，让幼儿独立思考，养成了发现问题、分析问题、解决问题的思维品质。

（4）幼儿分享自己的主题绘画环节和结尾处的消防儿歌，在本次活动中衔接得有些突兀，可调节活动顺序以保证活动内容的完整统一。

小刺猬采果子

活动基本信息

名　　称：《小刺猬采果子》
活动领域：健康
年 龄 班：大班
设 计 者：郭　佳
点 评 者：陈婷婷

活动设计

设计思路

5~6 岁的幼儿喜欢地面游戏，喜欢在地面上滚、爬，已能掌握侧身滚的动作要领，但是孩子因腹部和腰背部的力量限制，做一些动作时不够灵活。《3~6 岁儿童学习与发展指南》中指出："鼓励幼儿进行跑、跳、钻、爬等活动，发展幼儿动作的协调性和灵活性。"所以我设计了《小刺猬采果子》的体育游戏，通过扮演小刺猬到果园采果子、翻越山坡采果子等情境，利用游戏贯穿整个活动，使幼儿在愉快的、自主的氛围中掌握团身滚的动作要领，锻炼身体协调性与灵活性，体验游戏的乐趣。

活动目标

（1）理解团身滚的动作要领和游戏规则。

（2）初步掌握团身滚的基本技能，提高身体的控制能力和灵活性。

（3）愿意参与体育活动，体验游戏的乐趣。

活动重难点

（1）活动重点：掌握并完成团身滚的动作。

（2）活动难点：完成斜坡连续团身滚。

活动准备

（1）物质准备：音乐，小刺猬图片，教师团身滚示范视频，垫子若干，瑜伽球，托盘，山楂果、海棠等果子的图片。

（2）经验准备：幼儿有身体在垫子上自由滚动的经验。

活动过程

1. 热身准备，播放音乐，引入情境

师：小朋友们，老师这里有一首好听的音乐，请跟着我一起跳起来吧！

欢迎来到苹果园，和我一起走一走，看到许多苹果树，与它一起挥挥手。欢迎来到苹果园，和我一起走一走，找到一块空场地，请你快快来站好。

【活动四肢，激活神经系统。】

2. 创设情境，激发兴趣，初步练习团身滚动的动作

师：欢迎来到果园，你们看那是什么？出示（刺猬）图片一。

师：它在做什么？老师也学小刺猬那样团身滚一滚，我们一起来看看吧。

播放动作示范视频，讲解动作要领：膝盖弯曲找身体，双手抱紧不松手，把头埋进身体里。老师现场示范。

师：现在请你们也变成小刺猬吧，看看谁团得紧，滚得好。

（1）请幼儿说一说团身的动作要领。

小结：强调让手紧紧地抱住腿，膝盖贴紧身体，把头藏进去。

（2）体验团身滚的动作要领。

①幼儿自主尝试，团身在垫子上滚动。

认真观察每个孩子的运动表现，进行个别化指导。

②请1~2名幼儿示范，重点指导幼儿团身滚动的动作。

师：这里有一个滚得特别好的小刺猬，请你给大家示范一下你是怎么做的吧！请你跟大家说一说你是怎么做到团得这么圆，滚得这么好呀？再请一个小朋友，请你说一说你是怎么做的呢？（幼儿分享自己的做法）

③全体幼儿再次体验团身滚，巩固动作要领。

3. 情境游戏，巩固团身滚的动作

（1）第一次游戏，小刺猬采果子，教师向幼儿介绍游戏规则。

师：冬天就要到了，我们要采点果子准备过冬，需要到果园的另一头，我们用团身滚动的方法，让后背粘上果子，然后再爬回来，击掌之后下一只小刺猬就可以出发了。

（2）第二次游戏，强调团身滚的动作要领，再次进行练习。

师：我发现刚才有两只小刺猬的动作特别标准，请他们到前面来给我们示范一下。

师：他们为什么做得这么好呢？

幼：他们把头藏埋进身体里，双手抱紧腿，腿贴紧身体。

师：那我们按照他们的动作再采一次果子吧。

（3）第三次游戏，借助斜坡（垫子），感受团身滚的连贯动作。

幼儿随音乐进行游戏。

师：近处的果子被采光了，这一次需要到更远的山那边去采，我们在滚下山坡的时候要注意，一定要团住，用自己的刺保护好自己的身体。

（4）第四次游戏，继续利用斜坡（垫子），练习团身滚的连贯动作。

4. 幼儿放松身体，感受游戏乐趣

（1）师：今天小朋友们都有点累了，请你们按照从小个到大个的顺序站一竖排，躺到垫子上晒晒太阳休息休息。

（2）师：晒着太阳好舒服呀，让我们随音乐放松胳膊、腰、腿，把身体翻过去晒晒后背。放松完真舒服啊，小朋友们请穿上自己的鞋跟老师一起出去散散步吧。（教师用瑜伽球对幼儿的腿、胳膊、背部等部位进行放松活动）

活动延展

（1）教学变式：可以开展数学活动，如按数取物、集合分类等，也可以利用丰收桌进行科学探究活动——如何处理果子？比如把果子做成好吃的果子酱、果干、糖葫芦等。

（2）活动延伸：在活动后可以开展谈话活动，请幼儿分享游戏过程，并用绘画的形式记录下来，讲述游戏故事。

（3）家园共育。

① 亲子游戏《小刺猬采果子》。

② 角色游戏《农夫躲小刺猬》。

活动反思

本次教育活动，我为幼儿创设有趣的情境，在情境中引导幼儿一步一步、层层递进地来掌握团身滚的动作。活动中注重幼儿探索在先，首先引导幼儿自主探索身体滚动的方法，再探索怎样让身体团起来像刺猬一样，最后探索怎样像刺猬一样滚动起来采果子。幼儿在探索中逐步练习掌握了团身滚的动作，幼儿成为活动的主人，大大增强了幼儿活动的参与性和主动性。游戏中注重层层递进，首先让幼儿观看教师示范，然后让幼儿尝试练习，再请做得标准的幼儿到前面来示范和分享经验，加深幼儿对于团身动作要领的理解。第一次游戏让幼儿了解游戏玩法，同时体验连续团身滚动的感觉；第二次游戏，先让做得正确的两名幼儿做示范，通过榜样的力量，调动幼儿的积极性；第三次游戏，把海绵垫子当作坡道，借助坡道让幼儿感受连续团身滚动，既增加游戏的难度，也让游戏更具有挑战性；第四次游戏，我在讲评中引导幼儿发现问题，并引导幼儿找到解决问题的办法，为了增强游戏趣味性，我利用道具当作“果子”，让“小刺猬”体验采果子的乐趣。

本次游戏活动培养了幼儿坚持、专注的游戏精神，幼儿在活动中能积极参与，在情境中体验游戏的快乐。

不足之处是本次活动中教师对个别幼儿的指导不到位，对于幼儿的提问没有及时有效地回应，需要提高师幼互动水平。

专家点评

（1）《幼儿园教育指导纲要》中指出：培养幼儿对体育活动的兴趣是幼儿园体育的重要目标，要根据幼儿的特点，组织生动有趣，形式多样的体育活动，吸引幼儿主动参与。本次活动以故事情境导入，实物与图片、音乐结合，激发幼儿参与活动的兴趣。

（2）整体活动环节设计清晰流畅，游戏设计的层次性较好，由浅及深，层层递进，随着游戏的进展、情节的发展，运动难度也逐渐加大。教师通过语言提示、动作示范、同伴模仿，帮助幼儿理解身体移动的动作要领，体会团身滚的移动方式，不断促进幼儿对团身滚动作的理解和掌握，探索个人空间和集体空间的概念，提高移动质量，较好地解决目标中的重难点。教师能够提供多种材料，和幼儿进行连接互动，提高了幼儿运动水平和身体素质，能够较好观察幼儿的行为和表现，注重个体差异，对幼儿进行差异化的指导。在放松环节中，教师借助舒缓的音乐和瑜伽球对幼儿进行肢体和精神放松，给幼儿提供体验静止的机会，赋予运动更多的意义。

在活动过程当中，建议教师对动作不得要领的幼儿及时予以提醒和纠正，避免运动伤害；同时，建议教师根据孩子的出汗情况适当调整运动量，增强运动的科学性。

保卫萝卜

活动基本信息

名　　称：《保卫萝卜》
活动领域：健康
年 龄 班：小班
设 计 者：李　红
点 评 者：李伟光

活动设计

设计思路

《3~6岁儿童学习与发展指南》中指出：幼儿在身心状况上要求具有健康的体态、安定愉快的情绪，具有一定的适应能力；在动作发展方面要求幼儿具有一定的平衡能力，动作协调、灵敏，具有一定的力量和耐力，手的动作灵活协调。对于小班年龄段的幼儿要求能沿地面直线或较窄的低矮物体上走一段距离，能双脚灵活地交替上下楼梯，能身体平稳地双脚连续向前跳，分散跑时能躲避他人的碰撞，能双手向上抛球。这就要求老师在保证幼儿户外活动时间的同时，利用多种活动发展幼儿身体平衡和协调能力。本活动让幼儿通过保卫萝卜的游戏方式，锻炼幼儿爬、走、平衡、跑跳等能力，发展了幼儿动作的协调性和灵活性，并且结合活动内容对幼儿进行安全教育，注重在活动中培养幼儿的自我保护能力。

活动目标

（1）认知目标：培养幼儿的合作能力和竞争意识。

（2）能力目标：幼儿积极参与活动，能够爬行、保持身体平衡，做到动作协调、灵活。

（3）情感目标：让幼儿体验游戏的快乐。

活动准备

（1）物质准备：小兔装饰7个、小田鼠装饰7个、音乐《王老先生有块地》。

（2）经验准备：熟悉爬、走、跳等基本运动形式。

活动过程

（1）导入（活动热身）。

师：小朋友们好，我是你们的红红老师，大家上午好。今天红红老师给你们带来了一首好听的儿歌，让我们跟着音乐一起来热热身吧。

（2）播放歌曲《王老先生有块地》，做热身活动，引出主题。

师：儿歌里面说王老先生有什么？

幼：地、小鸡、小鸭、小羊。

师：你们太棒了，今天王老先生还拜托红红老师一件事情，他想找几只小兔子帮他在地里种胡萝卜，你们可以帮帮王老先生吗？

幼：好的。

师：那我们来听一听王老先生发给我们的语音吧

（3）播放王老先生的录音。

王老先生录音：小朋友们你们好，我是王老先生，非常感谢你们帮我种萝卜，首先你们需要爬过一座山，再走过一座独木桥，我已经帮你们把萝卜坑挖好了，你们只需要将萝卜种到坑里就好了。不过要提醒你们，你们种萝卜的时候会有音乐响起，音乐停止要抓紧回到你们的大本营，不然就会被大灰狼抓走的。再次谢谢你们帮我种萝卜。

师：王老先生说我们需要爬过一座山，再走过一座独木桥，然后把萝卜种到坑里就好了，不过一定要仔细听音乐，音乐停止我们要抓紧回到哪里？不然就会被山对面的大灰狼抓走是不是？现在有哪个小兔子想来帮王老先生种地呢？（边说边演示动作）

（4）选取一半的幼儿进行种萝卜的游戏，强调游戏规则。

（5）另一组幼儿种萝卜。

师：刚刚一组的小兔子已经帮王老先生种完萝卜了，二组的小白兔准备好了吗？要注意听音乐，不然就会被大灰狼抓走的。

（6）播放音乐，种萝卜。

师：现在萝卜都已经种好了，我们快来给王老先生打个电话，看他怎么说的吧。

播放王老先生录音：谢谢小朋友们，我已经看见你们种的萝卜了，不过地里有几只小田鼠在偷我的萝卜，你们能帮我看一下吗？

师：王老先生说小田鼠在偷他的萝卜，是怎么偷的？首先要爬过一座山，再走过一座独木桥，把萝卜拔起来放到了坑外面，有小朋友来当小田鼠去拔萝卜吗？

（7）一组小朋友当小田鼠去偷萝卜。

师：现在好多小田鼠把小白兔种的萝卜都拔掉了，怎么办呢？

幼：种回去

（8）两组比赛。

师：那现在小白兔和小田鼠来比一比吧，看是小白兔种得多还是小田鼠拔得多。

（9）播放音乐开始比赛，老师事后总结哪组胜利。

（10）两组调换继续比赛。

师：现在不管小白兔还是小田鼠都已经种过萝卜也拔过萝卜了，让我们一起去每人拿一个大萝卜给王老先生送去好不好？

（11）带领幼儿拿好萝卜离场。

活动延展

1. 教学变式

通过过程性变式，让幼儿变换不同的角色、情节，锻炼幼儿的运动能力。

2. 活动延伸

将萝卜送给王老先生后进行活动放松，放松幼儿的身体。回到活动室后进行不同的角色扮演，将小白兔和小田鼠保卫萝卜的过程通过情景剧的形式表演出来。

3. 家园共育

鼓励家长在家中用亲子游戏的形式和幼儿开展保卫萝卜的活动，在活动中要注意安全。

4. 领域渗透

健康领域与艺术领域相结合，通过户外保卫萝卜的活动，让幼儿在室内进行情景剧的表演，培养幼儿理解人物形象、表达情感的能力。通过引导幼儿对户外游戏进行描述，锻炼幼儿的语言能力，有利于幼儿创造性的发展。

活动反思

本次活动通过王老先生这个动画形象吸引幼儿的兴趣，以王老先生的每次对话作为活动层层递进的契机，使幼儿对活动产生浓厚的兴趣，激发了幼儿参加体育锻炼的兴趣，养成锻炼的习惯。活动开展形式丰富多样，在小田鼠和小白兔比赛的过程中，鼓励幼儿坚持不懈地完成活动。在活动最后，可以开展情景剧的表演，锻炼幼儿的语言能力和表达能力。

专家点评

活动内容设计完整，活动过程材料详细。但是活动目标设计中的合作能力在活动设计中体现得不充分。对于小班幼儿以自我为中心的特点，合作能力的目标设计应重新考虑。活动目标是训练爬行保持身体平衡，在活动方案中要加强教师对幼儿平衡能力的指导。

我爱踢足球

活动基本信息

名　　称：《我爱踢足球》

活动领域：健康

年 龄 班：小班

设 计 者：于　曼

点 评 者：赵　静

活动设计

设计思路

《指南》指出要利用多种活动发展幼儿的平衡能力、动作协调能力和灵活性。作为足球示范园，园里开展了丰富多彩的足球课程和足球嘉年华活动，在活动中孩子们的参与热情很高，很喜欢踢足球。为了更好地提高孩子的运球、停球技能和培养孩子对足球运动的兴趣，我设计并组织了本次小班体育活动。通过边念儿歌边带领幼儿做动作的方式，帮助幼儿理解动作要领，以游戏的方式完成动作练习，再以情境游戏的方式完成动作巩固。让幼儿在游戏中复习搓球、滚球等动作，学习新的脚掌停球动作，探索射门动作，充分体会踢足球的乐趣。

活动目标

（1）巩固搓球、推球、用手和脚滚球、脚内侧停传球动作，感受球性。

（2）学习用脚掌停球、射门动作。

（3）愿意参加足球活动，培养幼儿对足球运动的兴趣。

活动准备

（1）物质准备：每人一个足球、音乐（《we will rock you》《toy》《加油呀》）、大灰狼头饰、拱门、平衡桥、足球场。

（2）经验准备：幼儿已有前期踢足球经验，可以带着球走。

活动过程

1. 导入部分引发幼儿好奇心，激发兴趣

师：小朋友们，今天我们的老朋友又来和小朋友一起做游戏了，猜猜它是谁呢？

师：当然是你们最喜欢的足球宝宝了。

师：在和足球宝宝做游戏之前我们要先唤醒自己的小身体。

2. 热身活动

（1）唤醒我的小身体。

随着音乐做热身活动。音乐：《toy》。

（2）跟着音乐围绕着圆圈跑 2 圈后站在圈上。音乐：《we will rock you》。

师：现在和我们的足球宝宝打个招呼吧。嗨，足球宝宝，你们好啊！

3. 通过游戏进行已学动作的巩固练习

（1）叫醒小足球。（搓球和拨球练习）

请幼儿各自取球后，回到原位站好。

师：我们的身体苏醒了，小足球还没睡醒。我们一起叫醒它吧。

老师带着幼儿搓球、拨球唤醒足球宝宝。边做动作，边说：小足球，小足球，快醒醒。

（2）足球来滚滚。（推球练习）

师：小足球被小朋友叫醒了，它要和小朋友一起玩个滚滚游戏。

师：先来和老师的足球宝宝玩一玩吧，老师把球推到谁的面前，谁就用手把球停住，再把球推给老师。（老师边唱儿歌边示范动作）

师：小足球，滚滚滚。滚来滚去，找朋友。找谁呢？找 ××。

（3）找朋友游戏。（脚内侧停球、传球练习）

老师在中间把球任意传给一个小朋友，小朋友用脚停球后，再踢给老师。老师再踢给下一个小朋友。

4. 我们来做好朋友（学习新动作：用脚掌停球）

（1）老师边唱儿歌边示范脚掌停球动作。

师：小朋友，你们都和自己的小足球是好朋友。好朋友见面要打招呼。

师：小足球，你好呀。我们来做好朋友。

师：你们快和自己的足球宝宝打个招呼吧。

（2）幼儿和老师一起边唱儿歌边练习脚掌停球动作。

5. 集体游戏

（1）游戏 1《不怕大野狼》。

①请小朋友带着足球宝宝去草坪。（穿过山洞，走过小桥。）

师：小朋友我们带自己的足球宝宝去那边的草坪玩吧。

②老师和小朋友在草地上边唱儿歌边做带球跑。

师：小足球最喜欢在草地上跑跑跑，现在我们都带着自己的足球宝宝跑着玩吧。

儿歌：小足球，小足球，跑跑跑。

③大野狼来了！（脚掌停球练习。音乐：《加油呀》）

老师神秘地说：我刚刚听到一个坏消息。这几天咱们这片森林来了一只大野狼。它的眼睛坏掉了看不见，可是它的耳朵特别灵。它来了，只要我们和足球宝宝停下来，然后保持不动，它就发现不了我们。

师：老师给你们放哨，大野狼来的时候我就吹哨子。你们听到后就赶紧让足球宝宝停下。

老师和小朋友一起继续带着足球宝宝在草地上玩，老师吹哨子。小朋友立刻停球。

副班老师扮演的大野狼转一圈，然后说："这里没有人，我还是去别处转转吧。"

师：大野狼走了，我们继续玩。

游戏可以根据时间玩 2~3 次。

（2）游戏 2《足球小健将》。（射门游戏）

①幼儿分成黄队和蓝队，老师做带球、脚掌停球、射门连贯动作示范后，请幼儿分组练习。

②两队分别站在各自足球门前，然后向对方球门完成带球跑、停球、射门动作。这个游戏可进行 2~3 次。（让幼儿了解要把足球射到对方球门）

6. 放松活动

师：小足球和小朋友们玩累了。来和老师一起放松一下吧。

播放放松音乐。请幼儿跟老师一起用足球在身体上滚一滚，再用手拍拍、揉揉身体的各个部位。（大腿、小腿、胳膊）

师：天黑了，我们带着足球宝宝回家吧。

（请幼儿排队把足球放在指定位置。然后脱下足球背心，按照衣服的颜色放在相同颜色的袋子里。）

活动延展

1. 教学变式

停球动作练习可以用音乐控制，比如规定当音乐暂停的时候就做停球动作，或者规定听到音乐中某一旋律时候，进行停球动作。

可以让幼儿自己探索后，再分享除了脚掌停球还可以怎样用脚把球停下来。

2. 活动延伸

组织幼儿和足球做朋友，在自由活动中带着小足球一起走、一起跑。

可以玩带球射门接力游戏，小朋友排好两队，一个小朋友用脚带着球走到球门，停球射门，然后下一个小朋友接着带球走到球门前射门。看哪组小朋友完成得最快。

3. 家园共育

让幼儿把足球带回家，周末和爸爸妈妈、哥哥姐姐一起玩停球、传球游戏。

4. 领域渗透

本活动可以和艺术领域相互渗透，用不同音乐来引导幼儿完成不同的足球动作。比如音乐快的时候就带着球快步走，音乐慢的时候就慢步带球走。当出现特殊旋律时候就停球。

本活动还可以结合社会领域的安全教育，让幼儿懂得踢球的时候需要怎样保护自己和身边的小伙伴，以及如何在停球时候保持身体平衡不摔倒。

活动反思

本次活动通过儿歌的形式帮助幼儿理解动作练习内容和游戏内容，从而很好地突破了教学目标的重点难点。整个动作练习是一步步递进式进行的，不断增大动作学习的难度。情境游戏让幼儿进一步熟悉脚掌停球动作和射门动作，激发幼儿参加活动的兴趣，特别是大灰狼角色的引入，把活动推向了高潮。整个活动环环相扣，孩子们的参与积极性很高，能够很好地完成教学目标。

在活动中，老师的语言精练，具有亲和力又充满运动激情，环节过渡自然顺畅。能发挥幼儿在活动中的主导性，在游戏中自由探索停球、射门的方法，体会自主游戏的快乐。各领域之间的相互融合体现在热身活动、情境游戏音乐背景的引入以及儿歌与动作要领学习的结合，这样的融合使幼儿在活动中获得多种感官的愉悦体验，进一步提高了幼儿参与足球运动的兴趣。

专家点评

足球运动具有广泛的社会影响，深受广大群众喜爱。发展和振兴足球运动，对提高国民身体素质、丰富文化生活、弘扬爱国主义集体主义精神、培育体育文化、发展体育产业、实现体育强国梦具有重要意义，对经济、社会、文化建设也具有积极的促进作用。党的十八大以来，以习近平同志为核心的党中央把振兴足球作为发展体育运动、建设体育强国的重要任务摆上日程。

幼儿园以足球为载体，引导幼儿在足球游戏中激发运动兴趣，在足球运动中收获健康、体验成功和自信，逐步养成爱运动的习惯，磨炼意志、健全人格，促进幼儿全面发展。

本节活动中教师选择的内容符合小班幼儿的学习特点和发展水平，目标明确，重点难点突出。在组织活动中能够以游戏的形式突破活动的重点难点。各个活动环节环环相扣，衔接流畅，具有很好的层次性。教师的教态自然，语言丰富，示范动作标准。活动中教师能够关注全体幼儿，师幼互动良好能够充分体现幼儿在活动中的自主性。活动准备了丰富的活动材料，创设了有趣的情境游戏活动环节，能很好地激发幼儿参与足球活动的兴趣，幼儿的参与度很高。在游戏中，幼儿体验到了成功的喜悦，很好地完成了教学目标。以儿歌的形式帮助幼儿理解动作要领和游戏内容，是一个很好的创意，符合小班幼儿的学习特点。

春游

活动基本信息

名　　称：《春游》
活动领域：健康
年 龄 班：中班
设 计 者：吴　琼
点 评 者：万立勇

活动设计

设计思路

我班幼儿处于4~5岁发展阶段，结合《3~6岁儿童学习与发展指南》中健康领域对中班孩子的要求。我发现本班幼儿的协调能力、平衡能力稍差，灵敏性有待增强，综合体能稍差，结合实际情况，特开展健康领域《春游》活动。

活动目标

（1）能在较窄的低矮物体上平稳地走一段距离。
（2）能以匍匐前进、膝盖悬空等多种方式钻爬。
（3）愿意动脑筋，乐于参与体育游戏。

活动准备

儿童户外运动包、平衡砖、迷彩网、足球、彩虹布、娃娃家食品玩具，音乐等。

活动过程

1. 热身

跟着音乐变换动作快速跑、慢速跑、跳、飞、吹……（音乐响起）

2. 活动内容

小朋友们上午好！吴老师今天带你们去春游，我们出发吧……边走边唱：“走走走，小手拉小手，我们一起去春游。”

（1）山洞。

师：咦？前面发现一个山洞，我们怎么过去呢？

幼：我们钻过去、爬过去……（小朋友们积极发言。）

师：我请小朋友来示范下，哪个小朋友来试试啊？（小朋友们把手举得高高的，说“我我我”）请一个小朋友示范。

（幼儿用双手膝盖着地法爬过去。）

师：好，这个小朋友是用双手膝盖着地法爬过去的。

师：谁有不同的方法，请小朋友来示范一下吧。

（幼儿用膝盖悬空法爬过去。）

师：很好，这个小朋友是用膝盖悬空法爬过去的。真不错，我们给这个小朋友鼓掌。

师：谁还有不同的方法呢？再请一个小朋友来示范一下。

（幼儿用匍匐前进法爬过去。）

师：太棒了，这个小朋友用的方法和前面的两个小朋友的方法都不一样，你们知道这是什么方法吗？匍匐前进法，来，小朋友们，我们一起说：匍匐前进法！

师：小朋友们，我们现在可以过山洞了，可以用刚刚三个小朋友的方法，也可以用自己的创新方法。过去的小朋友请在前面的休息区等待，后面的小朋友喊加油！（小朋友们依次通过）（音乐响起）

小结：小朋友们你们真厉害！有的小朋友用的是刚刚我们说的三种方法，有的是自己的创新方法，都很好。我们继续出发吧！

（2）独木桥。

师：走走走，走走走，小手拉小手，我们一起去春游！咦？前面有条小河，河上只有一座独木桥，我们怎么过去呢？我请小朋友来示范一下。

（幼儿平稳径直走过去。）

师：真不错，平稳地过去了。还有小朋友比前面的那个小朋友过得更快、更稳吗？我请小朋友来示范一下。

（幼儿张开双臂掌握平衡快、稳走过。）

师：很好！这个小朋友把双臂张开来掌握平衡，而且走得又快又稳。

师：小朋友们我们开始过独木桥了，按顺序张开双臂平稳地走过。（小朋友们依次通过）

小结：小朋友们你们表现得太棒了！每个人都平稳地走过了独木桥，我们给自己鼓个掌吧！（音乐响起）

（3）合作运球。

师：咦？我发现这有个箱子，箱子里面有足球，还有一封信，打开看看写的什么呢？

（读信的要求）

师：信上写的是要求两个小朋友合作把球运到指定的球门，你们有什么方法运过去吗？请小朋友来示范一下！

（幼儿一个托下面一个扶上面运球。）

师：这组小朋友说他和好朋友一个托下面一个扶上面。挺好，这样合作，球在运送的过程中掉不下来。

师：还有小朋友有其他的方法吗？也来示范一下吧。

（球放在两个小朋友胸前，两个小朋友抱在一起把球稳稳夹中间。）

师：这两个小朋友的方法也不错，他和好朋友一起把球放在胸前，他们两个抱在一起，这样球也能稳稳地送到目的地。

师：还有别的方法吗？来示范一下！

（两个小朋友每人双手扶一面。）

师：这两个好朋友说了，我们两个一人扶着一面也能不掉下来啊！

师：很好！小朋友们的方法都不错，最重要的是找到好朋友一起合作，这样才能更好地完成任务，好了，我们开始运球吧，把球放到指定的地方后我们在旁边的休息区一起等候后面的小朋友，我们一起来喊加油！（音乐响起）

小结：哇，你们太优秀了，你们的方法都很好，居然没有一组小朋友掉球，全部稳稳地送到了目的地，我们一起给自己鼓个掌吧！（欢呼鼓掌）我们现在一起到彩虹布上放松一下吧。

3. 放松

小朋友们，我们围成一个圈坐好，把腿伸直和我一起来放松下。（音乐响起）捶捶你的大腿，拍拍你的小腿，拍拍你的胳膊，换另一条胳膊，给你旁边的小朋友捶捶肩、拍拍背，给你另一边的小朋友也捶捶肩、拍拍背……

活动总结

小朋友们，我们今天春游经过了什么？山洞。我们用什么方法通过的呢？爬、匍匐前进，对，我们用了匍匐前进法，用了膝盖悬空法，还有双手膝盖着地爬法，你们表现得都很好。我们还经过了什么？独木桥，对，我们用伸开双臂掌握平衡的方法又稳又快地走过了独木桥。我们还找好朋友合作运足球，有好朋友用抱球在胸前的方法，有一个托着一个扶着的方法，还有两个各扶一面的方法，你们真是太聪明了，想出了这么多的好方法。我们现在可以享用美食大餐了！（小朋友们分享着各种美食、玩具）

活动延展

1. 教学变式

幼儿通过春游活动，掌握了多种运动方式与合作意识，从而更好地培养幼儿合作共赢的观念。

2. 活动延伸

可以通过多种运动方式，如跑、跳、钻、攀、拍球等来增强幼儿体质。还可以利用大型户外运动进行动作整合运动，使幼儿的运动方式不再是单一型、枯燥型，而是通过整合多样化方式对幼儿进行锻炼，满足幼儿的身体发展需要。

3. 家园共育

在本次活动的基础上，幼儿可以在家长的陪同下采用传统游戏新玩法的方式进行锻炼，也可以通过多种亲子互动运动游戏来激发幼儿的参与积极性。

4. 领域渗透

《纲要》中指出各领域内容要相互渗透、有机联系，注重综合性。活动比较注重各领域的综合，并以最佳的渗透方式呈现出来，比如语言领域的整合，整个活动以师幼对话的形式引导幼儿，通过启发引导式的提问，激发幼儿的参与兴趣，启迪幼儿的思维，调动幼儿学习的积极性；通过双向互动式的提问，帮助幼儿体验提出问题和分析问题的过程。

活动反思

孩子活泼好动，在整个活动过程中尤其是运动游戏类过程中很难掌控孩子们的好动行为。本活动中，在每项活动前我都会激发幼儿的想象力，找出不同的方法来示范，让幼儿用自己想不到的方法来参与，这样有助于幼儿更有效地掌握新的方法，激发幼儿参与运动的兴趣。

专家点评

在 A > B > C（A 为健康，B 为品行，C 为知识）的育儿理念中，健康第一，健康的身体是一切的基础。在健康领域的“动作发展”中，要从身体素质发展的角度促进幼儿“具有一定的平衡能力，动作协调、灵敏”和“具有一定的力量和耐力”，通过多种锻炼方式来满足幼儿身体发展需要。活动注意到幼儿思维能力的发展，让孩子动手动脑进行体育锻炼，同时培养了幼儿的合作意识与团队精神，让幼儿更多地体会到运动带来的快乐，更深刻地理解了我运动、我健康、我快乐！

种菜

活动基本信息

名　　称：《种菜》
活动领域：健康
年 龄 班：大班
设 计 者：周　晶
点 评 者：邸燕鸣

活动设计

设计思路

玩球是幼儿与生俱来的天性，但幼儿年龄小，动作的协调性与准确性还不足，这些因素在一定的程度上限制了他们对球类的特性及其基本动作和技能的掌握。幼儿园篮球活动能够有计划、有目的、有组织地通过游戏形式教授幼儿篮球的基本动作，在帮助幼儿掌握各种基本动作的同时，增强幼儿的体质，培养幼儿良好的个性品质，促进其社会性发展。篮球运动不仅仅是体育教学的重要内容，还有规范良好行为的教育作用，能够积极促进幼儿健康阳光地成长，发展幼儿的身心健康，树立幼儿终身体育锻炼的理念。本活动将篮球活动融入情境游戏，让孩子们喜欢并爱上这项运动，不但学会篮球技能还锻炼了身体，提高了身体素质和运动能力，充分享受篮球运动带来的快乐。

活动目标

（1）学习原地单手运球、行进间运球。
（2）通过游戏增强幼儿学习篮球的积极性和对篮球的兴趣。

活动准备

每人 1 个篮球、场地布置蔬菜道具若干、音乐。

活动过程

1. 谈话导入并热身

师：欢迎小朋友们和我一起做运动，今天我要和小朋友们分享一节有趣的篮球课，希望你们喜欢。首先，跟我一起运动起来，做个热身操吧。

热身活动：宝宝热身操。

2. 练习单手拍球

开小火车取球。

师：接下来我们开着小火车去领球，拿到球的小朋友回到位置上和小篮球玩一玩。（老师也取一个球）

师：（巡视）你是怎么玩球的？（观察幼儿的前期经验）

师：我发现有的小篮球不听小朋友的话，总是乱跑，我有一个管住篮球的秘诀分享给你们，我们一起来学学吧。

教师讲述动作要领。

师：大家双脚打开，腿弯曲，手掌心向下自然张开，手指稍微弯曲。用手向下按篮球，同时让膝盖和篮球一起运动。眼睛看前面 ，手可以抬起来。小朋友和我一起做（幼儿开始拍球）。老师喊口令：1，2，3，4，5，6，7，停（强调手和胳膊的动作要领，再做一组）。你们右手这么棒，左手也一定很棒，我们用左手来试一下。老师喊口令：1，2，3，4，5，6，7，停（做两组）。左手八拍，右手八拍（1，2，3，4，5，6，7，换。1，2，3，4，5，6，7，停）。

我看小朋友们的篮球都比刚才听话了。

3. 游戏一：大灰狼来了

师：不好了，有一只大灰狼听说你们在这里玩，要来抓你们，你们应该怎么办呢？（躲起来）躲在哪里呢？我带你们躲到一个安全的地方，快跟我来。（带领孩子来到方格处）小朋友只要站到方格里大灰狼就抓不到你们，现在大灰狼还没有来，我们先去玩吧。（幼儿回到原地拍球）

师：我告诉你们一个秘密，谁会抱球跑回去大灰狼就抓不到他。（幼儿原地单手拍球，听到“大灰狼来了”，双手把球抱起，跑回方格。）

大灰狼走了，我们回去继续玩。

谁会双手拍球回去大灰狼就抓不到他。（幼儿原地双手拍球，听到“大灰狼来了”，双手拍球回到方格。）

大灰狼走了，我们回去继续玩。

谁可以单手拍球回去，大灰狼就抓不到他。（幼儿原地单手拍球，听到“大灰狼来了”，单手拍球回到方格。）

看到小朋友的本领这么大，大灰狼再也不敢来了。小朋友快回来吧。

4. 游戏二：种菜

天气越来越暖和了，到了种菜的时候。小朋友和我一起拍球去学种菜吧。

老师边喊口号，边分解示范。（一句口号一动）“篮球拍起来（带领幼儿原地拍），拍球向前走（带领幼儿拍球前进至苗圃），拿起一棵菜（强调‘一棵’并做动作），拍球到菜园（拍球往回走），种到菜园里（把菜苗放到星星点上），菜苗种整齐（引导幼儿注意要把菜苗放到星星点上）。”

小朋友真棒，这么快就学会种菜了。接下来，请小朋友把所有的小菜苗都种到菜园里吧。（播放种菜音乐，教师巡视，注意指导幼儿：拍球向前走。）

种完菜的小朋友快快回来吧。我看到有的小朋友种菜都出汗了。

5. 游戏三：拯救菜园

哎呀，不好了。一只顽皮的猴子把我们刚种好的青菜都弄倒了，我们快拍着球去把青菜扶起来。（播放驱赶猴子音乐，拍球扶菜。教师沿场地拍球巡视，提醒小朋友：拍球扶菜。）

小猴子太淘气了，去几个小朋友把它赶出菜园。其他小朋友继续扶菜。（菜都扶好，音乐停）青菜终于种好了，小朋友们快回来。

活动延展

1. 活动延伸

珍惜蔬菜。农民伯伯种植蔬菜也很辛苦，我们要珍惜爱护蔬菜。

2. 家园共育

请幼儿和家长一起分享种菜的游戏，在家进行亲子运动，并和家长一起了解蔬菜的营养，养成珍惜蔬菜的好习惯。

3. 领域渗透

将健康、社会领域渗透整合，两个领域的知识相结合，注重幼儿全面发展。

活动反思

本节篮球活动通过情境游戏形式，教授幼儿篮球活动的基本动作，在帮助幼儿熟悉各种基本动作的同时，增强幼儿的体质，培养幼儿良好的个性品质，促进幼儿社会性的发展。在活动中首先讲述动作要领，明确本节活动目标，然后通过大灰狼来了、种菜、拯救菜园三个情境游戏，对幼儿进行由易到难、由原地拍球到行进间拍球的梯度训练，让孩子们喜欢上这项运动，使他们不但学会篮球技能，还锻炼了身体，提高了身体素质和运动能力，充分享受篮球运动带来的快乐。

专家点评

本节活动内容的选择贴近幼儿的生活，将目标定位于学习原地单手运球、行进间运球。通过游戏增强幼儿对学习篮球运动的积极性和兴趣，比较符合大班幼儿的身心发展特点，同时与社会领域相互渗透，体现了整合性。

《3~6 岁儿童学习与发展指南》指出，要尊重幼儿发展的个体差异，将幼儿学习以直接经验为基础，在游戏中进行教育活动。本节活动的展开遵循了这一点，流程以情境游戏贯穿，从讲述动作要领、练习单手拍球，到通过游戏行进间运球等环节，环节清晰、合理，逐步递进，过渡较为自然。活动重点突出，难点的突破方法得当，使幼儿在游戏中完成了篮球技能的练习，避免了机械训练，符合幼儿园活动的宗旨。对幼儿进行由易到难，由原地拍球到行进间拍球的梯度训练，提高了幼儿的身体素质和运动能力，使幼儿充分享受篮球运动带来的快乐。

不许摸

活动基本信息

名　　称：《不许摸》
活动领域：健康
年 龄 班：大班
设 计 者：张雪静
点 评 者：张学仁

活动设计

设计思路

社会环境越来越开放，幼儿遭到猥亵甚至性侵的案例越来越多。而事实上，关于幼儿隐私部位的早期教育比较少，尤其是对于信息相对闭塞的农村幼儿教育，这更是一个挑战。所以，我选择了这个敏感的问题，通过课程让幼儿知道什么是隐私部位，如何保护好自己和他人的隐私。

活动目标

（1）认知目标：认识身体的隐私部位，知道隐私部位包括胸部、臀部、生殖器等。

（2）技能目标：掌握保护隐私部位的方法，增强自我保护意识。

（3）情感与态度目标：懂得尊重保护自己和他人的隐私。

活动准备

（1）物质准备：视频故事《不许摸》、人体轮廓图及五角星若干。

（2）经验准备：一起看过《不许摸》视频故事，了解故事大概情节。

活动过程

1. 开始部分：欣赏动画片，引出主题

师：老师今天给你们带来了一个动画片，这个动画片就是《不许摸》。我们一起来看看吧！大家在看的时候一定想一想大灰狼想干什么？

提问：

大灰狼想要干什么？（想摸小羊的腿、隐私部位等）

小羊同意了吗？（没有）

师：对，小羊做得很对。那我们身体的哪些部位是不能随便让人看并随便摸的啊？

幼儿讨论，并表达。

2. 基本部分：感知理解人体的隐私部位

（1）操作体验。

说一说。（利用PPT出示人体图片）

师：每个小朋友都有自己的想法，我们身体有哪些部位是不能随便让人看、随便摸的啊？我请小朋友来说一说。

贴一贴。引导幼儿在自主讨论的基础上将不能让别人随便看、随便摸的部位用“五角星”遮盖起来。

师：小朋友的身体是属于自己的，有些部位是不能露出来，不能让别人随便看、随便摸的。我们用“五角星”把这些部位遮盖起来吧。

辨一辨。

教师借助PPT的拖拉功能，将幼儿操作中共同的遮盖部位，如人物图片上的胸部、臀部、生殖器等部位用“五角星”遮盖起来。

对于幼儿操作中出现的有“异议”的身体遮盖部位，引导他们观察、思辨、纠错。

师：你贴了哪几个地方？为什么要把这些部位遮盖起来呢？

小结：分析幼儿答案，比如贴脖子的，我们要引导幼儿理解裸露在外面的部位不是隐私的。（比如脸、脖子、手等）图片上遮盖起来的胸部、大腿、臀部、生殖器等部位，都不能随便露出来，不能让别人随便看、随便摸，它们都是小朋友身体的隐私部位。

（2）拓展经验，了解保护自己的隐私部位的方法，懂得尊重他人隐私。

师：小朋友都知道了身体的隐私部位，那怎样保护我们的隐私部位呢？

引导幼儿根据自己的已有经验大胆地发表看法。

播放课件《不许摸》，了解故事中小羊是如何保护隐私部位的。

师：大灰狼和狐狸想要干什么？（想摸小羊的隐私部位）小羊同意了吗？它是怎么说的？我们来学一学。（引导幼儿学一学小羊大声拒绝的话：“不许摸、不许摸！”“如果再要摸，我就喊大人！”）

师：如果是你，你会怎么办？

小结：我们要学会保护自己的隐私部位，如果有人要摸你的隐私部位，要采用一系列行为，例如不许他摸、大声地喊大人、赶快离开、告诉爸爸妈妈、告诉老师、告诉警察叔叔。

（3）幼儿观察、比较图片中小朋友的做法，进一步丰富保护自己和尊重别人隐私的经验。

师：小朋友知道要保护自己的隐私部位，那别人的隐私部位我们要不要保护和尊重呢？

我们来看看图片上的这四个小朋友的表现，他们谁做得对？为什么？

小结：我们要保护好自己的隐私部位，平时注意穿好衣服，在上公共厕所的时候要随手把门关上。同时，我们还要学会尊重别人的隐私，在别人换衣服、上厕所时，不要故意去看。

3. 结束部分：迁移经验，巩固提升

师：小羊还带来了一些问题想考考我们。回答对的小朋友老师会给你们小奖励。

问题包括：

医生在妈妈的陪伴下检查你的隐私部位，可以吗？

如果有一个男人触碰女孩的胸脯，可以吗？

如果一个妈妈帮一个男孩穿衣服，可以吗？

如果一个男人在女孩面前脱衣服，可以吗？

如果一个女人对女孩说我可以看看你漂亮的胸部，可以吗？

如果一个人带一个正在跟朋友玩耍的女孩去偏僻的街道，可以吗？

小朋友都已经知道了隐私部位包括哪些，也知道了保护自己和他人的隐私，那现在我们赶快回家考一考自己的爸爸妈妈吧！

活动延展

1. 活动延伸

继续深入开展《如何保护隐私部位》的健康领域课程，要讲卫生，勤洗澡，保持隐私部位的干净整洁；不随便触摸、揉搓自己的隐私部位；坚持锻炼，保持身体健康。

2. 家园共育

把本次活动的主要内容和家长进行沟通，让家长通过和孩子聊天的方式，了解幼儿在生活中有没有遇到过所谓的“坏人”，进一步了解幼儿的生活中是否存在隐患并让幼儿扮演小老师角色，和爸爸妈妈探讨哪里是隐私部位，并且知道如何保护自己的隐私部位。

3. 领域渗透

社会领域活动，通过角色扮演区创建相应的情境，通过角色扮演和丰富的操作材料，幼儿进行角色扮演，通过扮演“坏人”、爸爸、妈妈以及小朋友，模拟在陌生环境、医院、家庭、公共场合中如何保护自己的隐私。

活动反思

教师利用一体机的视频播放功能，播放了动画《不许摸》，很好地吸引了幼儿的注意力，同时，引入了今天的主题——不许摸什么、为什么不许摸等有关活动主题的问题。根据幼儿的回答，归结出隐私部位包含什么。

接着，利用 PPT 的播放功能，播放声音，播放幻灯片，师幼一起总结保护自己的隐私部位以及他人的隐私的办法，使幼儿懂得尊重他人的隐私。

在整体课程活动中幼儿参与活动的热情高涨，能很好地完成教学目标。但是最后提问回顾环节，耽误的时间有些长，需要精简问题才能达到更好的效果。

专家点评

《3~6 岁儿童学习与发展指南》在健康领域中明确指出幼儿要具备基本的安全知识和自我保护能力，其中重点谈到了要保护儿童的生命安全，以及结合生活实际开展的安全教育。幼儿要对自己的身体有正确的认知，明确隐私部位要守护好，同时要尊重别人的隐私。

活动设计者以此为出发点，以儿童喜闻乐见的动画片《不许摸》为切入点，引出这一在现代社会较为敏感的话题，具有一定的突破性。后期通过幼儿讨论、操作体验，让幼儿对自身的隐私部位有了更加明确的认知与感悟，同时通过活动延展不断深入，尤其是与社会领域相互渗透，增强幼儿的社会意识，强化幼儿的社会行为，为未来儿童能够健康快乐地融入社会打下了良好基础。

26

流感怪兽快走开

活动基本信息

名　　称：《流感怪兽快走开》

活动领域：健康

年 龄 班：大班

设 计 者：冯俊平

点 评 者：张学仁

活动设计

设计思路

冬季是呼吸道疾病的高发季，其中流感是较常见的流行病，流感病毒传染性强，患病后我们不能去游乐场、公园玩，出门还要戴口罩，严重影响着我们的生活，并且改变了孩子们的学习方式。通过一节这样的活动课，让幼儿进一步了解怎样保护自己，强化幼儿的防控意识。

活动目标

（1）了解流感病毒的危害和传播途径。

（2）帮助幼儿学习预防流感病毒的方法，养成良好的卫生习惯。

（3）激发幼儿的自我防范意识。

活动准备

（1）物质准备：有关流感病毒的视频短片、PPT。

（2）经验准备：幼儿生活中已有的对流感的了解。

活动过程

1. 播放流感病毒的视频短片，引导幼儿认识流感病毒

（1）师提问：谁知道视频中播放的坏家伙叫什么？（幼儿：流感病毒）让我们生病的病毒就是它们。

（2）教师讲解：咱们仔细观察一下，这些病毒竟然长着这么多的手和脚，跑得可快了，所以它们的传播速度也很快。

2. 引导幼儿思考讨论流感病毒给我们带来的危害

师：就是因为我们的生活中出现了这些坏家伙，我们出门时家长才会让我们戴上什么？（幼儿：口罩）小朋友们喜欢不喜欢戴口罩呢？为什么？（幼儿回答后教师总结）

每天上学老师还会让小朋友在门口干什么？老师边提问边做动作。（幼儿：测体温）小朋友知不知道为什么每天上学前都要测体温啊？对了，是监测孩子们有没有发热的情况，感染了流感病毒会发热的。

3. 初步了解流感病毒的危害和传播途径，掌握预防的方法

（1）教师扮演流感病毒，让幼儿了解其危害。

可是流感病毒可不管这些，它们说我可厉害了，我有这么多的手脚，我跑得可快了，我要让小朋友们都感染病毒，让小朋友们发热、咳嗽、不舒服，哈哈哈！我来了。

播放短视频，让孩子们了解感染了流感病毒，人们会病成什么样子。

孩子们看到病床上人们难受的样子，感到很难过，更加知道要保护好自己，进一步了解了医生、护士冒着生命危险抢救病人的高尚品德。

（2）让幼儿知道流感病毒的传播途径。

提问：谁知道流感病毒这些坏家伙是怎样传播的？

情境表演：教师扮演流感患者，跟孩子面对面说话，不小心打喷嚏，摸摸孩子的头、脸，握握手等。老师已经把病毒传给了小朋友们，谁知道是怎样传播的吗？做一些动作引导幼儿了解流感病毒的传播方式，例如：近距离说话、打喷嚏、握手等。

幼儿回答后教师总结：首先，我们知道流感病毒的传染力非常强，如果自己的身体不够强壮，只要稍微和感染者近距离接触，就有可能被感染。一个人一天至少会接触数百人，可见其传染速度非常快。另外，流感病毒非常顽强，能够在一些物体的表面存活，一旦人们与这些病毒接触之后，病毒就可以从口腔、鼻腔、眼部黏膜等地方进入身体造成感染。

老师请幼儿观看 PPT 图片，加深幼儿理解。

（3）讲解预防方法

提问：谁知道怎样预防流感病毒传播呢？（幼儿回答后引导其观看小视频）

教师总结：预防流感病毒的感染，可以采取以下几种措施：

第一，佩戴口罩，乘坐各种交通工具，去医院、学校、电影院、商场等人群密集的地方需要佩戴口罩。

第二，注意勤洗手，从外面回家应该及时用肥皂洗手。污染的手要禁止触摸口、鼻、眼睛等皮肤黏膜部位。

第三，在家庭环境中，要定时开窗通风。

第四，在家庭环境中，可以用含氯的消毒剂或者 75% 的酒精进行物体环境表面的擦拭。可以使用酒精进行局部喷洒，但要避免大面积喷洒，同时还要注意远离明火。

活动延展

1. 教学变式

（1）可以用“病毒传传看”游戏让幼儿进一步了解流感病毒的传播方式。

（2）带领幼儿参观防疫物资储备、隔离室等，加深幼儿对疫情的认识。

2. 活动延伸

（1）开展绘画活动《我眼中的流感病毒》。

（2）利用《我是小小值日生》活动，让幼儿亲身体验流感防控常识。

3. 家园共育

（1）饭前便后正确洗手方式。（七步洗手法）

（2）让幼儿知道病从口入的道理，为了幼儿健康，家长老师一起行动起来，从我做起，帮助幼儿养成良好生活习惯。

4. 领域渗透

开展语言活动《洗手歌》。

活动反思

本节课利用播放动画小视频教学，向幼儿展示流感病毒相关的知识，加深幼儿对流感病毒的了解，使幼儿的相关知识得到了补充，让孩子明白了在应对流感病毒的时候，不要恐慌，应该具有一些常识去面对流感病毒。并且对病毒传染力的强大感到很好奇，不是很能理解。但对于流感病毒的预防、自我保护等知识的学习特别认真，掌握得非常好。

不足之处：教师提出问题后留给孩子的活动时间有点短，急于总结定论，影响了幼儿的学习兴趣。整节课时间安排得满满当当，幼儿的自主活动时间给得有点短。

专家点评

《指南》中明确指出发育良好的身体、愉快的情绪、强健的体质、协调的动作、良好的生活习惯和基本生活能力是幼儿身心健康的重要标志，也是其他领域学习与发展的基础。帮助幼儿养成良好的生活与卫生习惯，提高自我保护能力，形成使其终身受益的生活能力和文明生活方式。

本次设计的健康领域活动“流感怪兽快走开”，让孩子们认识病毒，了解病毒，做到面对病毒不恐慌，养成良好的生活和卫生习惯，做好个人防护，有决心和信心战胜病毒，同时让孩子们对医护工作者的辛勤付出心怀感恩。整个活动各环节的设计比较清晰，重点突出，具有较强的可操作性。

27

消防安全知识——遇到火灾怎么办

活动基本信息

名　　称：《消防安全知识——遇到火灾怎么办》
活动领域：健康
年 龄 班：大班
设 计 者：余　鑫
点 评 者：万立勇

活动设计

设计思路

《指南》中的健康领域指出：帮助幼儿了解周围环境中不安全的事物，不做危险的事。帮助幼儿认识常见的安全标识，遇到火灾或其他紧急情况时，知道要拨打 110、120、119 等求救电话。结合我园开展的消防安全周活动，在给幼儿讲述《安全自救》绘本的基础上引导幼儿展开学习消防安全知识。

活动目标

（1）学习火灾中正确的自我保护方法，懂得火灾发生时如何撤离、躲避、求救等。

（2）能正确拨打火警电话 119，面对火灾不慌张，积极动脑想办法，提高自我保护能力。

活动准备

（1）物质准备：视频、PPT、小毛巾。

（2）经验准备：学习过《安全自救——要远离火苗》课程，有消防演练的经验。

活动过程

1. 师幼共同讨论，了解 119 的由来

师：小朋友们，欢迎大家来到余老师消防知识小课堂，大家知

道我们国家的消防安全日是哪一天吗？

幼：11 月 9 日。

师：我国为什么会把 11 月 9 日定为消防安全日呢？我们一起来看看吧！（播放视频）

小结：原来不仅是因为 119 和 11 月 9 日相吻合，还有我们国家气候的原因，大家一定要增强防火意识。

2. 了解火灾的形成，引出火灾的危害

师：老师这里有一个小视频，我们一起来看一看吧！（播放视频）

师：小朋友们，视频里的小朋友在做什么？发生了什么事情？看到这里你们是什么样的感受？（害怕）

师：小朋友们，大家不用紧张，消防员叔叔已经出发赶到了火灾现场，视频中的小朋友已经脱离了危险，你们觉得消防员叔叔怎么样？（勇敢）

小结：我们的生活中都有什么地方用到火？（做饭、取暖、爸爸抽烟。）火灾是怎样形成的？（像视频中的小朋友在用火取暖，但是使用不当就会引起火灾。）火灾的危险性很大！（尽管大火已经被消防员叔叔扑灭了，但是火灾过后，美丽的森林没有了往日的生机，一片灰色。我们的家园满目疮痍，我们的身体受到伤害，我们甚至会失去亲人。）

3. 展开讨论，讲解报火警的方法和遇到火灾时的逃生技能

师：发生火灾的时候怎样报火警？（打 119）报火警时要注意什么？（报警时我们要说清楚着火的地址和火势大小，以及家里有没有人。）

师：发生火灾后应该怎样逃生自救？（看视频回答问题）

师：如果发生火灾，我们应该怎样逃生？（用湿毛巾捂住口鼻，弯腰前行，有序逃生。）如果家里发生火灾，我们从哪里逃出去呢？老师这里有几幅图片，请小朋友帮老师分析一下（安全出口可以逃生，高楼窗口不能逃生，楼道可以逃生，电梯不能逃生），小朋友们你们都答对了！

师：如果逃不出去了，我们要躲在家里的什么地方呢？大家看一看。（打开的窗口可以，因为我们可以在窗口求救，消防员也可以在必要的时候打破玻璃救出我们；厨房不可以，因为厨房有燃气，一旦遇火爆炸会危及我们的生命；卧室不可以，因为卧室的被子、窗帘等物品都是易燃物品，火烧到卧室会危及我们的生命；卫生间可以，因为卫生间有水源，我们可以把卫生间的门关紧，用湿毛巾把卫生间的门缝堵住防止有毒气体进入，等待救援。）

（播放火警音频，组织幼儿有序撤离。）

活动延展

1. 教学变式

通过观看点火取暖不慎引起火灾的视频增强幼儿的安全意识。

2. 活动延伸

火灾很危险，我们今天学习了我国消防安全日的由来、怎样报火警、遇到火灾怎样逃生自救，我们要做好火灾危害宣传，争当安全小标兵，把知识分享给我们身边的人。

3. 家园共育

在日常家庭生活中，爸爸妈妈也要加强对幼儿的防火教育，避免幼儿因好奇而产生危险。同时，幼儿在学习消防知识后，也可以将所学知识告知家长，一方面巩固所学知识，另一方面向家长普及安全知识，增强家长的安全意识。

4. 领域渗透

本次活动中社会领域、健康领域、语言领域、科学领域各领域相互渗透，促进了幼儿全面发展。

活动反思

消防安全无小事，幼儿园小朋友年龄小，记忆短暂，一节安全课不能完全让幼儿理解火灾的危险性和掌握火灾时的逃生要领。老师需要将消防安全教育贯穿到幼儿园的一日生活当中，帮助幼儿从小养成好习惯，让幼儿受益终生。

活动资料

11·9 消防安全日来历的相关视频、小朋友点火取暖视频、消防员出警视频、火灾后场景图片、火灾的逃生方法视频及相关图片、小毛巾每位幼儿一块。

专家点评

（1）灵活创设情境，选取贴近幼儿生活的情境，切入幼儿的实际生活。

（2）巧用多媒体资源，激发幼儿情感，使幼儿直观感受教学中的情绪渲染，体会火灾造成的伤害，提高幼儿对火灾危害的认识。

（3）实际演练，增强幼儿的自我保护意识，提高幼儿的火场自救能力，使幼儿学会保护自己。

科学领域

不倒翁

活动基本信息

名　　称：《不倒翁》
活动领域：科学
年 龄 班：小班
设 计 者：张贤玲
点 评 者：张玉芝

活动设计

设计思路

不倒翁是孩子们生活中常见的一种玩具，引导孩子们探究不倒翁的简单原理能够引领孩子们观察身边常见事物和现象的特点、变化规律，使孩子们产生兴趣和探究的欲望，培养幼儿的探究精神。本次活动通过“提出问题（为什么倒了还能再起来呢？）——探究问题（怎么才能倒了再起来呢？）——解决问题（以记录形式直观呈现不倒翁简单原理）”的过程，让孩子们通过直接感知、亲身体验、实际操作，一步步探究出不倒翁不倒的科学原理，并亲手制作不倒翁，充分感受科学活动的乐趣。

同时，小班幼儿喜欢在情境中学习，因此本次活动利用多媒体课件，把幼儿带入帮助“小咕咚”的情境之中，充分调动幼儿探索的积极性。活动最后，“小咕咚”的不倒翁在小朋友的帮助下成功了，“小咕咚”向小朋友表达感谢，成功地激发了幼儿的成就感。

活动目标

（1）初步了解不倒翁的简单科学原理：一是底部有重物，且重物固定；二是底面是圆弧形的。

（2）初步感知记录的作用，学习用简单符号记录猜想和探究结果。

（3）感受科学探究和制作活动的乐趣，感受助人的愉悦。

活动准备

（1）物质准备：自制不倒翁2个、课件《请你帮助我》、记录表2张、各种形状操作材料（三角形、圆形、方形）以及配套的记录卡片若干、橡皮泥、废旧中药药丸盒、圆锥体的小帽子若干、托盘若干、记录板。

（2）经验准备：认识基本的几何图形（圆形、正方形、三角形等）。

活动过程

1. 发现不倒翁不倒的特点

师：小朋友，看！这是什么？怎么玩呢？

>> 活动提示：教师出示不倒翁，引导幼儿发现不倒翁从前后、左右等方向推倒后，都会站起来的特点。

2. 探索不倒翁的科学原理

（1）激发幼儿的探索热情。

播放PPT第1页，小咕咚："小朋友们你们好，我是小咕咚，不倒翁真有趣，我也做了一个不倒翁，可是我的不倒翁倒了却站不起来，这是为什么呢？请小朋友们帮帮我吧！"

（2）比较、实验，发现不倒翁底部有重物，且重物固定。

①掂一掂。

师：我们来看看小咕咚的不倒翁，为什么起不来了呢？

>> 活动提示：鼓励幼儿大胆猜测。

师：请小朋友看一看，拿在手里掂一掂，你发现了什么？

>> 活动提示：教师通过肢体示范、请幼儿亲自掂一掂或看一看等方法，引导幼儿发现不倒翁的底部有重物。

②想一想。

师：怎么使不倒翁的底部变重呢？

师：放什么？

>> 活动提示：引导幼儿合理猜想。

教师将橡皮泥放置在小咕咚的不倒翁中再放倒，幼儿发现：不倒翁仍然站不起来。

③听一听。

师：摇一摇，听一听，两个不倒翁一样吗？

✎ 小结：没有声音，橡皮泥黏在底部的不倒翁倒了能够站起来。

>> 活动提示：引导幼儿发现要把橡皮泥压实，黏牢，固定住，不倒翁才能倒了再站起来。

（3）猜测、实验，发现不倒翁的底部还要是圆弧形的。

①猜一猜。

师：哦！原来不倒翁的底部要黏牢橡皮泥，老师给小朋友们准备了一些材料，小朋友猜一猜哪种形状的底部黏上橡皮泥，能做成不倒翁呢？

>> **活动提示**：教师逐一展示圆形、三角形、正方形的材料，请幼儿熟悉。

②记一记。

师：请小朋友自己选一个形状，拿起它旁边的记录卡片贴到记录板上，把你的猜想告诉大家吧！

>> **活动提示**：教师示范，拿起一个纸盘，出示形状，并把记录卡片贴到记录表上。

③做一做。

师：那么橡皮泥要黏在什么位置呢？

师：怎么找底部呢？

>> **活动提示**：师幼共同寻找，先观察正方形，帽子在最上面，最下面的位置就是底部了，再看三角形和圆形，寻找它们的底部。

师：请小朋友动手试试吧。

>> **活动提示**：幼儿动手操作，教师适时指导。

师：看看，我们的结果，和你猜的结果一样吗？

>> **活动提示**：师幼逐一分析，先请使用圆形材料的幼儿到展示台上展示，其他幼儿观察，发现圆形底部的材料黏牢橡皮泥后可以做成不倒翁，请该组幼儿把自己的卡片拿下来，粘贴到第二张《我知道啦！》记录纸上。其余两组分别展示。

小结：底部黏牢橡皮泥，且是圆形的，才能制成不倒翁。

3. 体验不倒翁的制作方法

（1）师幼交流不倒翁的制作方法。

师：请小朋友们来说一说，他是怎么制作成功的？

>> **活动提示**：引导幼儿逐步介绍不倒翁的制作过程，同时重点引导幼儿了解：如何固定小帽子。

师：请小朋友们也来制作一个不倒翁吧！

（全体幼儿使用圆形材料再制作一次不倒翁。）

（2）送还不倒翁。

师：今天，我们发现了能让不倒翁再站起来的秘密，还帮助小咕咚制作了不倒翁，接下来我们要怎么做呢？

>> **活动提示**：引导幼儿把不倒翁再还给小咕咚。

（播放 PPT 第 2 页，小咕咚："谢谢小朋友们，不倒翁真好玩！"）

活动延展

1. 活动延伸

（1）了解不倒翁不怕困难、有毅力的优点。

师：老师发现不倒翁不但好玩，还有一个优点，就是不管遇到多大的困难，把它压倒，它都能坚强地再站起来，我们也要向不倒翁学习！

师：现在小朋友变成不倒翁，我们来学一学不倒翁吧！

>> **活动提示**：引导幼儿用肢体动作来模仿不倒翁，同时体现动静交替的原则。

（2）想一想，还有什么材料可以制作不倒翁？

师：还有什么圆形的材料能制作不倒翁呢？不倒翁里除了放橡皮泥还可以放什么很重的东西呢？咱们一起收集材料，在科探区继续探索吧！

2. 家园共育

亲子共读绘本《小不倒翁》。

3. 领域渗透

美工区：气球纸塑（在吹起来的气球上，粘贴废旧报纸，并且装饰）。

科探区：百变不倒翁（提供磁铁、螺母、小石子、蛋壳、气球纸塑、废旧皮球、乒乓球、海洋球、双面胶、彩纸等，尝试用不同材料制作不倒翁）。

表演区：《不倒翁》（提供音乐，服装道具及打击乐器等学习表演唱《不倒翁》。）

活动反思

活动主题“不倒翁”有趣好玩，幼儿感兴趣；材料简单易操作，符合小班幼儿的年龄特点；活动环节设计合理。孩子们积极发言，主动参与，最后每个幼儿都成功地制作出了自己的不倒翁。在轻松、愉快、自由的氛围中，幼儿不但感知了记录的作用，理解了不倒翁不倒的原理，还体验到了成就感，较成功地完成了活动目标。

1. 设计教具有技巧

在幼儿观察老师的不倒翁和小咕咚的不倒翁的区别时，为了便于区分，老师特意制作了两种形象的不倒翁。但是在实践时发现，多数幼儿总是纠结在“颜色、形象”的不同上，而不是第一时间把注意力放在重量上，过于浪费时间。因此，最后把两个不倒翁做成一模一样的了。

小朋友们帮助小咕咚修好不倒翁，送回不倒翁时，教师在黑板的后面挂了一个袋子，在拉动屏幕前的黑板时，悄悄地把不倒翁放到了袋子里，然后课件中出现不倒翁，使活动更具神秘性，有吸引力。

2. 让每个幼儿都有成就感

在贴记录卡片的环节中，所有的幼儿都贴了一遍；在得出结论的环节中，只有选择底部是圆形材料的幼儿来贴。为了让其他两组的幼儿都能体会到成就感，我把引导的重点放在了他们的发现上——“镂空部分是正方形和三角形”的材料不能用来制作不倒翁，并且请他们把自己的重大发现告诉大家，其他幼儿用掌声感谢他们的“贡献”。这样他们不但不会感到失落，还会产生成就感。

活动资料

记录表

猜一猜	我知道啦

专家点评

不倒翁科学活动的内容选择贴近幼儿生活，适合幼儿的发展水平，又具有较强的趣味性，制作较为简易，很适合小班幼儿开展科学探究活动。

本活动目标明确清晰，知识技能方面通过活动了解不倒翁的简单科学原理，能力方面学习用简单符号记录猜想和探究结果，情感态度方面重在感受科学探究和制作活动的乐趣，较准确地把握了科学活动的三维目标。

活动中教师注重营造游戏氛围，创设的帮助小咕咚的场景贯穿始终，让幼儿感到轻松有趣，有效地调动起了幼儿的积极性。

在活动环节、教学方法的设置上，采用提出问题—探究问题—解决问题的科学探索流程，教师关注到了科学领域核心素养，如观察、推断、记录、交流等能力的培养，如创造机会让幼儿多种感官充分参与探索，感知不倒翁的重量、形状等；鼓励幼儿开动脑筋、大胆推断、猜测不倒翁不倒的原因，并采用适合小班幼儿的选图形做记录形式对猜测进行表征；然后为幼儿提供了丰富的材料进行制作，在亲身体验、实际操作过程中不断发现科学原理。幼儿在操作中主动学习知识和技能，有效适应了小班幼儿以形象思维为主导的思维模式，保证了对幼儿思维能力发展的促进。

活动中教师没有过多干涉，注重幼儿主体性作用的发挥，幼儿参与度高，兴趣浓厚。当自己成功制作出不倒翁时，幼儿展现出了满足感和成功感，有效达成了对科学活动积极正向的情感目标。

方块小兔的生日会

活动基本信息

名　　称：《方块小兔的生日会》
活动领域：科学
年 龄 班：小班
设 计 者：张　彤
点 评 者：张玉芝

活动设计

设计思路

幼儿在生活中经常会接触到三角形、正方形、圆形的事物，他们对此非常感兴趣。《纲要》中也提到："要善于发现幼儿感兴趣的事物中所隐含的教育价值，把握时机，积极引导。"所以本节活动从幼儿的发展特点和生活经验出发，让幼儿在玩中学，将绘本、触摸感知、操作等形式贯穿整节活动，增强幼儿的空间意识，提高幼儿的空间直觉能力（将图形移动、旋转和翻转都能准确识别，即"图形守恒能力"）。空间能力是几何学习的基础，活动旨在通过情境游戏来培养幼儿图形学习的核心经验，为幼儿后续学习和终身发展奠定良好的基础。

活动目标

（1）巩固对圆形、正方形、三角形基本特征的认知。
（2）体验数学活动的趣味，感受同伴之间的友情。

活动准备

（1）物质准备：PPT、玩偶、幼儿操作材料。
（2）经验准备：幼儿了解圆形、正方形、三角形的基本特征。

活动过程

1. 情境导入，激发幼儿兴趣

师：今天是小兔子的生日，它邀请了小朋友们一起去参加它的生日派对，我们一起去吧。

师：听，小兔子在介绍它自己呢，仔细听一听它的名字叫什么呢？

（小朋友们，你们好！我的名字叫方块小兔，很高兴你们来参加我的生日派对。）

师：宝贝们，小兔的名字叫什么呢？为什么它叫方块小兔呢？（引导幼儿观察兔子的脸部形状，引导幼儿尝试表述：小兔子的脸是方形的，所以它叫方块小兔。）

2. 复习巩固图形的特征，进行礼物配对游戏

师：方块小兔除了邀请了我们，还邀请了几位好朋友，你们看都是谁呀？

（1）根据剪影判断是哪些小动物。

呈现动物背面的剪影，引导幼儿观察图形。

师：三角形的脸蛋会是谁呢？狐狸狐狸小狐狸。

正方形的脸蛋会是谁呢？小猪小猪小香猪。

大圆形的脸蛋会是谁呢？猫头鹰猫头鹰。

小圆形的脸蛋会是谁呢？小猫小猫小猫咪。

（2）巩固幼儿对三种图形的认知。

师：咦，他们送给方块小兔的礼物都混在一起了，我们一起来看看都有什么形状的礼物盒呢？（介绍三角形、正方形、圆形的基本特征。）

三角形，三条边，斜斜尖尖三个角；

正方形，四条边，正正方方四个角；

圆形圆形，没有角，咕噜咕噜圆圈圈。

（引导幼儿一起说出三角形、正方形、圆形的基本特征。）

（3）礼物配对。

小动物们现在需要你们的帮助，你们猜猜这些是谁拿来的礼物呢？

四个小动物一起说：小朋友们，我们的礼物找不到了，你们可以帮我找到礼物吗？

小狐狸：小朋友们，我需要你们帮我找到三角形的礼物。

小猪：小朋友们，我需要你们帮我找到正方形的礼物。

猫头鹰：小朋友们，我需要你们帮我找到大圆形的礼物。

小猫：小朋友们，我需要你们帮我找到小圆形的礼物。

现在我们每人手里都有四个礼物，请你把这些礼物送还到小动物的身边吧！（让幼儿到桌子处根据形状进行对应操作，巩固对图形的认识。）

3. 在吹蜡烛情节中，根据眼睛形状判断小动物，巩固幼儿对图形概念的理解

师：谢谢宝贝们帮助小动物们找回礼盒，小兔子收到这么多礼物好高兴呀！于是它端

出了生日蛋糕，快乐地点起了蜡烛，让我们一起唱起生日歌！

（1）能依据眼睛形状，准确说出对应的动物。

师：我们和方块小兔一起吹灭蜡烛吧。呼。发生了什么事情？（蜡烛吹灭了，屋子里就变黑了。）屋子里变黑了，黑黑的，我们只能看见小动物的眼睛了。

三角形的眼睛，这是谁呢？

正方形的眼睛，这是谁呢？

长方形的眼睛，这是谁呢？

大大的圆眼睛，这是谁呢？

小小的圆眼睛，这又是谁呢？

（让幼儿根据眼睛图形和故事情节，回忆并推理出小动物。）

根据幼儿说出的动物进行验证，点亮一根蜡烛，出现一个动物。

师：我们看到了所有的小动物，看来你们的判断是正确的！

（2）通过多种变化，练习移动、旋转和翻转后的图形辨别能力。

师：吃完蛋糕，小动物们玩起了捉迷藏！我们一起来找一找它们在哪里吧！

出示变换位置的眼睛图，请幼儿观察并说出小动物的名字。

4. 结束部分

师：通过小朋友们的帮助，小兔子过了一个开心的生日，那么请你回去以后多观察一下周围还有哪些物品是三角形、正方形、圆形的，可以和老师多多分享！

活动延展

1. 活动延伸

引导幼儿多多观察生活中还有哪些物品是三角形、正方形、圆形的，养成善于发现的好习惯，巩固对形状特征的理解。

2. 家园共育

高质量的亲子陪伴可以让教育事半功倍，活动结束后，教师可在家长群中互动并引导家长带领幼儿多多发现生活中的图形。家园沟通交流、支持合作、资源共享，为孩子们的健康、快乐成长营造良好的教育环境。

3. 领域渗透

语言领域：将绘本提供到阅读区，供幼儿持续阅读。

艺术领域：表演区提供相关服装、蛋糕、角色皮影等，供幼儿进行故事表演活动。

活动反思

本次活动目标基本实现，适合本班级幼儿；活动材料准备充分；在活动过程中通过小兔绘声绘色的自我介绍，使幼儿对活动产生兴趣；通过礼物配对、猜礼物、吹蜡烛、猜影子、送礼物等几组游戏情境，让幼儿乐在其中；活动延伸部分让本活动在班级区角与家园互动中进一步开展，在之后的区角活动中幼儿不仅进行了图形拼搭，还用皮影玩偶进行了角色表演游戏。

本次活动的亮点是课件的制作符合幼儿的年龄特点，画面有趣，幼儿能够参与其中；游戏是幼儿园的基本活动，用游戏贯穿整个活动过程，教师与幼儿的互动十分流畅；整合了多个领域进行综合活动。

本次活动也存在一些不足与经验上的欠缺。例如：猜好朋友的环节，容易操作失误，露出正面，缺少神秘感，应在制作过程中更趋完美。幼儿情绪高涨抢答问题时，教师面对幼儿的问题能很好地引导、变通。活动中教师三次忘记幼儿的名字，说明教师心里还是比较紧张的，需要放平心态。

专家点评

本活动的设计凸显了数学领域核心经验的培养，体现了教师对于数学领域“教什么”即教学内容的清晰认知。幼儿早期对图形的认识较为模糊，需要成人帮助澄清基本的特征，这是尤为重要的，而不应仅仅停留在对各种图形名称的记忆上，这是很多幼儿教师容易忽视的内容。作为专业教师，我们应该深入了解图形的专业性细节，如图形是如何定义的、它们之间是如何相互联系的等，从而带给幼儿更明晰、准确的理解和认知，帮助幼儿把直接经验转化为头脑中的知识体系。

活动创设了给小兔子过生日的游戏情境，有效吸引幼儿注意力，激发了幼儿参与活动的兴趣。在一环扣一环的情节中，巧妙地把对图形特征的认识层层深入，开始辨认动物朋友环节复习图形名称，到辨认礼物环节，充分遵循幼儿心理发展年段特点，用简单又富有童趣的语言辅助理解图形特征：“三角形，三条边，斜斜尖尖三个角；正方形，四条边，正正方方四个角；圆形圆形，没有角，咕噜咕噜圆圈圈。”然后通过一一对应的操作活动巩固幼儿对图形特征的认知。最后也是最具创意的吹蜡烛变黑屏设计，让幼儿通过不同位置、方向的眼睛的形状辨别小动物，充分练习了移动、翻转、旋转等图形变换，使幼儿的图形守恒能力得到了有效的锻炼。

活动中教师用温和、可亲的语言、动作营造了宽松、温暖的学习环境，让孩子们非常放松地进行学习，生动可爱的小动物教具也引起了幼儿的兴趣，PPT 功能的深度挖掘使教学效果显著增强，这都是可供其他教师学习和借鉴的方法。

有趣的干冰

活动基本信息

名　　称：《有趣的干冰》
活动领域：科学
年 龄 班：中班
设 计 者：时　歌
点 评 者：张玉芝

活动设计

设计思路

《大闹天宫》是孩子们反复阅读的故事，一次绘本阅读后，我和孩子们一起观看了《西游记》中大闹天宫的视频，孩子们看到了自己喜欢的孙悟空，更对天宫中仙气缭绕、神仙腾云驾雾的场景十分感兴趣。这正是“寻常时刻”中的科学教育契机，基于幼儿兴趣、培养幼儿科学素养的良好内容载体，我设计了本次探究活动。

活动遵循直接感知、实际操作、亲身体验的学习原则，从探索干冰的物理属性开始，到猜测推断出干冰如何变出白雾，通过记录、实验、交流，让孩子们亲历科学探索的过程，意在培养幼儿观察、分类、预测与推断、记录与交流等科学领域的核心素养。

在探究的过程中，教师创造条件让幼儿充分调动五感，积极思考，自主实验验证，得出科学结论。教师则发挥引导、辅助作用，为幼儿提供脚手架式的支持，提供一些必要的实验工具，其余的根据孩子们的意愿随时添加，真正做到尊重幼儿的想法、支持幼儿的尝试。

活动目标

（1）对新鲜事物有好奇心，乐于参与探究干冰的活动。

（2）在自主活动中锻炼观察、预测、记录等科学探究与思考能力。

（3）感知和发现干冰的基本性质。

活动准备

（1）物质准备：干冰、金属盘、金属盆、玻璃杯、水（凉水、温水、热水、泡泡水）、金属勺子、塑料勺子。

（2）经验准备：幼儿有科学探究实验的经历；对《大闹天宫》中出现的仙气进行过猜想。

活动过程

1. 探索干冰的物理属性

（1）出示干冰，调动孩子们的多种感官，多通道感知干冰的特性。

师：孩子们，今天老师带来了一种可以制造仙气的物体，它的名字叫干冰。因为我们不知道这种物体对我们的身体有没有伤害，所以我们要远距离地观看。（教师利用托盘将干冰展示给幼儿，走到幼儿的身边，让幼儿通过看一看感知干冰的物理属性。）

师：现在我们来闻一闻，干冰有没有味道呢？我们要离它远一些，用手在物体上扇动，你就可以闻到味道啦！（请幼儿到实验桌上进行自主探索，教师巡回指导。）

师：干冰有味道吗？（没有）

师：你还感受到了什么？（杯子特别凉）

实验桌上为每个幼儿提供了一个小纸杯，里面放入几块干冰，供幼儿进行气味的探索。在幼儿进行探索时，由于干冰的温度低，纸杯外面会有一层薄薄的霜，幼儿摸起来凉凉的，从而探索了干冰的另一物理属性——干冰的温度很低。

（2）观看干冰形成的视频。

师：看来干冰的温度应该是很低很低的，纸杯上都有霜了，那干冰的温度究竟是多少呢？我们一起来看一看吧！

播放视频，幼儿观看。

师：原来干冰的温度这么低啊，所以老师帮你们准备了小勺子、纸杯，防止你们的小手被冻伤。

2. 探究干冰如何变出大量白雾

（1）集体讨论。

师：都说干冰可以散发出大量的白雾，可是我怎么觉得它就像冰块一样呢？怎么才能让它变出《大闹天宫》里那种仙气飘飘的白雾呢？（请幼儿大胆地预测）

师：可以把你们的想法画出来吗？

教师将幼儿的推测进行整理，记录在记录板上。

（2）分组操作并记录。

教师根据幼儿的预测记录，提供实验所需要的材料，分别是勺子、凉水、温水、泡泡水等。

师：我们快去尝试一下，看看你们想的办法，能不能让干冰变出大量的白雾吧！

教师将实验大概分为三到四组，分别是戳一戳组、凉水组、温水组，也可以根据幼儿的猜想增加分组。

师：老师为你们准备了丰富的实验材料，小朋友们可以根据自己的想法，去实验台上，记得把你的实验结果记录在操作单上。

幼儿分组操作，教师观察，指导幼儿进行记录，请幼儿将实验结果贴到记录板相应的位置。

（3）集体操作并记录。

师：我这里有一大壶热水，我们尝试一下，干冰和热水相遇会变成什么样子？我们快一起来看看吧！

教师演示将热水倒入干冰盆中，幼儿观察。

请幼儿完成干冰与热水相遇的记录。

3. 交流实验过程和结果

师：我们现在来一起说一说，你在实验中都用了哪些方法让干冰变出白雾吧！

（引导幼儿说出之前的推测、实验过程和实验结果。）

引导幼儿总结：干冰在遇到凉水时的雾气小一些，遇到温水时雾气就变大了，遇到热水时雾气就更大了！就像《大闹天宫》里仙气飘飘的感觉了！

师：原来干冰只要遇到水，就会有雾气，我在科学区里还为你们提供了很多种材料，你们可以接着去和干冰做游戏，快到教室里去看一看吧！

活动延展

1. 活动延伸

区角游戏：在科学区里，为幼儿继续提供干冰、金属勺子、塑料勺、金属盆、玻璃杯等多种材料供幼儿进一步探究干冰的其他属性。

2. 家园共育

探究干冰在日常生活中的应用，学习有条理地进行记录。

3. 领域渗透

健康领域：在面对未知的事物和物体时，我们要怎样保护自己的安全。

社会领域：干冰在社会生活中的用途大搜集。

艺术领域：使用干冰和金属盆、玻璃杯接触，演奏音乐。

活动反思

1. 活动亮点

材料新颖：很好地激发了孩子的好奇心与探究欲望。

充分支持：真诚地接纳、多方面地支持和鼓励幼儿的探究行为，在幼儿猜想的环节，无条件地接纳他们的想法，在保证安全的情况下，鼓励幼儿自主探索。

关注核心素养的培养：重视推测、记录，给予了幼儿充分的思考、记录、交流的机会，让思维可视化。

2. 不足之处

探究时间和探究材料可以再充分一些，让孩子有更多的时间动脑动手。

专家点评

本活动整体思路清晰，层层递进地引领幼儿探究干冰的各种特性。教师将重难点放在科学思维、科学意识的培养上，而不仅仅是关注科学知识技能的获取。这一点是难能可贵的，说明教师对科学领域教育的目标有着准确的认知，同时对科学领域核心素养的内容有深入了解，活动的目标制定较为精准。

活动中教师并未事先限定和准备固定材料，而是会根据活动中幼儿的推断、猜测及时提供材料供幼儿进行实验。教师也不会对幼儿明显有问题的想法进行否定，而是鼓励幼儿试一试，这就保证了教师对幼儿想法的尊重，同时也达成了培养幼儿积极思考、大胆尝试等良好科学素养的目标，这将让幼儿终身受益。

活动中教师还注意到了对幼儿实验安全意识的培养，从一开始对未知物品不可以直接接触的提醒，到手套、勺子的使用，以及最后热水的实验由教师来完成，都为幼儿的大胆探索加上了安全的前提，潜移默化地让幼儿懂得科学实验要在保证安全的基础上进行，而不是鲁莽蛮干。

活动由《大闹天宫》引出，说明教师能够敏锐察觉幼儿的兴趣和需要，并能够及时迅速地准备材料支持幼儿的活动。可以看出教师具备较为先进的幼儿教育观，能够遵循生活化、游戏化的原则，通过各种内容达成幼儿科学教育目标，已经不再拘泥于教科书的固定内容，这是对《纲要》《发展指南》《评估指南》等理念深入学习的成果，也预示着年轻一代幼儿教师将会在更高的理论水平的基础上，构建更具适宜性的即时课程，真正做到“心中有目标、眼中有孩子、处处有教育”，引领幼儿更好发展。

31

神秘的光影

活动基本信息

名　　称：《神秘的光影》
活动领域：科学
年 龄 班：大班
设 计 者：刘薇薇
点 评 者：张玉芝

活动设计

设计思路

《3~6 岁儿童学习与发展指南》中提出："幼儿科学学习的核心是激发探究兴趣，体验探究过程，发展初步的探究能力。教师要引导幼儿通过观察、比较、操作、实验等方法学习发现问题，分析问题和解决问题，帮助幼儿不断积累经验。"

幼儿天生对周围事物和现象有强烈的探索欲望和好奇心，但受身心发展水平和生活经验不足的影响，他们对事物的观察更多集中于表面较为明显的特征，缺少对细节的观察。影子是幼儿日常生活中常见的科学现象，影子的动态变化能够引起孩子们足够的兴趣。为了满足幼儿的探索欲望，我设计了本次活动，旨在引导幼儿运用多层次性的材料和教师自制投影板，帮助小兔影子做眼睛和在透明画框上创作影子画，使幼儿在游戏和解决问题中获得光影的知识经验。

活动目标

（1）感知理解影子的形成原因，探索影子的颜色与材料的关系。
（2）充分感受光影游戏的乐趣，愿意参与探究活动。

活动准备

（1）物质准备：PPT；手电筒、白色纸兔、塑封膜透明相框每人一个；白色投影板每组一个；带标记的回收筐两个；分组材料：打孔器、水彩笔、胶棒、各色彩纸、剪刀、玻璃纸、压花机若干。

（2）经验准备：活动前带幼儿观察影子，玩“踩影子”游戏。

活动过程

1. 设疑激趣，初步感知影子形成的原因

师：刚才我们在阳光下玩了踩影子的游戏，生活中经常会出现影子，你还在什么时候见过谁的影子？

幼：在太阳下，在月光下……

师：（出示PPT）路灯下有影子，月光下有影子，烛光下有影子。为什么会有影子呢？

幼儿讨论。

师：（出示PPT）生活中经常能看到影子，有光才有影子。

>> **设计分析**：在该环节中，教师引导幼儿通过回忆生活中的影子，初步感知影子的产生离不开光。

2. 提出问题，动手操作，发现影子与光的关系

（1）验证光与影子的关系。

教师播放PPT，小兔白白说：“难道没有光，就没有影子吗？”我们来试一下。

教师一手拿白兔，一手拿手电筒，照在投影板上，会出现影子，关掉手电筒就没有影子。引导幼儿发现因为白兔把光挡住了，光透不过去，就形成了影子。

（2）提出问题，给兔子做眼睛。

教师播放PPT，小兔白白说：“可是我的影子没有眼睛，我也想要明亮的眼睛，小朋友们能帮帮我吗？”你有什么好办法帮助小兔白白吗？

幼儿讨论：可以给小兔白白画眼睛，可以给小兔白白贴眼睛……

（3）借助工具，尝试操作。

师：大家的办法真不少，老师这里为小朋友准备了一些工具，有胶棒、纸、打孔器、水彩笔。下面请小朋友动手去试一试，哪种方法能给小兔白白的影子变出眼睛。

（4）小朋友们操作，教师巡回指导。

（5）讨论变出眼睛的方法。

师：大家来说说看你们的兔影有眼睛了吗？你们是怎么做到的？

幼儿上前边回答边投影给大家看，教师在PPT记录单上记录结果。

- 用胶棒和纸贴的眼睛，兔影没有眼睛。
- 用笔画的眼睛，兔影没有眼睛。
- 用打孔器打洞做的眼睛，兔影有眼睛。

（6）幼儿观察记录单，发现规律。

师：你发现了什么？为什么用打孔器打出洞洞做眼睛，影子里就有眼睛，而画贴上眼

睛，影子里却没有眼睛？

幼儿讨论。

师：（出示 PPT）光透过洞洞穿透过去，就变成了一个光点，成了兔子的眼睛。而贴眼睛和画眼睛，兔子整体是不透明的，光被挡住透不过去，就出现了黑影，所以没有眼睛。

>> **设计分析**：该环节通过问题的提出"怎样让兔影有眼睛？"激发幼儿探索的欲望。教师通过鼓励幼儿大胆猜测、自主探索、自我验证，引导幼儿发现光能透过洞照射到投影板上变成眼睛的秘密，激发幼儿对科学探究的积极性。

3. 自主创作，玩光影游戏，发现不同材料影子的不同

（1）师：老师这里有一个画框，你们看它的影子怎么样？

幼：不好看，四周黑，中间是空白的。

师：这是为什么呢？

幼：中间能透光……

师：下面我们就在这幅空白画上创作你喜欢的影子画。可以用老师提供的材料自由创作，完成后可以在投影板上玩一玩，看一看它的影子有什么秘密。

（2）幼儿创作，并在自己的投影板上观察影子、玩影子游戏。

（3）讨论影子的颜色和材料的关系。

师：你发现了什么？

幼：玻璃纸的影子是彩色的，普通彩纸贴上去影子颜色是黑的，彩笔画的影子是彩色的。

师：这是为什么？

幼儿讨论，教师引导幼儿总结出"不透明材料的影子是黑色的，透明彩色材料的影子是彩色的"。

（4）听口令，回收材料。

师：现在我们把刚刚用剩下的材料按类别，也就是按框上的标记送到老师这里，请听清我的指令。

请把能投黑色影子的材料放到贴有黑色标记的筐里。

请把能投彩色影子的材料放到贴有彩色标记的筐里。

师：我们不仅在玩影子游戏的过程中学习了科学知识，还锻炼了分类整理的能力。

>> **设计分析**：教师鼓励幼儿用多种材料自由创作自己喜欢的影子画，并分享交流自己的发现，通过回收整理材料的环节巩固发现，积累科学探究的经验。

4. 延伸活动

师：下面让我们来一起欣赏一段小影片，这种表演形式叫皮影戏，也叫影子戏。这种戏就是利用影子的原理创作的。

观看由老师自制玩教具表演的皮影戏《守卫家园》。

✎小结：影子有很多的秘密，小朋友们在平时的生活中可以多多观察探索，去发现更多关于影子的秘密。下面让我们拿着自己的作品，去室外阳光下玩光影游戏吧。

>> 设计分析：幼儿通过观看由老师自制玩教具表演的皮影戏《守卫家园》，拓展了关于影子的经验，使幼儿了解影子在艺术创作中的应用，了解科学是来源于生活并服务于生活的。

活动延展

1. 活动延伸

开展影子造型活动，鼓励幼儿与同伴一起做出有趣的影子造型。（可以增加一些道具）

科学区投放手电筒、玻璃纸等材料，幼儿探索影子的大小和影子的颜色。

表演区投放皮影戏材料，幼儿进行表演游戏，进一步感受光与影的奇妙趣味。

2. 家园共育

请家长带幼儿玩影子游戏，了解影子在生活中的用途，丰富幼儿对影子的认识。

3. 领域渗透

开展跟随音乐跳影子舞等活动属于音乐领域；开展画影子画活动属于美术领域。

活动反思

（1）材料投放既丰富又有层次性，有镂空工具、透明纸、彩色半透明纸、不透明纸等，使不同认知的孩子在原有的基础上都能得到发展，在操作中发挥幼儿自主性，提高了幼儿的学习能力。投影板的设计让科学活动的小组操作更加便捷，照顾到了每一个孩子的视角，做到人人都能参与。

（2）游戏化操作环节的设置，使孩子的探究更有目的性和趣味性。教师通过让幼儿在透明画框上用不同工具、材料去作画，激发幼儿根据自己想要的影子去创作，然后通过玩影子游戏去验证，从而获得知识经验。

（3）半透明玻璃纸，教师没有在集体的教学中给到幼儿，而是让幼儿在创作影子画的过程中边探索边发现，激发幼儿探究的欲望，从而突破教学难点，使教学目标更好地达成。

（4）幼儿在活动中主动参与科学探究，通过直接感知、实际操作、亲身体验，幼儿在反复操作、验证的基础上，感知不同材料经过光照后的影子的不同，继而获得光影关系的直接经验。

专家点评

影子活动是幼儿园经久不衰的活动主题，我们都非常熟悉的瑞吉欧的影子活动中幼儿探索了怎样让影子消失，本活动则是引领幼儿用另一种形式探索让影子消失（给小兔变出眼睛），在此基础上还探索了影子与颜色和材料的关系。活动内容丰富有趣，满足了“既贴近幼儿的生活，选择幼儿感兴趣的事物和问题，又有助于拓展幼儿经验和视野；适合幼儿的当前水平，又有一定的挑战性；既符合幼儿的现实需要，又有利于其长远发展”的内容选择原则，有效调动起了幼儿的探究欲望，在快乐的游戏活动中培养了幼儿的科学探索能力，建构起了幼儿有关光影关系的知识架构。

本活动目标设置具体明确，对科学活动的兴趣、探究欲望是重要的情感态度目标，知识技能目标为递进的两个认知经验，一个是影子形成原因，一个是影子与颜色和材料的关系，难易程度比较契合大班幼儿的最近发展区，使孩子们能够跳一跳摘到桃子。

活动自始至终支持了幼儿的主动探索，引导幼儿通过预测、验证、记录的探究活动流程，学习科学探究的正确方式方法，培养孩子们的科学思维习惯，这将为孩子们的后续学习和终身发展奠定良好的科学素养基础。

本活动注重以游戏为活动组织形式，设置了为小兔的影子变出眼睛的有趣游戏，将抽象的光与影关系演变成了充满趣味性的探索，有效提升了孩子们对科学活动的参与兴趣。

活动为幼儿准备了丰富充足的操作材料，采用了集体、小组、个体活动的有机结合，保证了每名幼儿都能够通过实际操作积累经验。活动安排了充分的探索时间，确保幼儿真正开动脑筋，有思维的过程，同时在每个实验后都设置了讨论总结的环节，引导幼儿用语言表述清晰自己的实验结果，得到了语言能力和思维能力的深入锻炼和提升。

教师没有对幼儿的预测、操作、表述进行过多干涉，支持幼儿大胆探索，即使幼儿验证失败也不会听到负向评价，这样的正向、鼓励、平等、尊重的环境氛围保证了幼儿的积极主动性，有效达成了培养科学探究兴趣的教育目标。

活动中缺少幼儿自主记录的环节，教师应该关注到幼儿做计划、记录等表征能力的培养，深化幼儿科学素养养成。

32

钻天猴——感知气流

活动基本信息

名　　称：《钻天猴——感知气流》
活动领域：科学
年 龄 班：中班
设 计 者：赵亚薇
点 评 者：马永娟

活动设计

设计思路

本次活动是利用现有自制教具开展的一次幼儿园中班科学探究活动。2021 年，我利用各种废旧瓶子，制作了《“瓶”添乐趣》系列教具，获得了廊坊市第 31 届优秀自制教具评选一等奖。其中一个教具可以通过挤压瓶子产生的气流让“孙悟空”飞起来，深受孩子们的喜爱。我抓住这个契机，遵循《3~6 岁儿童学习与发展指南》，发现和保护幼儿的好奇心，充分利用这个机会，引导幼儿通过观察、比较、操作、实验等方法，探究怎样让“孙悟空”飞起来、怎样让孙悟空飞得更高更远，为什么用相同的“发射器”，“孙悟空”飞得却不一样高等问题，激发幼儿探究欲望，培养探究能力，达到幼儿科学学习的核心目标。

活动目标

（1）在操作中探索发现让孙悟空飞起来的方法。

（2）探索饮料瓶的大小、挤压瓶子的力度大小与孙悟空飞的高度之间的关系。

（3）对科学探索活动的兴趣。

活动准备

（1）物质准备：大小不同的饮料瓶和吸管制作的教具“钻天

猴”、自制孙悟空卡片、生活中的气流应用现象的小视频。

（2）经验准备：幼儿熟悉动画片《西游记》，喜爱孙悟空的动画形象。

活动过程

1. 创设情境，激发兴趣，尝试让孙悟空飞起来

（1）观看图片和视频，激发幼儿参与活动的积极性。引导幼儿说出孙悟空的本领，激发幼儿表达欲望。

（2）出示自制的孙悟空卡片，让幼儿探索怎样让孙悟空飞起来。

（3）幼儿自由探索尝试，并请个别幼儿示范。

探索结果：幼儿用手向上抛，孙悟空能飞起来，但飞得不够高、不够远。

2. 探索借助材料让孙悟空飞起来的方法

师：视频里的孙悟空借助筋斗云能飞得很高很远。咱们能不能借助桌面上的材料，让孙悟空飞得比刚才更高更远呢？

（1）幼儿探索操作，教师以旁观者的身份观察幼儿。

探索结果：幼儿可能会比较茫然，不知道该怎样借助操作材料。教师适时启发引导。

（2）幼儿继续探索操作，教师以支持者的身份帮助幼儿。

师：咱们帮助孙悟空站在吸管上，把吸管插入瓶子里，把饮料瓶当作发射器，用手挤压瓶子，试一试会发生什么现象？

探索结果：有的孙悟空被弹射出去了，有的没有飞出去。

（3）小结：为什么有的孙悟空能飞出去，有的就没有飞出去呢？咱们请小朋友再演示一次。仔细观察，他们挤压瓶子的动作不一样。挤压动作快，孙悟空就飞出去了，挤压动作慢，孙悟空没有飞出去。

3. 分组比赛：谁的孙悟空飞得高飞得远，感知气流的作用

（1）第一次比赛，幼儿自主选择大小不同的教具，对比操作。

师：我们来比一比看谁的孙悟空飞得高。

提问与观察：为什么他们的孙悟空飞得不一样高？引导幼儿观察瓶子的大小。

观察结论：大瓶子能让孙悟空飞得更高。或者：为什么大瓶子里的孙悟空比小瓶子里的孙悟空飞得低呢？好，咱们留一个疑问。

（2）第二次比赛，幼儿选择大小相同的教具，看看是不是飞得一样高。

提问与观察：这次他们选择的教具是一样的，为什么还是飞得不一样高？

观察结论：用力挤压瓶子，能让孙悟空飞得更高。

（3）比赛结果讨论：为什么有的孙悟空能飞出去，有的就没有飞出去呢？咱们请小朋友再演示一次。仔细观察，他们挤压瓶子的动作不一样。挤压动作快，孙悟空就飞出去了，挤压动作慢，孙悟空就没有飞出去。大瓶子能让孙悟空飞得更高。用力挤压瓶子，能让孙悟空飞得更高。引导幼儿感知瓶子的大小、挤压瓶子的力度与孙悟空飞的高低的关系。引导幼

儿感知瓶子的大小、挤压瓶子的力度与孙悟空飞的高低的关系。解决第一次比赛的疑问。

4. 结论与小结

瓶子到底有什么神奇的力量，让孙悟空飞得更高更远呢？原来是气流的作用，让孙悟空飞了起来。这个瓶子就像一个发射器，用相同的力度挤压瓶子，大瓶子里面的空气多，挤压瓶子产生的气流大，就能把孙悟空弹射出去了。相同的瓶子，挤压的力量大，产生的气流强，就能把孙悟空弹射得更高更远。

5. 结束部分

观看视频，发现气流在生活中的作用。

鸣音水壶的设计、风筝在天上飘着、飞机起飞等。

生活中还有很多很多用到气流的地方，也有很多的秘密等着你们去探索，小朋友们一起加油吧！咱们一起到户外，看看谁的孙悟空飞得更高更远吧。

活动延展

（1）活动延伸：活动后，在活动区投放大小不一的“钻天猴”玩具，便于幼儿自主游戏。

（2）家园共育：与家长一起用饮料瓶制作“钻天猴”，比赛谁的孙悟空飞得高、飞得远，共度亲子时光，达到家园共育。

活动反思

本次活动设计围绕教学活动目标，利用简易自制玩教具引导幼儿大胆地进行实验与探索，幼儿兴趣浓厚，参与度非常高，尤其是户外活动环节，体现了活动目标单一性与领域融合性的特点。

整个活动过程围绕重难点进行相应的讲解与指导。通过使用和操作教具，引导幼儿主动、积极探索，发现了饮料瓶的大小、挤压瓶子的力度大小产生的气流与孙悟空飞的高度之间的关系，真正激发了幼儿对科学探索活动的兴趣，较好地完成了活动目标。

因借班上课，对幼儿前期经验和每个孩子的能力水平的了解不够充分，因此在活动刚开始，请幼儿探索让“孙悟空”飞起来的方法时，幼儿有些放不开。在老师的鼓励下，幼儿开始大胆尝试，踊跃表达。

活动材料

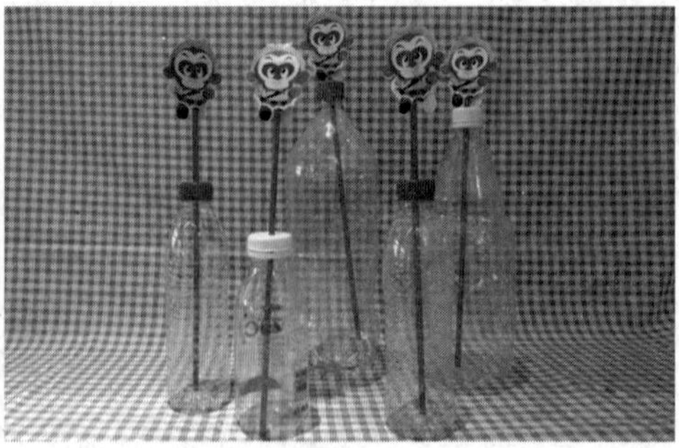

专家点评

本次活动围绕教学活动目标，结合幼儿年龄特点，借助他们喜闻乐见的孙悟空形象，用塑料瓶、吸管自制简易玩教具，使幼儿对材料产生兴趣，进一步激发了幼儿的探索愿望。整个活动过程，幼儿都专注于活动内容，与老师和同伴产生积极有效的互动。尤其是户外活动环节，空间开阔更利于幼儿做进一步的投高、投远的尝试，体现了目标单一性与领域融合性的特点。活动充分体现幼儿自主、自由、愉悦、创造的游戏精神和课程游戏化的内涵，帮助幼儿建构自己的学习经验。

活动环节层次分明，过渡自然，由易到难。在活动中，教师作为幼儿活动的支持者、合作者、引导者，注重幼儿的体验和表现，激发和挖掘幼儿的兴趣，围绕重难点进行相应的讲解与指导。关注每名幼儿的实验与探索。尤其是在探索借助教具让“孙悟空”飞得更高、更远的环节，有的幼儿发现了瓶子上的洞，尝试把粘着孙悟空的吸管插入瓶中，但不知道怎么让“孙悟空”飞出去。一名幼儿无意间捏了一下瓶子，吸管弹射出去，教师立刻抓住时机请她做示范，引导幼儿一起操作。

活动过程中，教师发现一名幼儿操作了好几次，“孙悟空”都飞不出去，情绪有些低落。教师没有忽视这个现象，也没有立刻就帮助她，而是请小朋友们观察她的动作，跟她一起探究原因，让幼儿成为活动的主体，真正激发了幼儿对科学探索活动的兴趣，较好地完成了活动目标。

因为是借班上课，老师在活动过程中对幼儿的指导性稍显突出，可以多放手让孩子们大胆尝试，充分感知和体验活动，效果会更好；师幼互动语言方面，还可以更简洁一些，减少重复性语言，如“想一想、试一试”等，引导幼儿描述简单的科学现象或原理，培养幼儿初步的科学素养，体现科学活动的严谨性和专业性，更好地达成科学核心目标。

热胀冷缩

活动基本信息

名　　称：《热胀冷缩》
活动领域：科学
年 龄 班：大班
设 计 者：刘　洁
点 评 者：柴美艳

活动设计

设计思路

活动源于绘本故事《变高变矮的国王》。孩子们在图书角进行阅读时，这本《变高变矮的国王》引发了幼儿的讨论和思考。故事中的国王有一个特殊的本领，遇热变高，遇冷变矮。幼儿发现国王的身高和温度有关。在师幼互动交流中，提到了我们生活中的温度计也是应用相同的原理测量温度的，幼儿觉得非常神奇和有趣。

热胀冷缩是人们生活中常见的一种科学现象，但幼儿对这一现象缺乏了解。通过绘本故事的阅读，联系生活实际，他们对此现象有着浓厚的兴趣和强烈的好奇心。于是我设计了本次活动，将科学探究活动与幼儿生活经验相结合，让幼儿感受有趣的热胀冷缩现象，并通过动手实验和瓶子游戏探究其中的奥秘。最后能运用热胀冷缩原理，帮瘪掉的乒乓球恢复原样，解决生活中的简单问题，让幼儿在做中学习、趣中思考、奇中发现，激发幼儿对科学探究的兴趣。

活动目标

（1）通过观察，动手操作，了解热胀冷缩的科学现象。
（2）动手动脑，大胆进行温度计实验和瓶子宝宝实验。
（3）感受热胀冷缩现象的奇妙，喜欢参与科学实验活动。

活动准备

（1）物质准备：每名幼儿一份操作材料，包括温度计、红色颜料、橡胶帽、玻璃瓶、透明杯、细吸管、滴管、小气球、纸杯、收纳盒等，贴有“国王”“房子”“城堡”图片的展板。

（2）经验准备：幼儿认识温度计、能正确读取温度计上显示的温度。

活动过程

1. 绘本故事趣味导入

师：小朋友们，还记得《照相机手指谣》吗？我们一起动动手指吧！小手准备。照相机，四方方，外面的世界里面装，咔嚓一声照张相，谁在照片里面藏。（对准现场其他教师）

幼：客人老师。

师：和客人老师问声好吧！（继续移动镜头）咔嚓一声照张相，谁在照片里面藏？

幼：……

【教师移动镜头，幼儿跟随镜头回答照片里是谁。最后落到“国王”图片上。】

师：哇，你们看，这是谁呀？你们猜一猜，国王居住在哪里呢？

师：这位国王呀，和你们的猜想一样，也居住在巨大的城堡里。但是这个城堡在很深很深的地底下。国王还有一个特殊的本领，他会变高变矮，为什么能变高变矮呢？秘密就藏在这个故事里，让我们一起来看一看吧！故事的名字叫作变高变矮的国王。请小朋友们仔细看、认真听，故事结束后举手告诉我你的答案。

【教师播放课件，讲故事。幼儿初步感知热胀冷缩的现象。】

师：老师的故事讲完了，故事中，国王什么时候变高？什么时候变矮？他什么时候是热的，什么时候是冷的呢？小朋友举手回答，把你的答案大胆说出来吧！

【找 3~5 名小朋友回答，结合故事情节进一步理解热胀冷缩的原理。】

幼：炉子烧得旺旺的，温度高，国王变高，炉子熄灭了，温度降低，国王变矮。

幼：每当太阳升起，国王越变越高，太阳落山，国王越变越矮。

师：最后故事中说，如果想知道今天的天气是冷了还是热了，我们可以看国王的什么？

幼：个头儿。天气热了，国王个头儿变高，天气凉了，国王个头儿变矮。

师：他的高矮和温度有关。遇热身体变高（变大），遇冷身体变矮（变小）。故事中的国王是这个样子。那在我们的生活中，有没有这种现象呢？我们一起来看一看吧！

2. 温度计实验

师：温度计的作用，小朋友们都知道了。它的变化很神奇、很有趣。想不想自己制作一根温度计呢？

教师介绍操作流程和注意事项。

（1）初步感知温度计的温度变化。老师给每位小朋友准备了一个温度计和一杯热水（约 50℃）、一杯凉水，一会儿你可以把温度计分别放入热水和冷水中，感受一下温度计上的温度升高和降低的神奇。

（2）介绍操作流程。小朋友们自己动手制作温度计，需要用到的材料有彩色颜料、橡胶帽、玻璃瓶、透明杯、细吸管、滴管和小气球。首先我们用滴管在红纸杯里吸一部分水加入玻璃瓶中，水的位置大概是玻璃瓶身的一半，之后把细吸管插入橡胶帽，用吸管的一头蘸上红颜料在玻璃瓶中搅拌均匀。把橡胶帽盖在玻璃瓶口上，温度计就做好了！

（3）介绍注意事项。我们的吸管不可以入口，吸管的底端还要能接触到颜料水。我们把制作好的温度计分别放入热水杯和冷水杯中，观察吸管液面的变化，听清楚的小朋友请举手。接下来小朋友们分为四组，一组四个小朋友，现在用你们的小手开始制作吧。

（4）幼儿动手操作，教师巡回指导。

【教师指导幼儿正确使用实验器材，注意玻璃瓶中水的位置。】

师：相信小朋友们都有了自己的小发现，现在我们一起试一下，把制作好的温度计放入热水中，你们看到了什么？

幼：我们发现液面上升了；吸管内的红色颜料水变高了……

师：接下来我们把温度计放入冷水中，你们又看到了什么？

幼：我发现液面又逐渐下降了；吸管内的红色颜料水慢慢变矮了……

师：你们知道这是为什么吗？

幼：瓶子放入热水中，瓶内的颜料水受热膨胀，所以会看到吸管液面上升，瓶子再放入冷水中，瓶内的颜料水受冷缩小，所以看到吸管液面下降……

✎ **小结**：遇热膨胀、遇冷收缩，这样的现象叫作热胀冷缩，常用的温度计就是运用这个原理制成的。下面请小朋友们把颜料水倒进垃圾桶，将吸管、滴管放回纸杯里，悄悄地坐回到自己的座位上。

3. 瓶子宝宝实验

师：老师这里有一个瓶子宝宝，它的头上戴了一个气球做的小帽子，瓶子宝宝像国王一样，喜欢热的东西。老师的桌子上有一盆热水和一盆冷水，我们把瓶子先放在热水里，小朋友们可以先来猜一下，会出现什么样的现象？我们试一下。

幼：我们看到气球变鼓了，它的帽子立了起来。

师：接着，我们把瓶子放在冷水里，猜猜又会出现什么现象？

幼：小气球低下了头。它里面的气好像没有了，帽子变得瘪瘪的。

✎ **小结**：因为热水的温度会把瓶子里的空气加热，瓶子里的气体膨胀，就是刚才说的热胀，热气让气球鼓起来。之后，我们把它放到冷水里，瓶子里的空气又迅速冷却，瓶子里的气体受冷收缩，气球就会瘪下去。

师：现在，老师给每位小朋友准备了一个瓶子宝宝，继续分组进行实验吧。

幼儿按组别回到实验桌旁，教师介绍实验流程和注意事项。

师：第一步，把气球帽吸管插入橡胶帽中，你的小手要稳稳地捏住瓶口，小心水别洒出来。把它分别放入热水（约 50℃）和冷水中，观察气球帽的变化，是不是受热膨胀，受冷收缩？实验成功，把瓶子宝宝放回到收纳盒里，和老师击掌坐好。好，小朋友们开始吧！

师：实验做完了，你们知道了物体会热胀冷缩，这是为什么呢？

✎ **教师简述科学原理**：每一样物体里都住着许多分子宝宝，分子非常小，我们用肉眼看不到它，需要用高倍显微镜才能看到。分子宝宝在平静地运动着，当温度升高的时候，它们就会运动得很快，并且会拉开距离。距离一拉开，物体的个子稍稍长大，膨胀了。当温度降低的时候，它们的运动会减慢，并且会紧紧抱在一起，这样分子之间的距离变小，物体的个子就悄悄变小了，收缩了。这就是物体热胀冷缩的原理。

师：接下来我们也来玩一玩热胀冷缩的游戏吧，所有的小朋友们扮演分子宝宝，当温度变高时，分子宝宝会怎么样？当温度降低时，分子宝宝又会怎么样？

活动延展

1. 活动延伸

科学小实验《乒乓球鼓起来》。

教师在科学区投放瘪了的乒乓球，引发幼儿思考，并进行小组探究。

问题：如何将瘪了的乒乓球恢复原样？

【教师设置问题情境，幼儿进行小组探究寻找材料，运用热胀冷缩的原理使乒乓球恢复原样。】

幼儿具体做法：

（1）幼儿观察。（看一看，摸一摸。）

（2）小组讨论。（可以用热胀冷缩的原理，把瘪了的乒乓球放入约50℃热水的盆里。）

（3）幼儿操作。（幼儿把瘪了的乒乓球放入约50℃热水的盆里，看到瘪了的乒乓球慢慢鼓起来，恢复了原样。）

（4）幼儿总结。（这是运用的热胀冷缩原理，当把瘪了的乒乓球放入约50℃热水的盆里，乒乓球内的空气加热膨胀后，拼命往外挤，把瘪的部分撑起来，乒乓球就会慢慢鼓起来。）

✎ **小结**：原来热胀冷缩的原理还可以解决生活中遇到的一些问题，给我们的生活带来一定的帮助！

2. 家园共育

（1）分享实验故事。

具体做法：回到家之后，幼儿来当小老师，问问自己的爸爸妈妈，什么是热胀冷缩？把今天做的小实验和父母分享交流。

（2）寻找身边的热胀冷缩现象，用自己的方式进行记录。

具体做法：教师发给幼儿每人一张记录表，请家长和幼儿一起找一找日常生活中还有哪些常见的热胀冷缩现象，给我们的生活又带来哪些帮助？幼儿用绘画的方式把找到的结果记录下来，来园分享。

3. 领域渗透

健康领域的渗透表现在教师创造条件和机会，让幼儿在实验过程中，通过滴管取水，吸管、橡胶帽、玻璃瓶的插、蘸、搅拌、盖等一系列的实验操作，锻炼幼儿的手部肌肉，促进幼儿手部动作的协调性。发展幼儿的手眼协调能力，促进幼儿专注力的发展。活动中幼儿具有基本的安全知识和自我保护能力，知道在操作实验器材的过程中要注意安全，用完实验器材后要将其放回原处。

语言领域的渗透表现在训练幼儿注意倾听和大胆表达。幼儿运用语言进行交流的同时，组织自己的语言，清楚大胆地表达自己的想法。

社会领域的渗透表现在幼儿发现问题时可以主动提问，遇到问题时，可以借助同伴的智慧一起讨论解决、动手动脑、互帮互助。幼儿能够主动出主意、想办法，并通过同伴之间的交流分享，促进幼儿之间的学习交往。

活动反思

教师最大限度地支持和满足了幼儿的直接感知、亲身体验、实际操作、获得经验的需要。活动中幼儿通过亲自动手操作直观地看到了吸管液面和气球的变化。本活动来源于生活，及时抓住了幼儿探究的兴趣点。在探究的过程中，教师采用层层递进的方式进行探究，幼儿保持着极高的活动热情。在教师的鼓励引导下，幼儿积极主动地观察、思考、体验、操作。最后，以游戏的方式让幼儿感受热胀冷缩的科学原理，顺利地完成了活动目标。不足之处是没有对实验操作的步骤附加图片或视频，应兼顾不同发展水平的幼儿，这样幼儿对操作流程会更清晰明了。

活动资料

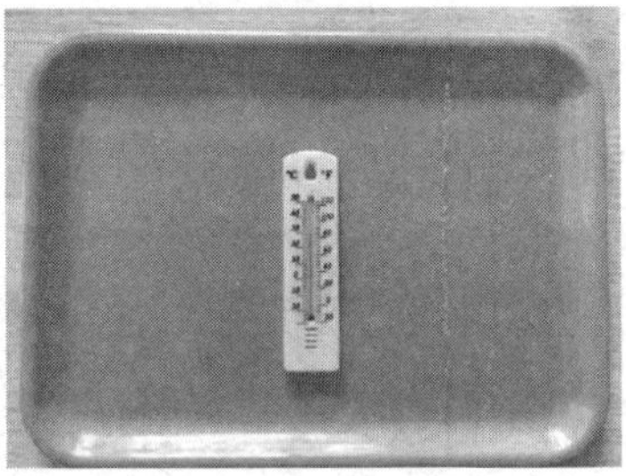

温度计

红色颜料

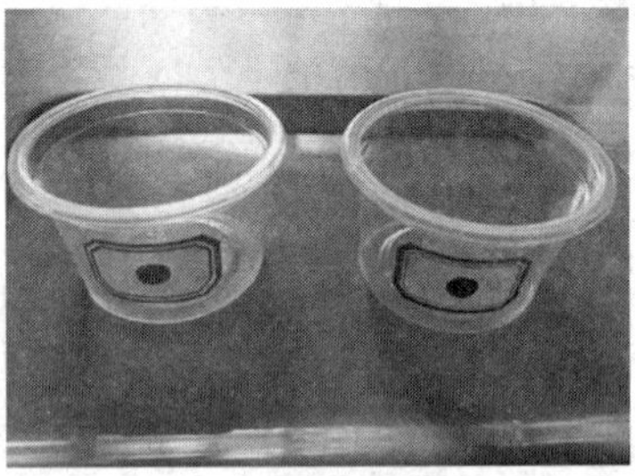

透明杯

橡胶帽

玻璃瓶

细吸管

滴管

气球帽

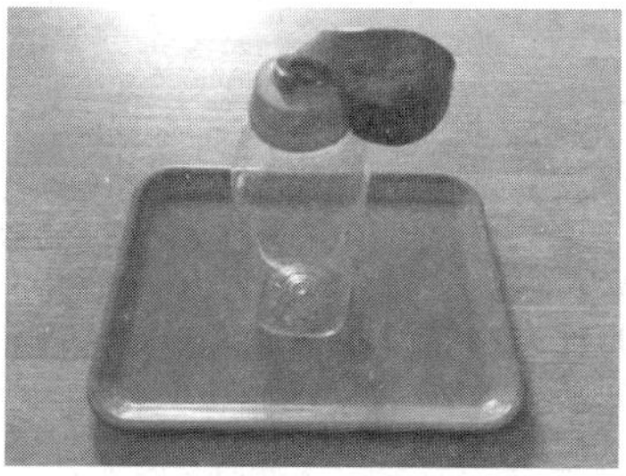

瓶子宝宝

绘本故事

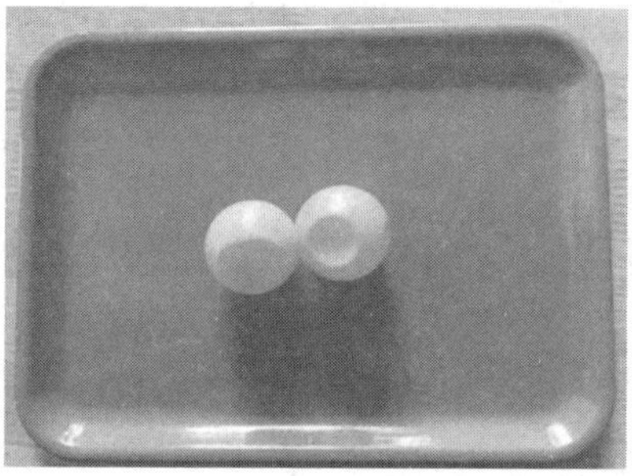

乒乓球

展板图片

专家点评

（1）“幼儿科学学习的核心是激发探究兴趣，体验探究过程，发展初步的探究能力。”在本次科学活动中，为了让幼儿能亲自感知、体验“热胀冷缩”现象的原理，教师为孩子们提供了多种操作材料，并依据幼儿的生活经验设计教学活动，不仅为幼儿创造宽松的探究环境，还综合运用多种教学方法，如观察、讨论、交流、比较、预测、实验、操作等，使幼儿感受科学探究的过程和方法，体验发现的乐趣。两个科学小实验都具有极强的趣味性，教师把握了幼儿科学探究活动的特质，重在激发幼儿的认识兴趣、探索欲望和解决问题的方法，从而有效地促进了幼儿的学习能力、思维水平以及动手能力的发展。

（2）活动中，幼儿始终保持着高涨的学习热情，所有幼儿都能积极投入到操作、探究、思考的活动中。更为难得的是，幼儿在层层深入的探究活动中，在教师的有效引导下，每个人都有所发现、有所收获，因此，幼儿的思考、探究是非常有意义、有价值的真参与，从而顺利地完成了活动目标，取得了良好的教学效果。

（3）教师在导入环节用照相机手指谣趣味引出绘本故事《变高变矮的国王》，虽调动了幼儿的兴趣，但导入环节过长，对活动时间的把控还需加强。幼儿在制作温度计前，教师语言叙述实验操作步骤的同时应附加详细的图片，幼儿会对操作流程更加清晰明了。

流动的水

活动基本信息

名　　称：《流动的水》
活动领域：科学
年 龄 班：大班
设 计 者：李　颖
点 评 者：刘振梅

活动设计

设计思路

《幼儿园教育指导纲要（试行）》中指出：“科学教育应密切联系幼儿的实际生活进行，利用身边的事物与现象作为科学探索的对象。”水是我们日常生活中不可缺少的，我们每天都离不开它。正因为水与我们的生活密切相关，小朋友很早就接触并认识了它，很多幼儿天生就爱玩水。在玩水的过程中，幼儿发现了很多有趣的而又新奇的现象。随着夏季的到来，幼儿对玩水的愿望也越来越强烈，为了满足幼儿对水的好奇和探究欲望，我设计了有关水的主题活动。本次活动是大班科学领域有关“水的流动性”物理特性的实验探究活动。在活动中教师提供了丰富的材料，供幼儿在操作、观察、交流中感受水的流动性，并通过科学实验活动对水有更全面、深入的了解。幼儿通过教师的引导和自己操作，能够把水的物理现象和实际生活相联系，发现探索生活中的科学应用。

活动目标

（1）知道水是可以流动的，水在自然状态下从高处往低处流的性质。

（2）根据水流动的性质，学习用连通的管道和辅助材料将水送到不同的地方。

（3）乐于动手操作，体验实验操作的乐趣。

活动准备

（1）场地的准备：科学发现室，里面有足够的水源，探究氛围浓厚，探究材料丰富、易于取放。

（2）实验探索材料：大的盛水容器、PVC 管、小塑料盘、大塑料盘、舀水器皿、塑料碗、木头块、有弯度的塑料管及辅助材料。

（3）实验游戏材料：直管、弯管、乐高积木搭建的小区。

活动过程

1. 谈话导入

想一想，说一说水是什么样的，唤醒已知经验。

师：人们的生活离不开水，说一说咱们已经了解的水是什么样的？

幼：水没有味道。

幼：水是透明的。

幼：水没有颜色。

>> **分析**：通过复习导入，使幼儿在学习过程中能够“以旧带新”。

2. 引出新知

猜一猜，看一看，发现水的新特性。

师：水还具有一个神秘的特征是什么呢？看老师手里拿着什么容器？

幼：是一个杯子。

师：那我要把杯子装满水，你们猜猜杯子里的水会发生什么？

幼：流出来了。

师：对了，水的另一个特征就是流动性。

师：水是怎样流动的呢？

师：咱们通过实验来观察一下。

>> **分析**：让幼儿观察水的另一个神秘的特性，教师操作，幼儿观察，并说出自己的观察结果。幼儿大胆表述自己的观察，发现水的流动性特征。

3. 动手操作

玩一玩，做一做，通过实验发现水是流动的。

预设问题：水是怎样流动的？

环节一：介绍材料，引导幼儿利用提供的材料自由操作、观察，鼓励幼儿自由回答。

师：孩子们，你们身边会有一个材料箱，里面有什么材料呢？我们一起来看一看。

师：孩子们可以动手玩一玩，观察用不同的容器装满水后，水流动的方向是怎样的。

环节二：根据幼儿自由探索的典型玩法，请幼儿跟随老师再实验操作一次，了解水的流动性。

师：谁来说一说你的试验中用到了什么材料？

幼：我用到了皮管。

幼：我用到了管道。

幼：我用到了量杯。

师：水是怎么流动的呢？

幼儿拿取自己实验的材料进行演示操作并讲述。

环节三：教师总结。

小结：当水在平面的物体上时，它是向四面八方流的；当水在高低不平的物体上时，它总是从高处往低处流的；当水遇到阻碍时，会改变流动的方向。

>> 分析：教师抛出问题："水是怎么流动的？"介绍操作材料让幼儿自由操作，感受水的流动性的特点。

4. 问题解决

结合生活实际，创设游戏情境，感知水的流动性在生活中的应用。

师：通过实验我们知道水是可以流动的，而且我们的生活离不开水。

师：小朋友们，回想一下，我们幼儿园、家或小区里哪里会用到水？水是从哪里流出来的？

幼：我在家洗脸的时候会用到水，水是从水龙头里流出来的。

幼：小区浇花要用到水，水是从管子里流出来的。

幼：幼儿园沙水池的管子有时会流出水……

师：现在小动物们居住的房子就遇到了麻烦，它们的房子没有水，想找小朋友们来帮忙，看看怎样才能让小动物们的家里有水呢？

介绍材料，让幼儿自由分组，利用三通管、弯管、直管，将水引到小动物们的家。

>> 分析：本游戏环节主要是结合生活实际创设情境，让幼儿利用手中的材料制作管道，给缺水的小区输送水。这个环节生动形象地使幼儿掌握本次活动的主要内容，运用情景化教学方法，激发幼儿探究兴趣，满足幼儿动手操作的愿望和需要。

活动延展

1. 活动延伸

基于幼儿对水的流动性特征的感知，幼儿可以在户外沙水池中的输水管道游戏中继续探究和感知水的流动性特征。为了让幼儿感知水的流动性特征在生活中的应用，鼓励幼儿大胆探索，在幼儿园的小菜园里教师和幼儿可以一起设计"管道灌溉"系统，给小菜园浇水，培养幼儿的劳动能力，增强幼儿的探索兴趣。在班级区角活动中投放丰富的科学探究材料，使幼儿在自主探究中深入感知水的流动性特征。

2. 家园共育

本次活动结束后，幼儿可以和爸爸妈妈一起观察生活中有哪些事物用到了水的流动性特性，并做好调查记录。

3. 领域渗透

本次活动不但重视科学知识、技能的培养，还渗透了幼儿多领域综合能力的培养，如幼儿社会交往能力的发展。在活动中幼儿会遇到很多问题，如材料的使用，伙伴之间实验材料的分配与合作探究，遇到问题时需要幼儿主动思考也需要与同伴之间协商、合作解决问题。所以在科学课上，幼儿不光能学到新知识，还能发展发现问题、解决问题与人际交往能力；这一过程中也发展了幼儿的语言表达能力。在活动中提供丰富的材料供幼儿在动手操作和观察中感受科学原理，幼儿的科学发现需要与同伴和老师进行交流、分享，在交流分享过程中，教师积极引导幼儿用清晰、有逻辑的语言来表达探究成果，丰富幼儿的探究经验。

活动反思

本次活动的设计和实施过程我牢牢把握了幼儿在活动中的主体性，活动的选材、材料的提供、实验的体验都从幼儿的生活出发，通过观察、操作、实验使幼儿发现水的特征，以情境化的教学模式迁移幼儿生活经验，把发现探究的科学原理应用于生活中。活动中注重幼儿在“直接感知、亲身体验、实际操作”过程中进行学习。过程分为两个层次，一个是知识探究，一个是知识的应用操作。两次操作活动各有侧重点，且满足了幼儿动手操作的愿望及对知识的探索、应用。

老师在活动中起了积极引导和观察的作用，孩子通过观察、探究来感知有关水的科学知识，活动中教师留给幼儿更多的时间去主动探索感知。教师在巡视观察中掌握幼儿的探索发现进度，从而在最佳时间鼓励幼儿大胆表达自己的探索结果。幼儿相互交流、分享经验，教师作为引导者带领幼儿积极观察、分析，主动发现问题，支持幼儿再次探索发现，总结探究结果。

虽然是科学探究活动，但是要注重领域之间的融合，促进幼儿综合能力的发展。在活动过程中科学探究后的表述是很重要的，幼儿的语言表达得不是很准确。在幼儿探索中，教师积极引导幼儿表达，让探究的结果更明确、更具体，语言表述得更清晰。如水在平面物体上向四面八方流动时，孩子们有的说溢出来，有的说向两边流，有的说是向前后流。幼儿虽然已经观察、感知到水的流动特点，但不能全面准确地表达自己的想法。这时候教师针对孩子的观察发现给予了积极的肯定，然后综合孩子们的表达、发现，教师示范操作让幼儿再次观察，总结出具体的结论，引导幼儿清晰、完整地表述，深刻了解科学现象的同时提高幼儿的语言表达能力。小组实验过程中，幼儿需要与同伴交流、合作、协商，发现问题、解决问题，在这一过程中促进幼儿交往能力的发展；在情境化教学中，幼儿了解到小动物的家缺水的情况，愿意伸出援助之手帮助小动物解决困难，培养幼儿乐于助人的品质。

专家点评

李颖老师这节大班科学活动《流动的水》，有效利用了身边的教育资源，贴近幼儿的生活经验，容易引发幼儿的探究欲望；基于对本班孩子水平的了解和活动需要提供丰富的材料，多为低结构材料，如小木块、半个塑料瓶、粗细长短不同的管子等，为幼儿提供更多探索空间；活动过程中充分体现幼儿主体性和教师主导性，老师做到了尊重幼儿，成为幼儿的支持者、合作者、引导者，幼儿用老师准备的材料自由地玩水，老师及时发现小组活动中幼儿的实验结果并进行提问或者描述，得出结论；活动过程自然流畅，层次清晰，教师的引导、小结与幼儿的自由探究相得益彰，最后的环节引导幼儿给小区输送水，体现了活动内容来源于生活又回归生活的特点。总之，教师通过示范法、操作法、实验法等教学方式，较好地完成活动目标，使每个幼儿都在活动中习得相关知识、经验，体验到与同伴一起活动的乐趣。

有趣的膨胀

活动基本信息

名　　称：《有趣的膨胀》
活动领域：科学
年 龄 班：大班
设 计 者：关丽丽
点 评 者：刘振梅

活动设计

设计思路

大自然以及周围生活中的各种事物和现象极易引发幼儿的好奇心和探究兴趣，《指南》中的科学领域培养目标指出要“亲近自然，喜欢探究”，可以看出生活中的事物和现象是培养幼儿“好奇”“好问”“好探究”的兴趣，引领幼儿开展科学探究活动的宝贵课程资源。基于这样一种思考，我及时捕捉到孩子们在一次烘焙活动中做爆米花、炒栗子时对玉米粒、栗子发生的性状改变进行提问和议论的瞬间，并以此为契机组织了本次活动，结合中班孩子的年龄特点，进一步指导幼儿去发现生活中更多的膨胀现象，激发幼儿科学探究的兴趣，丰富幼儿的生活经验，培养幼儿的科学素养。

活动目标

（1）感知物体的膨胀现象，知道物体遇水膨胀的原理。
（2）尝试用比较的方法观察事物、现象。
（3）萌发对物体膨胀现象的兴趣和探索欲望。

活动准备

干黄豆和湿黄豆；每桌一份胖大海、压缩面膜、茶叶、干木耳、观察瓶；穿线面膜（压缩面膜穿上线）若干，塑料瓶或玻璃瓶，水。

活动过程

1. 观察发现膨胀现象

师：出示一粒干黄豆和一粒泡发的黄豆。

提问：小朋友，这是什么？它们有什么不一样呢？

幼儿摸一摸。

小结：左边这粒比右边这粒黄豆大一些，摸一摸有点湿湿的，是怎么回事呢？

2. 观看 PPT，黄豆泡发过程图片

师：这是一碗什么？旁边放着一杯水。

师：把水倒进装干黄豆的碗里，会怎么样呢？

小结：黄豆遇到水，吸水膨胀就会变大。生活中还有很多东西，吸水后也会膨胀变大。看看还有哪些东西遇水可以出现膨胀现象呢？

3. 实践探究

感知各种材料的膨胀现象，体验膨胀的有趣和有用。

出示 PPT 实验材料图片，认识材料。

师：小朋友，今天老师带来了一些物品，看一看，你能说出这是什么吗？

师：小朋友们真聪明，能认识这么多东西。

老师在桌子上也给你们准备了这些材料，请你们来看一看、摸一摸、闻一闻，猜一猜瓶子里的东西和图片上的东西哪个是一样的，把同样的东西找好并放在相对应的图片上面，但是，不要用嘴品尝哦！

师：请小朋友把同一种东西放在一起做朋友，再说一说它们有什么不同。（幼儿操作后分享识别结果。）

小结：有闻着有些香味的茶叶，有摸起来有点硬硬的压缩面膜和干木耳。继续观察这些材料放进水里后有什么现象？对，它们逐渐变大，变软。

还有一种东西，小朋友们没有认出来，现在老师告诉你们，它有个好听的名字，叫“胖大海”，是一种中药，喉咙痛的时候可以用它泡水喝。我们发现，原来生活中有这么多的东西遇水会膨胀。

4. 膨胀游戏

每组桌上瓶中放有与人数相同的拴好线绳的压缩面膜，幼儿动手操作，利用膨胀原理做游戏。

师：小朋友们观察一下瓶子里是什么？数数是几个？瓶口上是什么？（线绳）下面我们要做游戏了。

请听好游戏规则：小手不能碰瓶子，只能拉绳子，这根带线的面膜能不能把瓶子拎起来，你们觉得行不行？

幼儿猜想发言。

幼儿操作：四个人一张桌子，拉一下面膜，看看能不能把瓶子提起来？（幼儿操作失败）

师：为什么不行呢？怎么会失败了呢？

幼儿讲述实验过程。

师：有什么好办法吗？

幼：畅所欲言，积极动脑想办法。

师：我们利用刚才学过的膨胀原理可以怎么做？我们要耐心等待。

幼儿操作，把定量的水倒入瓶中，观察面膜变化。

幼儿再一次操作：试着用带线的面膜把瓶子提起，这一次成功了。

师：请成功的小朋友来说一说成功的秘诀是什么？

小结：面膜遇到水，吸水就会膨胀、变大，堵住了瓶口，这样瓶子就被提起来了，而且小朋友们是齐心协力一起完成的，为自己鼓鼓掌！

师：生活中还有很多的膨胀现象，膨胀也可以给我们的生活带来很多好处，请小朋友们回家和爸爸妈妈一起找一找还有哪些遇水膨胀的东西。

活动延展

1. 活动延伸

借助这次活动的学习和幼儿的已有经验，继续探寻“谁遇水还可以膨胀”。

2. 家园共育

活动可以继续延伸到家庭，家长引导孩子有意识地观察日常生活中的膨胀现象，进行亲子膨胀小实验。

活动反思

（1）本次活动来源于日常生活中幼儿的好奇心、兴趣点，经过分析学情，结合幼儿已有的认知经验设计而成。活动中选取了生活中常见或常用的物品作为操作材料，引发幼儿的操作兴趣，通过活动又丰富了幼儿的认知经验。整个活动过程做到了尊重幼儿的个体差异，及时关注和鼓励每位幼儿，为幼儿创设宽松的环境氛围，鼓励幼儿大胆表达自己的发现，在科学探究的同时提升其语言表达能力。

（2）操作材料的投放数量适中，便于幼儿取放和操作使用，为幼儿的探索活动搭建适宜的支架。

（3）活动过程层次清晰，注重了领域间、目标间的整合和渗透，幼儿参与兴趣浓厚，大胆探索，表现出积极的态度和良好的操作习惯，较好地完成了活动目标。

不足之处是，教师的课堂用语不够简练，科学术语的使用不够充分，因胖大海不是幼儿常见的材料，此环节值得商榷。

活动资料

黄豆遇水膨胀

活动准备材料

专家点评

本次中班科学活动来源于在一次烘焙活动中做爆米花和炒栗子时幼儿谈论话题内容，老师能及时捕捉幼儿的兴趣点，抓住教育契机，结合幼儿的实际经验和发展水平，生成课程活动，体现了《指南》中“科学领域”阐述的“成人要善于发现和保护幼儿的好奇心，充分利用自然和实际生活机会，引导幼儿通过观察、比较、操作、实验等方法，学习发现问题、分析问题、解决问题”这一要求。操作材料投放既有幼儿常见的物品也有不常见的物品，数量适中，便于幼儿取放和实际操作使用；活动过程流畅，由易到难，既有趣味性又有挑战性，有独立操作、小组合作，幼儿充分观察、大胆猜想，积极探索，较好地完成了教学目标；教师做到了兼顾全体幼儿也注重个体差异，鼓励幼儿去尝试操作、表达观点，支持幼儿与同伴合作研究与分享交流，注重了领域间、目标间的相互渗透和整合。孩子们在活动中初步学会观察和简单记录，能倾听活动规则并按要求去做，他们在交流和讨论中丰富了生活经验，对孩子们来讲这是一次愉悦的科学活动，培养了幼儿初步的科学素养。

本次活动为幼儿进一步发现生活中的事物或现象的有益有趣提供了支持和帮助，老师通过家园互动的方式把孩子的探究兴趣引向更广阔的生活、家庭中，激励家长支持孩子的好奇、好问、好学习的宝贵“三好”，为幼儿后续进一步的学习与发展奠定良好的素质基础，这也是本次活动之外的价值所在。

针对本次活动的建议：为确保活动的科学性和严谨性，建议教师在组织活动前，对活动中涉及的科学现象进行细致、全面、深入的解读，掌握其概念内涵和精准表述，以确保活动过程中以准确精练的语言与幼儿进行互动交流，做到言简意赅，减少无效语言的使用。

好饿的小蛇

活动基本信息

名　　称：《好饿的小蛇》
活动领域：科学
年 龄 班：小班
设 计 者：叶　媛
点 评 者：柴美艳

活动设计

设计思路

《好饿的小蛇》是一本富有童趣、形象生动的绘本，故事中小蛇每天出去寻找食物的场景深受幼儿喜爱。于是，我借助“好饿的小蛇”外出找食物的情境，结合《3~6 岁儿童学习与发展指南》数学目标（小班）中“感知和发现周围物体形状的多样，对不同形状感兴趣”“能注意物体明显的形状特征，并能用自己的语言描述”，设计了本次数学活动《好饿的小蛇》，帮助幼儿初步学习按物体的特征识别标记，并进行简单的分类活动，使幼儿体验数学活动带来的乐趣。

活动目标

（1）巩固圆形、三角形、正方形的图形特征。
（2）能看懂标记进行分类活动。
（3）乐意参与数学活动，体验数学游戏的乐趣。

活动准备

（1）物质准备：《好饿的小蛇》绘本课件（根据课程内容已修改）、好饿的小蛇图片、圆形、三角形、正方形操作卡片若干。

（2）经验准备：阅读过绘本《好饿的小蛇》，对故事内容有一定了解。

重点难点

本次活动的重点是熟练掌握三种图形的特征并进行相关操作；活动的难点是能看懂标记并进行对应活动。

活动过程

1. 谈话导入，萌发兴趣

出示 PPT 第二页。

师：小朋友，还记得小蛇的故事吗？今天，小蛇又走出了家门。你们仔细看看小蛇的身体是什么样子的？

师：它的表情为什么是这个样子的，流着口水？

师：那我们一起来看一看，它都找到了哪些食物吧。

2. 巩固对图形的认识

（1）感知圆形。

出示 PPT 第三页。

师：小朋友们，小蛇吃了什么形状的食物？

师：你们从哪里看出来的？

师：对了，小蛇吃了圆圆的食物后，它的肚子就变成圆形了。我们一起来看一看，圆形没有角，只有一条圆圆的边。

师：小朋友们，你们猜，小蛇吃的是什么食物？

幼：苹果、橘子、包子、面包……

（2）感知三角形。

出示 PPT 第四页。

师：小朋友，小蛇吃了什么形状的食物？

师：你们从哪里看出来的？

师：对了，小蛇吃了三角形的食物后，它的肚子就变成三角形了。我们一起来看一看，三角形由三个角和三条边组成。

师：小朋友，你们猜，小蛇吃的是什么食物？

幼：三明治、切开的西瓜、三角形的饭团、三角形蛋糕……

（3）感知正方形。

出示 PPT 第五页。

师：小朋友，小蛇吃了什么形状的食物？

师：你们从哪里看出来的？

幼：它的肚子变成正方形的……

师：对了，小蛇吃了正方形的食物后，它的肚子就变成正方形了。我们一起来看一看，正方形由四个角、四条边组成。

师：小朋友，你们猜，小蛇吃的是什么食物？

幼：饼干、方形蛋糕……

3. 进一步理解图形的对应关系

出示 PPT 第六页。

师：这些小蛇有什么不一样的地方？

师：戴圆形帽子的小蛇喜欢吃什么形状的食物？那戴三角形帽子的、戴正方形帽子的小蛇呢？

师：原来，小蛇戴什么形状的帽子就表示它要吃什么形状的食物。

4. 幼儿操作

（1）出示小蛇操作卡，幼儿观察、理解操作卡上图形的特征。

师：每人选择一条小蛇，根据标记选择它喜欢吃的食物。将小蛇喜欢吃的食物贴在小蛇的身体上。

（2）幼儿分享操作结果。

师：请小朋友说说给小蛇喂的是什么食物（提示幼儿可以说出食物的形状特征，如：圆形的苹果）。教师鼓励幼儿进行大胆表达，给予及时肯定。

5. 结束

活动结束。

活动延展

1. 活动延伸

师：今天，小蛇吃得饱饱的，真开心！它说，谢谢小朋友们！以后小蛇再饿，我们要给它准备什么好吃的呢？我们一起去找一找，做一些食物吧！（教师在数学区、美工区投放相应材料，支持幼儿的个性化操作与学习。）

2. 家园共育

请家长与幼儿一起寻找生活中各种形状的物品。

3. 领域渗透

美术领域：涂色《五颜六色的图形宝宝》。

健康领域：《细嚼慢咽吃东西》。

语言领域：《小蛇的家》。

活动反思

本次活动的亮点是整节活动以绘本为载体，情景导入，在轻松的氛围中引起幼儿共鸣，激发幼儿兴趣，从而进一步学习识别、分类、对应的方法。

本次活动的重点是学习按物体的特征进行分类；难点是能看懂标记进行对应活动。在重难点的处理上，我引导幼儿通过观察、对比的方法来理解小蛇寻找食物的要求，继而在两次不同难度的实际操作中帮助幼儿巩固认知，体验分类的乐趣。此外，在完成教学认知目标的基础上重点通过语言引导，帮助幼儿通过观察小蛇进食不同形状的食物身体变成相应形状的特点，去猜想小蛇可能吃到了什么食物。激励幼儿大胆想象和表达，积极参与活动。

本次活动的不足是教师的课程语言还需要进一步简洁、明了，多采用数学活动用语，在回应幼儿、激发幼儿思维的过程中，教师的提问、回应还需更精练。

活动资料

《好饿的小蛇》 作者：[日本] 宫西达也。

好饿的小蛇扭来扭去散步的时候，发现了一个圆圆的苹果，“啊呜”真好吃；第二天，好饿的小蛇扭来扭去散步的时候，发现了一根黄色的香蕉，“啊呜”真好吃……第六天，好饿的小蛇扭来扭去散步的时候，发现了一棵结满红苹果的树，你猜猜好饿的小蛇会怎么样呢？通过特别的翻页方式，重复而有趣的结局，帮助幼儿在认知数字、事物的同时享受乐趣，爱上阅读。

专家点评

儿童早期数学认知能力的发展包含对一些基本图形的特征、图形组合知识的了解，《指南》中的数学认知领域内容侧重于数和形，这两个领域是儿童早期数学学习的核心内容。本次活动以绘本《好饿的小蛇》为载体，创设情境，为幼儿开展数学学习搭建支架，幼儿通过观察小蛇吃了不同形状的食物而使身体变成相应的形状的特点来猜想小蛇吃了什么食物，进一步熟悉三种图形的特征，加深幼儿对周围的事物和现象的认识，进一步形成对其逻辑关系的理解（小蛇身体的形状与吃进的食物的形状的关系），教师引导幼儿仔细观察，大胆猜想，积极表达，幼儿兴趣浓厚，较好地完成第一个活动目标。幼儿操作环节，教师准备了标识图片和不同形状的“食物”图片，让幼儿自主选择戴有不同形状帽子的小蛇图片，并选择相应的食物喂给小蛇吃，体现了“初步感知生活中数学的有用和有趣”的特点，这个过程促进了儿童思维能力的发展，通过观察外形，进行初步的推理，实现形状的对应，促进幼儿综合性认知能力的发展。《指南》中对小班提出了“能注意物体较明显的形状特征，并能用自己的语言描述”的教学要求，本环节在辨识图形特征和图形对应过程中也发展了幼儿的语言表达能力，激发幼儿再次阅读绘本的兴趣，体现了目标单一性与领域融合性的特点。活动顺利地完成活动目标，突破了重难点，学情较好。

不足之处在于教师的课堂用语还欠简洁明了，数学用语不够精确，未来需要不断锤炼课堂语言基本功。根据幼儿的实际发展水平，操作材料可分层投放，让每个孩子在原有水平上都有所提升。

外婆过生日

活动基本信息

名　　称：《外婆过生日》
活动领域：科学
年 龄 班：中班
设 计 者：毕微微
点 评 者：李　颖

活动设计

设计思路

《幼儿园教育指导纲要（试行）》中指出数学领域中班学生的教学目标是幼儿“能从生活和游戏中感受事物的数量关系并体验到数学的重要和有趣”。因此本次活动我以电子白板作为游戏载体，创设了“小兔识路”“小兔过河”“比赛运萝卜”等闯关游戏情境，将抽象的数量多少问题巧妙地融入游戏中，让幼儿在情境性的闯关游戏中，反复体验6以内的数量关系，促进数概念的发展，体会数学的有趣和有用。

活动目标

（1）巩固学习比较6以内数量的多少。
（2）能按规则进行操作活动，感受数量的变化。
（3）喜欢数学游戏，体验关心、帮助别人的快乐。

活动准备

（1）经验准备：能够熟练操作触控一体机、能准确点数6以内的数量。

（2）物质准备：触控一体机、希沃白板课件、点卡（1~6）若干、白菜图片若干、鸡蛋壳、纸盘、橘色托盘若干等。

活动过程

1. 情境导入，引发兴趣

师：看看今天谁来到了这里？（使用白板蒙层功能引出小兔并配以音频特效）住在森林深处的外婆要过生日了，小兔要去给外婆过生日。

>> **分析**：使用插入图片、蒙层功能设计“小兔给外婆过生日”的故事情境，自然引出本次活动，吸引幼儿注意力，引发幼儿兴趣。

2. 一路闯关，给外婆过生日

闯关游戏一：小兔识路。

师：小兔走着走着来到了一片森林里，遇到了一个岔路口，小兔记不清楚哪条路才是通往外婆家的路了。怎样才能找到通往外婆家的路呢？（引发幼儿积极思考）当当当，掉落一个转盘。你见过转盘吗？是什么样子的呢？（幼儿自由表达）屏幕上面的转盘有几个分格？（顺时针数）每个分格中都有几个点子？（了解转盘有6格，每格中均有点子，数量分别是1~6）你能找出转盘上比3多的点子吗？全部找出后，有箭头指出正确道路。

>> **分析**：使用自制“趣味转盘”图片，调动幼儿已有玩转盘的生活经验，引导幼儿观察、发现、点数转盘上的点子数量，并配以小喇叭的音效激励幼儿，获得成功感。

闯关游戏二：小兔过河。（练习和数量3比多少）

请幼儿在电子白板上拨动转盘，帮助小兔过河。

师：小兔顺着正确的路走啊走，走到了一条小河边，左看看、右看看，“过不了河，谁来帮帮我啊？”（音频）你有什么好方法来帮助小兔过河吗？（自由想象，大胆表达。）

山羊公公（涟漪动画功能）正好来到了河的对岸。

小兔：山羊公公你能帮我过河吗？我要过河给外婆过生日。

山羊公公：可以，但是我有一个要求，你要点击开始按钮，转动转盘来搬石头过河，转到的点数比3多才可以搬石头过河，是几点就可以搬几块石头，如果点数比3少或者一样多，就不能搬石头。

>> **分析**：创设小兔不能过河的问题情境，引导幼儿想出解决问题的方法，同时利用白板转盘指针转动功能，随机生成点数，与3比多少。

闯关游戏三：比赛运萝卜。（比较6以内数量的多少）

创设比赛情境，将幼儿分成两组，每组派代表上台转动转盘（点击开始按钮），帮助小兔运萝卜，谁的点数多，谁就可以向前走一格。

师：小兔在山羊公公的帮助下过了河，继续往前走，来到了一片萝卜地，哇！好多的萝卜，看到了一只小白兔，小白兔想要把这些萝卜运回家。小兔想要帮助小白兔运萝卜，为了更快地把萝卜运回家，它们决定用比赛的方式运萝卜，谁的点数多，谁就可以走一格，看谁先把萝卜运回家。

>> **分析**：通过以上两个环节，幼儿对游戏玩法、与3比多少有了一定的经验后，我

进一步创设了小兔运萝卜的竞赛游戏情境。幼儿分别扮演小兔和小白兔，点击转盘练习比较6以内数量的多少，进一步在游戏体验中理解6以内的数量关系。

闯关游戏四：小兔收菜。（巩固练习比较6以内数量的多少）

师：小兔继续往前走，路过一片野地，地里长了许多白菜，正好收几棵白菜送给外婆尝一尝。可是光靠它自己没办法收这么多的白菜，需要小朋友们的帮助。

教师和幼儿示范：小朋友两人一组，自主选择同伴，每个小朋友6张卡片，卡片的正面是图案，背面是点子，有图案的面朝上，放到桌子上，小朋友们分别从自己所持有的卡片中任意抽取一张卡片放到橘色托盘里，比一比谁的点子多，谁就可以去白菜地收一棵白菜，然后再从剩余的卡片中继续抽取卡片比一比。

音乐结束后，请小朋友们互相分享帮助小兔收了几棵白菜。

>> **分析**：在幼儿竞赛游戏体验情绪高涨时，我创设了小兔收白菜的游戏情境，为幼儿提供人手一份的操作材料，幼儿两人一组，自主选择同伴，在轻松愉快的背景音乐中与同伴进行游戏，练习巩固6以内数量比较的经验和知识。整个环节让幼儿带着一颗乐于助人的心来完成任务，孩子们在游戏过程中很投入，很专注。

3. 活动结束

师：在小朋友们的帮助下，小兔终于来到了外婆家，把礼物和收到的白菜送给了外婆，外婆很开心。小朋友们，你们有什么礼物送给兔外婆吗？老师帮你们准备了3个礼盒，让我们一起来拆开看看吧！

兔外婆收到了小朋友们送的礼物，非常开心，“谢谢小朋友们”。

>> **分析**：利用白板图片动画功能设计给兔外婆送礼物的环节，幼儿带着欣喜和激动的心情积极与白板互动，抽取礼物送给兔外婆，在自然而愉快的情境体验中结束了本次活动，促进了幼儿数学认知能力的发展。

活动延展

1. 活动延伸

活动后，教师将数学操作材料《小狐狸野餐》投放到区角活动中，让幼儿在自由自主的游戏体验中，进一步积极探索，大胆实践，深入感知数量之间的关系，满足不同幼儿的能力发展水平。

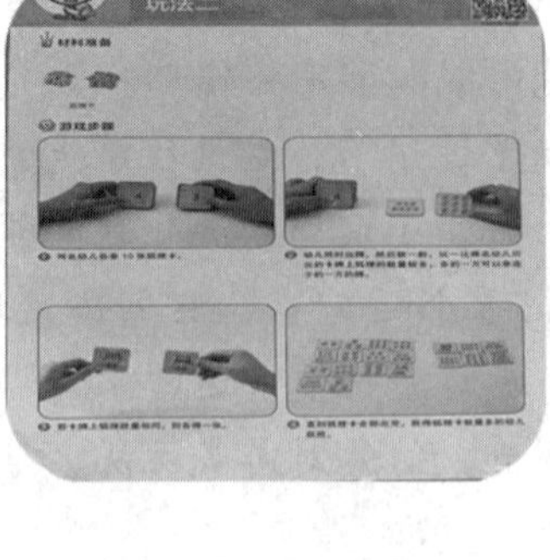

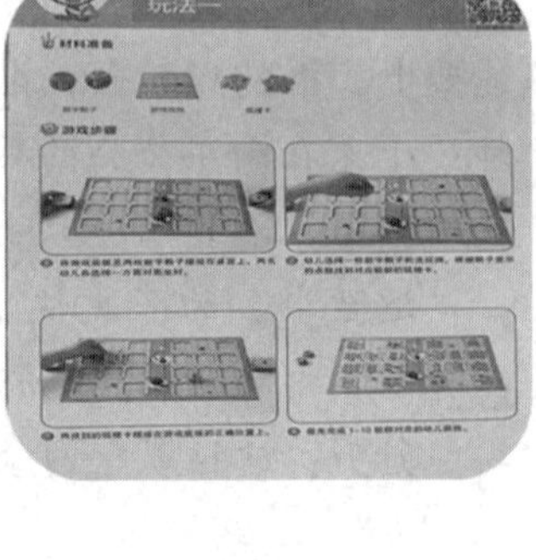

2. 家园共育

引导幼儿在家庭中利用生活中常见的物品，比如纸牌、骰子等，和父母轮流掷一掷骰子，猜一猜谁的多、谁的少，依此类推数量 7、数量 8 比多少等。

3. 领域渗透

社会领域：幼儿在运用知识进行闯关的同时，乐于助人的良好品质也得到了发展。另外，把礼物送给兔外婆，调动幼儿已有的生活经验，进一步激发幼儿关心、关爱他人的良好品质。

语言领域：《3~6 岁儿童学习与发展指南》语言领域的核心价值指出：教师要创设敢说、想说、会说的支持可推动性的环境。整个闯关游戏情境，在幼儿运用数学知识解决问题的过程中，教师不断鼓励幼儿认真思考、大胆表达，并对说话完整、勇于挑战自己的幼儿给予肯定。

活动反思

（1）活动以情境为主线贯穿始终，具有趣味性和挑战性。在整个活动过程中，幼儿都保持着高涨的活动热情，在教师的鼓励、引导下，积极主动地观察、思考、体验、操作，并收获助人为乐的喜悦感。

（2）活动中合理运用信息技术，采用动静结合的方式激发幼儿兴趣，并提供丰富的操作材料，调动幼儿的积极性，让幼儿在实物操作的活动中发展思维能力。

（3）关注幼儿个体差异，及时给予支持，鼓励幼儿大胆尝试，不断突破。

不足之处是，教师对游戏规则的讲解语言不够简练，欠缺条理性，游戏环节的情境性不足，不够饱满，教师语言不够生动。

活动资料

音效、各种游戏情境图片。

专家点评

（1）本次教学活动有效运用了情境教学法，并将这种情境设计贯穿到活动中，让幼儿带着任务进行操作练习，调动了孩子们的已有经验，在孩子们的观察、操作中完成了教师的预设内容。所有环节都为目标服务，为完成目标而设计整节活动。孩子们兴致高涨，在一个个闯关游戏中，完成了教育目标。同时，在运用数学知识解决问题的过程中，我看到了孩子们乐于助人、关心、关爱情绪情感的真实表达。

（2）教育有法而无定法，这是教育方法的一个重要特点。教育方法不是随意选择的，是依据教育过程本身所具有的规律性来选择的，需要老师发挥才能，根据条件和需要对教育方法进行艺术再加工，灵活地、艺术性地运用在这些活动中。教师把信息技术运用到数学活动中，运用动画、音效等功能吸引幼儿兴趣，贴近幼儿生活。幼儿对科技不陌生，每天被手机等各种电子设备围绕，灵活地将信息技术融合到课程中，是未来的发展趋势。

（3）注重学习身边的数学，凸显数学教育的生活化。在现实生活中，处处蕴含着数学知识，教师注重引领幼儿在生活和游戏中感受事物之间的数量关系，体验数学的重要性和趣味性，从而积累数学经验，更好地将数学经验在生活中运用。

（4）整个活动贯彻了尊重儿童差异的原则，既有集体合作学习，也有个体独立操作，使每一名幼儿都有参与活动的机会，满足了个体的发展需求。整个活动过程中，幼儿都保持着较高的活动热情。

按规律排序

活动基本信息

名　　称：《按规律排序》
活动领域：科学
年 龄 班：大班
设 计 者：苗　婷
点 评 者：傅立洁

活动设计

设计思路

按规律排序这一活动，小班、中班的幼儿已经能发现事物简单的排列规律，怎样让排序问题再上升一个高度，又能容易被大班幼儿接受呢？带着这个问题，根据《指南》中“能发现事物简单的排列规律并尝试创造新的排列规律”这一目标及教育建议的要求，结合本班幼儿发展水平，我设计了《按规律排序》这节数学活动。在活动中，引导幼儿发现按规律排序的不同方法，发展幼儿观察、比较、创造的能力，同时产生关注生活和身边事物的积极情感态度。

活动目标

（1）在游戏情境中发现物体排序的规律，并尝试自主创造新的排序规律。

（2）乐意参与操作活动，对排序活动感兴趣。

活动重难点

（1）重点：在游戏情境中发现物体排序的规律。

（2）难点：尝试自主创造新的排序规律。

活动准备

（1）物质准备：自制多媒体课件；排序操作单、多种材料贴纸。

（2）经验准备：有简单的排序经验。

活动过程

1. 导入情境，激发兴趣

师：今天是小猪佩奇（播放佩奇图片）的生日，它要办一个生日会。佩奇一家准备用彩色气球来装扮房子。

2. 观察发现重复和递增的排列模式

（1）乔治气球排序规律：ABB（红黄黄）重复模式。

师：乔治在装扮大门，只有按规律排序气球，大门才能打开，你们谁来说一说后面应该用什么颜色的气球呢？（请小朋友说）

幼：红色、黄色、黄色。

师：你们都同意吗？

幼：同意。

师：我们请他，把正确答案擦出来。

（2）猪妈妈气球排序规律：ABBC（黄红红蓝）重复模式。

师：大门打开了，我们来到了佩奇家里，猪妈妈正在装饰墙面，仔细观察它的气球是按什么规律排序的呢？请你把气球按照这样的规律拖动到后面的方框里，谁来试一试？（请小朋友操作）

师：我们来一起验证一下：黄色、红色、红色、蓝色，黄色、红色、红色、蓝色……他做得正确吗？

幼：正确。

师：在大家的帮助下，猪妈妈终于把墙面装饰好了，让我们一起为它鼓鼓掌。

（3）猪爸爸气球排序规律：AB ABB ABBB（红蓝 红蓝蓝 红蓝蓝蓝）递增模式和AB ABB ABBB 、AB ABB ABBB（红蓝 红蓝蓝 红蓝蓝蓝、红蓝 红蓝蓝 红蓝蓝蓝）重复模式。

师：最后我们再来看看猪爸爸，它在装饰房顶呢。它的气球是按什么规律排序的呢？谁来试一试？（请一两个小朋友操作）

师：谁还有不同的排序方法呢？

师：谢谢我们的小朋友帮忙，猪爸爸把房顶装饰好了。

（4）出示前面四组按规律排序的气球。（观察发现按规律排序模式的特点）

师：请小朋友们观察这三组气球序列，有什么相同的地方吗？

幼：重复出现。

师：第四组气球排序有什么特点呢？

幼：后面蓝色气球总是比前面边多一个。

师：对，这叫递增。

✎ **小结**：像前三组按照重复规则排成的序列叫作重复模式。像第四组按照递增规则排成的序列叫作递增模式。我们如果从反方向观察这个序列就是递减模式。

3. 分组合作游戏（将规律模式中空缺的部分填补起来，体验按规律排序模式的多样性）

师：佩奇一家为了感谢你们的帮忙，为大家准备了饼干，但是需要闯关成功才能拿到饼干。

规则：根据规律选出合适的答案。

第一关：AB？ABC？BC。（形状相同，颜色不同）

师：欢迎来到第一关，请仔细观察规律，选出问号处的正确答案。我们现在分成两组，每组请 1 个代表来完成。（选出正确答案贴在黑板上）

第二关：A？C？BCABC。（颜色相同，形状不同）

（引导幼儿利用倒推法逆向观察。）

第三关：？、白色正方形、黄色小熊、黑色圆圈、？、黄色小熊、黑色圆圈、白色正方形、黄色小熊。（颜色、形状都不同）

（引导孩子们利用倒推法，同时区分颜色、形状。）

4. 动手操作、自行设计，自主创造规律（先自主设计规律然后分享）

师：小朋友们请看，这是一张设计图纸，佩奇一家想请每个小朋友帮忙，设计一个有规律的排序方法，用来装饰窗户。

（1）自主创造气球规律。

师：请小朋友用多种材料有规律地进行排序，后边的桌子上已经摆好了设计图纸和多种材料，需要你把材料后面的双面胶撕下来，按照你喜欢的规律依次贴在红旗图的后面。

要求：每个小朋友最少要设计一种规律，能干的小朋友可以设计两种或者三种规律。

注意：当铃声响起来的时候你要拿着你的设计图回到你的小椅子。

师：小朋友们请起立，让我们化身小小设计师，到后边的小桌子上完成我们的设计图纸吧。

（2）小小观察员。（把设计图依次贴在黑板上）

师：小朋友们，接下来请大家仔细观察我们的设计图，看看排列的规律是什么，有没有排列错误呢？设计图纸可不能出错。（幼儿分组合作观察讨论，让有错误的小朋友说一说自己的想法，自己圈一圈，其他小朋友帮助修正。）

5. 结束

师：我们为佩奇装饰了生日会，现在让我们去户外找材料来装饰班级吧！

活动延展

1. 活动延伸

在幼儿园里寻找不同材质的物品，创造有规律的排列装饰班级。

2. 家园共育

观察发现生活中具有规律的排序现象，可以拍照发到班级群里，让幼儿交流分享。

3. 领域渗透

结合艺术领域可以开展美术，剪纸等活动。

活动反思

（1）通过有效提问激发幼儿学习兴趣，如：后面应该放什么颜色的气球呢？请小朋友们观察这三组气球序列有什么相同的地方吗？让幼儿在游戏中感受规律，在教师的提升总结中，让幼儿主动习得新经验。

（2）游戏环节中，通过闯关和让幼儿自己设计排序规律，并请幼儿自己找出排序错误的设计，让幼儿完整表达自己的想法，发展幼儿的语言、逻辑思维能力和创造的能力。

（3）最后将“有规律地排序”延伸到幼儿园和生活中，激发幼儿对生活和数学活动的热爱之情。

不足之处是老师讲述语言较多，幼儿的主体性体现得还不够，应该尽可能地让孩子们多说，让孩子们表达自己的真实想法；教师的课堂应变能力还有待提升。

活动资料

动画片《小猪佩奇》的人物图片。

专家点评

本次活动以情境故事贯穿始终，为幼儿创设宽松、愉快的学习氛围，引导幼儿自主学习。利用“佩奇过生日”这一主题，从易到难引导幼儿观察发现气球排列规律；通过让幼儿填补规律模式中空缺的方式了解规律模式的多样性。最后，让幼儿在动手操作中自主创造规律、分享规律。整个活动生动有趣、挑战性强，较好地达成了此次活动目标。

三角形碰碰乐

活动基本信息

名　　称：《三角形碰碰乐》
活动领域：科学
年 龄 班：大班
设 计 者：孙　朦
点 评 者：傅立洁

活动设计

设计思路

《三角形碰碰乐》是根据《3~6 岁儿童学习与发展指南》数学目标中“感知形状与空间关系”设计的一节数学活动。教育建议指出：引导幼儿体验图形之间的转换。该活动由情境导入，唤醒幼儿已有的认知经验；利用儿歌引导幼儿进行两个或四个等腰三角形的组合；通过翻转、移动两个或四个等腰直角三角形体验图形拼合的乐趣。

活动目标

（1）加深对常见几何图形特征的认识。

（2）尝试通过翻转、移动两个或四个等腰直角三角形，将其拼合成新的几何图形。

（3）在图形拼合游戏中体验几何图形变化的乐趣。

活动重难点

用两个或四个等腰直角三角形拼合成新的几何图形。

活动准备

（1）物质准备：若干三角形、PPT、不织布底板。

（2）经验准备：认识三角形、正方形、梯形、平行四边形、长方形。

活动过程

1. 唤醒经验从而辨别常见几何图形

（1）激发幼儿兴趣。

师：图形王国邀请小朋友们去做客，其中有一个图形最神秘。据说它是一个魔术师，会变好玩儿的魔法，我们现在就去找它。

图形王国：欢迎小朋友们来到图形王国，如果你们想找到这位魔术师就要进行闯关游戏，你们确定参加吗？

幼：确定。

（2）辨别常见几何图形，进而巩固幼儿对图形特征的认知。

图形王国：第一关是猜图形。小朋友们，请你们根据上面的提示猜一猜它们都是什么几何图形？

幼：红色的是正方形。

幼：绿色的是梯形。

图形王国：哈哈，我们一起看看你们的答案是否正确。

【通过游戏教师引导幼儿回忆正方形、梯形的特征。】

图形王国：小朋友们，我们在刚才的游戏中找出了哪些几何图形？

图形王国：下一关是“我指你说”。我用手指指到哪个几何图形，你们就要快速说出它们的名字。

图形王国：恭喜你们，闯关成功。

三角形：小朋友们，你们真是太厉害了，这么快就找到我了。快来看，我变个身，你们还认识我吗？

师：你们还认识它吗？它还是原来的三角形吗？

幼：不是三角形了，因为三角形翻了一个跟斗，原来上面的角变到下面了，所以它不是原来的三角形了。

幼：还是三角形。

师：是的，它还是三角形。因为它还是有三条边、三个角，所以不管它怎么转，还是原来的三角形。

师：你们看老师现在站在这里是老师，如果我躺在这里，我还是我吗？

【教师引导幼儿再次观察，强化幼儿对其他几何图形特征的认知。】

2. 学习两个三角形拼合的方法，初步感知图形拼合

（1）通过魔术师的咒语示范“碰”的方法。

三角形：小朋友们，我要教你们一个我的本领。它可是有咒语的，你们仔细听。（“碰碰乐，碰碰乐，两个三角形碰碰乐。长边碰长边，短边碰短边，碰在一起才快乐。”教师按照咒语示范“碰”的方法。）

（2）师幼相互交流两个三角形是如何“碰”的。

师：刚才是几个三角形碰在一起了？

幼：两个。

师：它们碰出了什么新图形？

幼：正方形。

师：它们是怎么“碰”的？你们能演示一下吗？

幼儿演示。

师：为什么说碰在一起才快乐呢？

师：这样可以吗？

【教师请幼儿参与纠正三种错误的“碰”法。】

师：（小结）原来，成功的秘诀就在于小朋友们要仔细观察是不是长边碰长边、短边碰短边。不仅要边对齐，角也要对齐哦！

（3）幼儿自由操作并分享新发现。

三角形：（小结）小朋友们太厉害了！你们用我的咒语碰出了正方形、三角形或平行四边形。它们可都是我的兄弟呢！（教师边引导幼儿讲述新发现，边在黑板上出示相应的图形。）

3. 尝试用四个三角形拼合几何图形，进一步理解图形间的联系

三角形：哈哈！你们这么快就学会了新本领，现在我要教你们一个更厉害的本领。仔细听我的咒语哦！（“碰碰乐，碰碰乐，四个三角形碰碰乐。长边碰长边，短边碰短边，碰在一起才快乐。”）

师：这次是几个三角形碰在一起呢？

幼：四个。

师：请你用四个三角形碰一碰，看看你能碰出什么图形吧。

（1）幼儿第一次操作。

（首次操作时，教师重点以观察为主，了解幼儿对图形间组合的初步经验。）

师：四个三角形“碰”在一起了吗？

【教师引导幼儿对照操作要求，观察“碰”出的图形，发现并交流存在的问题。】

师：你们用四个三角形“碰”出了什么新图形？

幼：我拼出了长方形。

【幼儿第一次操作时，拼合的多数是规则图形，极少数拼合出不规则图形。】

（2）幼儿第二次操作。

师：刚才没有成功的小朋友可以再去试一试，成功了的小朋友可以再挑战一下，看看能不能“碰”出新的图形。

【教师对空间感较弱的幼儿进行适时指导，引导其用旋转、比对等方法拼合图形。】

师：这次用四个三角形玩“碰碰乐”的游戏，“碰”出了哪些新的图形呢？请你们看一下你们拼合出的图形有没有出现在黑板上?

幼：我拼合出的图形黑板上没有。我拼出了小猫头的图形。

师：你们的想法真是太奇妙了。还有其他新图形吗?

幼：我拼出了平行四边形，黑板上有。

师：非常好！你们拼合出和黑板上一样的图形是规则图形。而像“小猫头”这样的图形是不规则图形。

【教师引导幼儿初步感知什么是规则图形，什么是不规则图形。】

师：太神奇了！你们用四个三角形通过移一移，转一转，就拼合出了新图形，你能试着移动一个三角形，把它们变成一个新图形吗?

幼：我把平行四边形左边的三角形移到右边就变成了长方形。

【幼儿通过拼合几何图形经历了从简单到复杂、从具体到抽象的过程。】

三角形：小朋友们，本领我们已经学完了，现在和我一起到图形王国里看看还有什么吧！

活动延展

1. 活动延伸

我们的建构区不仅有很多三角形，还有其他图形，开动脑筋拼合出更多的图形吧。

2. 家园共育

活动中用到了2个或者4个三角形。回家后可以和爸爸妈妈一起用6个或者8个三角形继续拼合游戏，看看还能拼合出哪些新的几何图形。

活动反思

三角形是数学活动中幼儿常见的几何图形。本次活动从巩固常见几何图形的特征入手，由两个三角形拼合增加至四个三角形拼合，层层推动。活动中发现，幼儿拼合四个三角形的过程是比较难的环节。我在幼儿两次操作中发现幼儿之间的差异，空间感较强的幼儿能有意识地移动一个或一组图形，拼合成新的几何图形，个别空间感较弱的幼儿需要在多次操作中才能获得拼合经验。由于活动时间的限制，孩子们的探索时间还是较短，幼儿没有尽情尽兴地探索。在后续活动中，我会将图形拼合的活动放到建构区、搭建区，让幼儿得到更丰富的图形拼合经验。

专家点评

本次活动中最精彩的是教师儿童语言的使用。首先是教师把几个三角形组合出新图形的过程形象地比喻成“碰碰乐”，一下调动了幼儿强烈的好奇心和探索欲，其次是将组合新的几何图形的规则编成通俗好记的儿歌，便于幼儿理解掌握，同时强调这是“魔术师的咒语”，幼儿在兴奋的状态下学习效率极高，不断组合出各种图形。随后教师又适时引出规则图形和不规则图形的概念，充分体现了“玩中学，学中玩”的幼教理念。

40

自然测量

活动基本信息

名　　称：《自然测量》
活动领域：科学
年 龄 班：大班
设 计 者：石莹莹
点 评 者：傅立洁

活动设计

设计思路

《3~6 岁儿童学习与发展指南》中指出的关于“数学认知”的第一个目标是“初步感知生活中数学的有用和有趣”。在这个目标的指导下，我设计了关于自然测量的科学活动。由绘本故事《树叶尺子》引入，日常测量可以借助自然物体；幼儿亲身体验去探索首尾测量的方法，教师总结测量方法；总结日常生活中出现的需要测量的问题，让幼儿应用自然物进行测量解决问题，并发现测量物与测量工具之间的关系。

活动目标

（1）知道自然测量的测量方法。

（2）能用自然物测量物品的长度并记录测量结果，发现量具不同测量的结果不同。

（3）感受通过测量活动解决简单实际问题的快乐与成就感。

活动重难点

（1）重点：能选择自然物测量物品的长度，学习用首尾相接的测量方法测量物体。

（2）难点：发现量具的长短与测量的结果的关系。

活动准备

（1）物质准备：测量工具（树叶、绳子、小木棒、铅笔、搭建积木）、橡皮、粉笔、彩笔、测量记录表、PPT。

（2）经验准备：会用尺子进行测量；会填写测量记录单。

活动过程

1. 故事情境引入

出示图片。

师：今天老师带来了一段小故事，你们听一听故事里发生了什么事情？一大清早，森林里争吵声音不断，几只小动物正在大声叫嚷着，它们不知道到底谁的尾巴最长，都在互相介绍着"我的尾巴最长！""不对，不对，我的尾巴最长。"小朋友们你们快来帮帮忙吧，你们认为到底谁的尾巴是最长？

师：小朋友们，刚才你们是通过目测看出了谁的尾巴是最长的。除了眼睛看，还有别的方法吗？

师：小朋友们真棒，身边有尺子的话我们可以用尺子来量一量，但是森林里没有尺子，那怎么办？

出示图片。

师：熊奶奶是用什么测量的？

师：那我们看看每个小动物的尾巴有多长？

师：谁的尾巴最长？

【引导小朋友在没有尺子的情况下，选择自然物测量长度，初步了解测量方法。】

2. 活动展开

（1）初识自然测量。

师：熊奶奶是用叶子怎样测量的？

幼：一片一片连接起来测量的。

师：熊奶奶用相同的树叶，一头一尾这样连起来做了一把尺子。

出示一片树叶。

师：现实中我们很难找到两片一模一样的树叶，那请小朋友们想一想，如果只有一片树叶我们应该怎样去测量？

幼：可以边测量边做标记。

【观察图片初步认识首尾相接的测量方法。】

（2）演示测量方法。

师：小朋友们请看，如果只有一片树叶我们可以像这样，一边测量一边标记，标记点就是下次测量的起点，这样不重叠不留空首尾相接地测量，然后看看标记了几次就是测量的结果了。

【通过课件，展示首尾相接的测量方法。】

（3）幼儿探索。

师：我们刚刚用测量的方法比较出了谁的尾巴最长，接下来老师想请小朋友们来比一比电视和黑板哪个长？

师：你们想一想在教室里我们没有尺子，你可以用什么进行测量？

请小朋友们分别说说，从中选取一种测量工具。

师：在测量时要注意几个点：第一，我们应该从哪量，到哪里结束？请小朋友来指一指。（明确起点终点）

师：第二，我们应该沿着哪里量比较准确？

幼：沿着底下的边。（测量需沿直线测量）

师：哪个小朋友想来试一试？其他小朋友请用小眼睛仔细观察，看看他的测量是否正确。（请 2 名幼儿分别测量桌子和电视的长度，并纠正测量方法。）

师：我们把测量结果写在测量记录单里，电视是 5 根多一点，黑板是 6 根多一点，多一点可以用“+”号来表示。

【让幼儿初步测量，用同一物品测量不同物体，比较测量结果。】

（4）教师验证结果。

师：接下来老师来示范一下正确的测量方法，验证一下他们的结果是否正确。

小结：首尾相接的测量方法，测量物体有起点，两个起点要对齐，一边测一边记，不重叠、不留空。

【教师示范测量并验证结果，巩固测量方法。】

（5）测量课桌。

师：接下来老师想请你们帮一个忙，量一量我们的课桌有多长。你可以自己选择测量工具，然后填写记录单。测量时小朋友之间可以互相帮助、互相合作，好了，小朋友们行动起来吧。（教师观察指导）

师：小朋友们已经测量完了，请小朋友们拿着测量工具和测量记录单回到座位。

师：请小朋友们来分享一下测量结果，用完整的语言表达：我用的工具是……测量的结果：长边是……短边是……

（教师把他们的测量结果填在大的测量记录单中，直观比较测量结果。）

师：通过测量记录单，我们发现小朋友们用不同量具测出来结果是不一样的。

【通过解决实际简单问题，启发幼儿认识到不同量具测量同一物体能得到不同结果。】

活动延展

1. 活动延伸

师：我们在身边有合适的物体的时候可以借助自然物去测量，那如果我们没有尺子也没有合适的物品，小朋友们想一想还可以用什么测量呢？

师：我们的小手和小脚可不可以测量？比如用手量一量、用步量一量。

师：找一个小朋友，我来量一量你的臂长。

师：接下来我们尝试用小手或小脚去试着量一量身体部位或者量一量教室有多长吧。

2. 家园共育

爸爸妈妈和小朋友在家里用小脚丫量一量沙发和餐桌，比较测量的结果，并把测量记录单带回班级分享发现的结果。

活动反思

本次活动从绘本引入，抓住了孩子们的兴趣点，一步步启发幼儿思考，让幼儿动手实际操作，过程中幼儿参与度高，积极性强。测量时有两个小朋友互相合作完成，发展了他们的合作意识。但是活动中由于测量操作不熟练，在计数过程中出现漏记、测量时衔接不到位的现象，所以有的测量结果不准确。另外，教师在语言表达上应该更加精练，减少无效话语。

专家点评

本节活动是在大班幼儿已经学习了用尺规则测量后的生成活动。教师由熊奶奶用树叶测量引发幼儿思索，尝试利用身边现有的物品进行自然测量来解决生活中的实际问题。通过填写测量记录单来比较发现不同测量工具测量同一物品结果的不同。最后进一步提高难度，让幼儿思考如果身边没有任何物品可利用又该怎样测量。进一步引发幼儿利用手和脚进行自然测量，环节设计巧妙。整个过程幼儿动手动脑积极主动、兴趣盎然，充分体现了以幼儿为主体的教学原则。

左与右

活动基本信息

名　　称：《左与右》
活动领域：科学
年 龄 班：大班
设 计 者：苗贝贝
点 评 者：傅立洁

活动设计

设计思路

幼儿的思维特点是以具体形象思维为主，到大班阶段逐渐向抽象逻辑思维过渡，其意识、能力还不够强，处于探索状态。我班许多幼儿在游戏中，常常分不清自己的左右，更分不清他人的左右。为了引导幼儿清楚地区分自己的左右，掌握左右的概念，感知左右的相对性，特设计了此活动。本节活动让幼儿在观察、探索、操作、游戏中感知、区分左右的空间方位，并迅速做出判断和反应，从而发展幼儿的空间知觉能力和判断力。

活动目标

（1）尝试以自身为中心区分左右，有初步判断左右方位的能力。
（2）能够积极思考左右方位关系的相对性。
（3）锻炼观察和辨别能力，对数学活动感兴趣。

活动重难点

（1）重点：学会区分判断自己的左与右。
（2）难点：认识左右方位的相对性。

活动准备

（1）物质准备：PPT、小印章、手指画颜料、画纸、分清左右儿歌、操作单。

（2）经验准备：在生活中初步知道自己的左右手，知道通常画画时用右手拿画笔。

活动过程

1. 游戏导入，激发幼儿兴趣（边出示图片，边伸出左右手做动作）

师：老师要和你们来玩一个游戏，游戏需要用到你们的小手。请准备好你的小手，游戏开始。

师：请你伸出左手，比一比，你的手掌和大拇指方向和它一样吗？再请你伸出右手比一比。

师：请你用左手捏起草莓（伸出左手做动作，放进嘴里），尝一尝。啊呜，啊呜，味道怎么样？

师：请你举起右手敲敲大鼓，咚咚咚。谁想到前面用右手敲敲大鼓？（幼儿敲击鼓时播放鼓声）

师：再请你用左手摸摸小猫咪，哇，小猫的毛好软啊！

师：我们把右手伸进小浴缸试试水温。哗啦哗啦，好热啊。

师：请你用左手指一指红色的汽车，再用左手按按喇叭，嘀嘀嘀。

师：请你用右手拍拍大气球，嘭嘭嘭。

>> **设计意图：**游戏中，首先引导幼儿观察自己左右手的手掌和大拇指的方向与图片上是否一致，辨别左右手，再通过交替伸出左右手做有趣的动作，每个动作后也会出现相应的声音或动画效果。在有趣的玩乐中幼儿不断思考、纠错，逐渐区分自己的左右手，实现了激发幼儿兴趣与初步认识左右手的设计目的。

2. 学习以自身为中心区分左右

师：游戏胜利，你们都能分出自己的左右手，请你伸出你的右手和老师击掌。谁来告诉我，你是如何分辨自己的左右手的？（请多名幼儿介绍，相互交流。）

幼儿1：我拿画笔画画的这只手是右手，另外一只手就是左手。

幼儿2：我用左手扶碗，右手拿筷子。

幼儿3：我用右手举手。

幼儿4：我的右手上有一颗小痣。

小结：通常我们拿笔的那只手就是右手，另外一只手就是左手。你左手边方向是你的左边；和你的右手同一边的方向就是你的右边。

（1）教师出示印章，为幼儿的右手印上胜利徽章，帮助幼儿区分左右手。

师：刚才你们用哪只手跟老师击掌的？老师这里有一个小印章，我要给你的右手印上胜利的小印章。

>> **设计意图：**幼儿的数学知识并非仅仅通过幼儿园的教学获得，他们在日常生活中已经积累了相当丰富的有关数学的感性经验。但儿童在家庭中的数学经验往往是零散的、偶发的，幼儿园的教育活动需要帮助幼儿综合和提升这些感性经验。给

幼儿提供机会，让幼儿自己讨论和归纳区分左右手的方法，这样能让幼儿更有成就感，幼儿能进一步巩固区分左右手的方法。印在幼儿右手上的印章能辅助幼儿在接下来的活动中分辨左右手和左边右边。

（2）玩游戏辨左右，巩固以自身为中心区分身体的左右。

师：我们的游戏继续进行，这次我要增大难度了。我们的手可以分左右，我们的身体上还有其他部位可以分左和右吗？请你们听口令做动作找一找自己身体其他部位的左右。（老师一边拍手一边说律动）

师：小手小手拍拍，伸出你的——右手来——右手拍拍右肩膀——右手摸摸左耳朵。

师：小手小手拍拍，伸出你的——左手来——左手挥一挥——左手拍拍右腿。

师：小手小手拍拍，伸出你的——右脚来——右脚踩一踩。

>> **设计意图：**准备阶段边拍手边有节奏地律动，抓住了幼儿的注意力，让幼儿在听到口令时能迅速做出反应。逐渐增加口令的难度，使活动富有挑战性，并能紧紧抓住幼儿兴趣，让幼儿在能区分自己的左右手的前提下，尝试认识身体的左边右边。

（3）认识自己的左边右边，说说自己的左边和右边分别有什么。

师：我们找到了身体的左边右边，我们再来找一找教室里你的左（右）边都有什么东西。请你用右手指一指你的右边在哪里，右边有什么，你的左边在哪里，左边有什么。

>> **设计意图：**前面的活动中幼儿通过游戏分辨自己的左右手，认识了身体的左边右边，这一环节，幼儿在观察操作的过程中进一步知道自己的左边右边在哪里。

3. 动手操作，巩固练习

（1）整理蔬果货架。

师：售货员不小心把蔬菜和水果混到了一起，我们帮他整理一下吧。售货员告诉我，左边的货架是水果货架，右边的货架是蔬菜货架。

（2）整理手套货架。

师：售货员还想请你们帮个忙，手套货架上的手套只剩下左手上的手套了，你能从这些手套中帮他找到右手的手套吗？

（3）按要求，在操作卡上动手操作。

师：老师为你们准备了一些贴纸和一双画着小手的卡片。请你把水果贴纸贴到卡片的左手上，把蔬菜贴纸贴到卡片的右手上吧。

>> **设计意图：**具体形象性是幼儿期思维的主要特点，但 5~6 岁也是幼儿从具体思维向抽象思维过渡的重要时期。活动的情境性和参与度越强，越能调动幼儿的积极性和记忆力。幼儿通过实际操作，巩固了认识以自己为中心的左右的能力。教师在幼儿间观察巡视，更能了解幼儿的操作情况。

4. 认识左右位置的相对性

师：你们都能分清左与右了，谁来说一说自己的左边和右边小朋友的名字？（请幼儿先起立分别说出左边、右边小朋友的名字。再请该幼儿转过身面对小朋友说一说左边和右边小朋友的名字。)

师：请说说你左边的小朋友是谁，再请你说说右边的小朋友是谁？现在请你转过身，再说一说你左边和右边的小朋友分别是谁？

师：咦？小朋友们发现什么了？他的左边和右边的小朋友为什么变了呢？

幼儿1)：因为他转身了，他的左右两边的小朋友就不一样了。

幼儿2)：因为他面朝的方向不一样，他的左右也不一样。

师：我们一起来试试吧！请你起立，伸出左手指一指右边，右边有什么？手不要放下，向后转，再看一看你的右边在哪里了？再请你伸出左手，指一指左边，手不要放下，向后转，现在你的左边和刚刚一样吗？

小结：原来我们的方向发生了变化，我们的左右两边也发生了变化。

>> **设计意图**：通过一名幼儿面对大家指出自己的左右两边的小朋友，让幼儿发现问题，接着提出核心问题“为什么他左边右边的小朋友不一样了”，启动一个任务，把幼儿从游戏引导到探究左右是相对的问题上。幼儿提出猜想。再请所有幼儿指出自己的左右，再转动身体，让幼儿亲身经历和实际体验方向变化了，自己的左右也变了，真实地感受、探索，让幼儿印象更深刻。

活动延展

1. 活动延伸

师：老师给你们变个魔法，请你跟我一起念魔法口令：魔法魔法变变变。老师的魔法是用什么变出来的。用哪一只手呢？我们的小手还能变出很多其他的魔法，你看(边出示手掌画边请幼儿分辨是用哪只手“变”出来的)。喜欢这些手掌画的小朋友请举起你的右手，老师也喜欢这些手掌画。我举的是右手吗？为什么我举的手跟你们是相反的呢？你们也去美工区试试看你的小手能变出什么魔法吧！

>> **设计意图**：通过神奇的魔法，幼儿的兴趣点进一步被带动，有效地营造出一个强大的学习磁场。幼儿在边念魔法口令边看魔法的过程中，被最大限度地激发了学习热情，建立起丰沛的数学学习感情。活动让抽象的数学变得更加具体，让数学学习变得好玩、有趣，激发了幼儿自己探索的兴趣。

2. 家园共育

请幼儿在上学放学的路上，和爸爸妈妈说一说每个路口自己是向哪边走的。当遇到红绿灯时和爸爸妈妈一起区分红绿灯的左转和右转的指示灯。

活动反思

兴趣是最好的老师，活动中，我先以游戏的形式激发幼儿对活动的兴趣，接着让游戏贯穿整个活动中，并给幼儿提供了自己动手操作的机会，幼儿在愉快地游戏、操作、探索中认识了左右。但在认识左右的相对性环节时，没有给幼儿更多的练习与巩固的机会，导致部分幼儿只知道方向发生变化左右也变化了，对左右位置的相对性理解不够深入。在接下来的活动中，我会围绕左右位置的相对性设计一些游戏，让幼儿巩固对左右的相对性的认识。

专家点评

幼儿大班阶段正是从具体形象思维向抽象逻辑思维发展的关键时期。活动中教师先以捏草莓、敲鼓等游戏方式让幼儿辨识自己的左手右手，接着师幼互动帮助幼儿学习以自身为中心区分左右，通过整理货架环节帮助幼儿通过实际操作巩固以自己为中心的左右，最后利用小朋友面对不同方向的左右的变化来认识左右位置的相对性。整个活动通过多种游戏手段达到了丰富幼儿空间方位识别经验的目的。

捕鱼

活动基本信息

名　　称：《捕鱼》
活动领域：科学
年 龄 班：大班
设 计 者：刘丽翠
点 评 者：李伟光

活动设计

设计思路

《3~6 岁儿童学习与发展指南》指出 5~6 岁的儿童能感知和理解数、量及数量关系，初步了解量的相对性，借助实际情境和操作（如合并或拿取）来理解“加”和“减”的实际意义。能通过实物操作或其他方法进行 10 以内的加减运算。幼儿正处于快速成长的阶段，需要通过参与活动来促进身心发展，幼儿园游戏有利于提高幼儿认知兴趣，培养幼儿注意力，将游戏与数学活动相结合，通过捕鱼的游戏形式，向幼儿潜移默化地渗透 10 以内的加减法，让幼儿更加生动形象地了解 10 的分解组成，有利于发展幼儿的观察力和分析力，提高幼儿的逻辑推理能力，养成幼儿有序做事的好习惯。游戏与音乐的结合，为此次活动增添了趣味性和游戏性。

活动目标

（1）引导幼儿通过游戏操作，巩固 10 的分解组成，掌握 10 的 9 种分法。

（2）发展幼儿的观察力、分析力，培养幼儿对数学的兴趣。

（3）提高幼儿逻辑推理能力，养成幼儿有序做事的好习惯。

活动准备

（1）物质准备：彩虹绳、彩虹伞、大跳绳各一个，带有记录图的白板一个。

（2）经验准备：10以内数字的认知。

活动过程

1. 情境导入

师：今天天气真好，渔夫要去池塘钓鱼。今天老师来扮演渔夫，小朋友们来扮演小鱼吧。那么小鱼是怎么游的呢？

请小朋友们站到“池塘”里，模仿小鱼游。

2. 开展游戏

师：既然小朋友们都已经知道小鱼怎么游的了，那我们就开始游戏吧。

（1）出示道具渔网（彩虹绳），介绍游戏玩法。

师：首先我们要分成两组，请一组小朋友先坐下，另外一组的小朋友里，我要选一位小朋友和我一起做渔夫捞鱼。这是渔夫的网，等会渔夫就要拿这张网去捉小鱼，如果被我的渔网罩到，那就代表这条小鱼被我抓到了，被我抓到的小鱼就不能跑出渔网了。请其他小鱼迅速地说出我抓到了几条小鱼？游走了几条？并请渔夫进行记录。

师：现在我们来捞鱼啦！（捞鱼的过程中强调规则，注意安全。）

（2）捞好小鱼后数一数捞了几条，剩了几条，进行记录。

师：我要从另外一组的小朋友里再选一位渔夫，和我们这位渔夫一起捞鱼，不能和我刚才捞的一样。

（3）渔夫捞完鱼后教师引导提问渔夫捞了几条小鱼，剩余多少条小鱼，并记录。

师：现在我来问问坐着的小朋友，你们想要渔夫捞几条小鱼呀？（引导幼儿的回答不要和前面重复）

（4）让渔夫根据小朋友的要求捞鱼，教师提问坐着的小朋友还剩下多少条鱼，并记录。

（5）变换游戏道具（彩虹伞），介绍游戏玩法。

师：现在我们请两组小朋友交换一下，我带来了一个新的渔网。我还是请一位小朋友和我一起当渔夫去捞鱼，请小鱼们坐好，我要和小渔夫捞鱼了。请小朋友们猜猜渔网里有几条鱼呀？

（6）教师带领幼儿进行验证并记录。

师：现在我要增加难度了，我需要渔网外面剩下X条小鱼，请渔夫来想一想应该捞多少条鱼？

（7）教师和渔夫一起捞鱼，并记录数值。

师：现在我想问问坐着的小朋友们，你们想剩下几条鱼？好的，现在请渔夫捞鱼。你们看看渔夫捞对了吗？

（8）教师和渔夫一起捞鱼，并记录数值。

3. 总结

师：小朋友们，我们一共捞了多少次鱼？一共有多少条鱼？那10可以有几种分法？分别是什么？

4. 自主游戏

（1）将幼儿分成两组进行比赛。

师：现在请所有小鱼站好，我们一起来比赛，首先分成两组，我邀请另外一位老师和你们一起游戏，这样每组有两位渔夫，10条小鱼，请你们自己想一想要怎么捞鱼。

（2）捞好了请记录到记录板上，看看哪组做得又快又准。

师：现在比赛开始了，请渔夫和小鱼加油！

5. 结束

师：小鱼今天游得累不累啊？那我请所有的小鱼回岸上休息。

由教师带领幼儿离开场地。

活动延展

1. 教学变式

通过过程性变式，在室内进行渔夫捕鱼的游戏，利用小鱼的游戏卡片，让幼儿自主进行10以内的分解实验，从而激发幼儿兴趣。

2. 活动延伸

运用教学变式，回到室内后，运用小鱼的卡片进行室内捕鱼活动，让幼儿通过自主操作进一步了解10以内的数量分解，自由发挥。

3. 家园共育

引导幼儿在家与爸爸妈妈说一说10可以分成哪几个好朋友。家长与幼儿在回忆幼儿园美好时光的同时，增进亲子感情，同时提高了幼儿的逻辑推理能力，养成幼儿有序做事的好习惯，为家园共育提供了良好的契机。

4. 领域渗透

将科学领域与健康领域相结合，通过游戏操作，增强幼儿对科学数学的兴趣。此外，活动还可以与艺术领域相结合。通过此次活动的开展，引导幼儿将活动的感受及获得的经验运用画笔描绘出来，回家与父母进行分享。

活动反思

本节活动分为情境导入、开展游戏、总结、自主游戏、结束5个环节，教师营造出充满趣味的渔夫拉网捕鱼的游戏氛围，引导幼儿在游戏中探索10以内的数量分解和组成，教师较好地控制了运动、游戏和教育指导三方面要素的比例和节奏，既发展了幼儿的观察力、分析力，培养了幼儿对数学的兴趣，又提高了幼儿的逻辑推理能力，养成幼儿有序做事的好习惯。同时，使幼儿得到了锻炼，体验到游戏的乐趣和探索合作方法成功后的满足。活动环节清晰，目标性强，层次递进，较好地体现了螺旋上升逐步提高难度的原则。在活动最后可以让幼儿开展室内区域活动，巩固提升。

专家点评

活动通过捕鱼游戏学习 10 的合成与分解，符合《指南》中提出的数学学习用于解决生活中的问题这一特点，在活动结束后的活动延伸环节用小鱼卡片组织活动进一步开展，保证了活动的延续性。但是，在活动组织中如何发挥幼儿的主动性，给幼儿充分的时间进行记录，而且保证记录数据包含 10 的 9 种分解方法，值得活动指导老师进一步思考完善。

送图形宝宝上幼儿园

活动基本信息

名　　称：《送图形宝宝上幼儿园》
活动领域：科学
年 龄 班：小班
设 计 者：李庆鑫
点 评 者：刘　婷

活动设计

设计思路

科学领域中幼儿可以初步感知生活中数学的有用和有趣。3~4岁的幼儿通过进一步熟悉图形宝宝，可以感知和发现周围物体的形状是多种多样的，进而对不同的形状感兴趣。针对幼儿这一发展特点和兴趣，我设计了送图形宝宝上幼儿园这一活动，既贴近幼儿上幼儿园的真实经历，又能够帮助幼儿在趣味中应用图形。

活动目标

（1）在游戏中认识并区分圆形和正方形。
（2）体验集体游戏的快乐。

活动准备

（1）物质准备：PPT、Flash 视频。
（2）经验准备：幼儿对图形的初步了解。

活动过程

1. 认识图形宝宝

师：小朋友们都已经可以认识自己上幼儿园的路了，今天有几位图形宝宝也要上幼儿园，先一起来看一看它们是什么图形吧！

（教师出示圆形。）

师：这个是我们之前学过的图形——圆形宝宝。它有什么特点呢？
（教师出示讲解圆形的视频。）
师：圆形是可以滚起来的。
师：接下来，我们来看看第二个图形宝宝——方形。它有什么特点呢？
（教师出示正方形。）
师：一起来数一数正方形有几个角、几条边。
（教师出示讲解正方形的视频。）
师：方形是方方正正的。

2. 熟悉图形宝宝

师：小朋友们，小耳朵要仔细地听老师的图形宝宝指令，拖动正确的图形到白色框内。
师：我请圆形宝宝到白色框内。（幼儿拖动）
师：我准备请两个正方形宝宝到白色框内。（幼儿拖动）
师：我请两个正方形宝宝、一个圆形宝宝到白色框内。（幼儿拖动）
图形宝宝已经和小朋友们非常熟悉了，我们准备送图形宝宝去幼儿园了！

3. 送图形宝宝上幼儿园

师：请小朋友们仔细观察圆形宝宝上的幼儿园是什么样子的，桌子是什么形状的，老师的脸也是圆形的。所以，圆形宝宝上的幼儿园是圆圆幼儿园。
师：我们现在要送圆形宝宝去圆圆幼儿园上学了，图形宝宝需要走什么路线呢？小朋友们看一看我走得对吗？请小朋友来说一说！
师：那我该怎么走呢？请一位小朋友帮我走正确的路线。
教师边示范边讲述规则：我们把圆形宝宝送到圆圆幼儿园里去吧。圆形老师说，到圆圆幼儿园来要走一条圆圆的小路，可千万不能踩在正方形的砖头上哦！每次只能送一个宝宝去幼儿园。一边送一边要告诉圆形宝宝："圆形宝宝，我送你去圆圆幼儿园，再见！"
师：我们现在要送正方形宝宝去方方幼儿园上学了。方方幼儿园有什么特别的地方呢？
师：图形宝宝需要走什么路线呢？这次请小朋友们标记出正方形就可以了！
（请小朋友到前面来画出路线。）
（教师演示送圆形宝宝上幼儿园时，故意走到正方形宝宝的砖上面，增加幼儿区分图形的机会，加强幼儿对规则的了解。幼儿验证时如果有错，教师要把握幼儿间的互动机会。）

4. 图形宝宝用处多

师：一起来看看图形宝宝分别在视频哪里出现了？
师：视频里哪个图形宝宝在打保龄球呢？圆形宝宝可以去正方形孔吗？图形宝宝蘸颜

料之后走出来的图形是什么样的呢？

师：请小朋友们说说在生活中哪里见到过圆形宝宝呢？

（教师出示纽扣、盘子、钟表、光盘等具有圆形外形的物品。）

师：请小朋友们说说在生活中哪里见到过正方形宝宝呢？

（教师出示钟表、巧克力、纸抽、方形的灯开关、正方形的积木。）

5. 哭泣的三角形宝宝

导入：（出示三角形图片）谁在哭呀？三角形宝宝也想上幼儿园。

教师：三角形宝宝能上圆圆／方方幼儿园吗？那它该上什么幼儿园呢？

小结：那我们明天再来造一个三角形幼儿园，送三角形宝宝上幼儿园吧！

活动延展

1. 教学变式

利用户外带形状的器械来引导幼儿实际走一走上幼儿园的路线。

2. 活动延伸

在科学区域中可以继续通过触摸形状来感知图形宝宝的特征。

3. 家园共育

引导幼儿感知和认识日常生活中物体的形状。在幼儿园、家里尽量呈现关于三角形、正方形和圆形的变式，加深幼儿对这些形状的区分和认识。

4. 领域渗透

艺术领域：为图形宝宝画出上幼儿园的路线。

利用不同形状的纸进行粘贴、创作。

活动反思

（1）教师应该将 PPT 制作得更精美一些。

（2）教师的口头语言应该去掉一些。

（3）可以加入形状器械，使幼儿实际演示送图形宝宝上学的路线。

专家点评

《3~6 岁儿童学习与发展指南》指出，3~4 岁幼儿能注意物体较明显的形状特征，并能用自己的语言描述，且可以用多种方法在物体与几何形体之间建立联系。本次活动为幼儿介绍了圆形和方形，并利用上幼儿园的情境，将相同的图形对应；最后请幼儿说出生活中的圆形和方形，充分引导幼儿感受生活中各种物品的形状特征。整个活动逻辑严谨，符合科学领域严谨性的特征，又不乏趣味性，做到了在实际生活中发现科学、探究科学。

多种多样的车

活动基本信息

名　　称：《多种多样的车》

活动领域：科学

年 龄 班：小班

设 计 者：武文颖

点 评 者：万立勇

活动设计

设计思路

《幼儿园教育指导纲要》明确指出：科学教育应密切联系幼儿的实际生活进行，利用身边的事物与现象作为科学探索的对象。汽车在实际生活中起到非常重要的作用，是幼儿在日常生活中比较常见的事物。本次活动以幼儿的实际生活为基础，使幼儿了解公共汽车、消防车、救护车的基本功能，并能观察出这些车辆外形特征的区别，培养了他们的探索精神。

活动目标

（1）通过仔细观察知道公共汽车、消防车、救护车的名称和外形特征。

（2）能够运用比较和对应的方法了解三种车辆的主要功能。

活动准备

（1）物质准备：PPT。

（2）经验准备：幼儿观察车辆的生活经验。

活动过程

1. 情境导入——利用巧虎的到来激发幼儿兴趣，导入科学主题——各种各样的车

师：孩子们，今天老师带来一位你们非常熟悉的朋友，你们看谁来啦？

师：今天巧虎和它的好朋友们要去游乐场，我们一起看看还有谁？

师：他们可能乘坐什么交通工具去游乐场呢？

2. 认识公交车——展开故事情节，巧虎和它的朋友们乘坐公交车去游乐场

师：认真观察公交车的外形特征，请小朋友来说一说吧。

师：公交车的功能是什么呢？优点是什么？

教师根据幼儿的回答有针对性地回应，并播放 PPT 以巧虎的口吻总结公交车的外形特征和作用。

3. 认识消防车——展开故事情节，巧虎在路上遇到一处住宅起火，引出消防车

师：巧虎和它的朋友们继续向前走，突然发现有一处着火了，遇到这种情况应该怎么办？（回答略）

师：有的小朋友说可以拨打 119 电话向消防员求助，消防员会开着消防车前来救火，我们看看故事里接下来发生了什么。（播放消防车赶往火灾现场的视频，孩子们从视觉、听觉感知消防车的外形和用途。）

师：我们互相讨论一下消防车的外形特征，一会儿请你们给大家讲一讲消防车的外形以及组成部分。

教师根据幼儿的回答有针对性地回应，并播放 PPT 以巧虎的口吻总结消防车的外形特征和作用。

4. 认识救护车——展开故事情节，巧虎遇到突发疾病的病人，引出救护车

师：火也扑灭了，人员都安全了，巧虎和它的朋友们又继续出发了，我们看看又发生了什么事情？

幼：有人突然晕倒了。

师：遇到这种情况应该怎样处理呢？

师：我们看一看故事里发生了什么。（教师播放 PPT，引出救护车。）

师：我们一起观察一下救护车的外形特征，请小朋友来说一说。

教师根据幼儿的回答有针对性地回应，并播放 PPT 以巧虎的口吻总结救护车的外形特征和作用。

5. 比较公交车、消防车、救护车的特点，在记录单上连线

师：懒羊羊起床晚了，在家里哭了，它不认识公交车、消防车和救护车，我们一起来帮帮它吧。（发放记录单）

教师根据幼儿的记录情况进行点评和总结，帮助懒羊羊认清车辆的特征和作用，最终到达游乐场一起游戏。

活动延展

1. 活动延伸

幼儿在放学路上观察马路上的车辆，看看都有哪些类型的车辆，观察它们的外形特征，探索不同车辆的功能；回到幼儿园和同伴进行分享交流，引导他们在交流中尝试整理、概括自己的探究成果。

2. 家园共育

引导家长支持幼儿自发的观察活动，并对其的发现表示赞赏；利用家里的玩具汽车玩角色扮演游戏，在了解车辆特征和功能的基础上，了解不同职业的人。

3. 领域渗透

与艺术领域相结合，画出不同种类的车辆；与语言领域相结合，表演故事情节，创编故事情节。

活动反思

科学与语言领域相结合，通过故事情节的发展了解车辆的特征，幼儿更易接受。教学过程中根据幼儿以直观经验获得知识的特点，引导幼儿通过感觉、视觉、听觉等多种感官探索事物，发现消防车、救护车和公共汽车的不同特点和功能。在师幼谈话中，教师抛出问题，有意识地引导幼儿学习观察的基本方法，培养幼儿的观察与分类能力。活动过程中可适当加大难度，关注幼儿的个性化发展。

活动资料

专家点评

《纲要》中指出："科学教育应密切联系幼儿的实际生活进行，利用身边的事物与现象作为科学探索的对象。"车辆是幼儿日常生活中比较常见的事物，车辆在实际生活中起到了非常重要的作用。本次科学活动《多种多样的车》从幼儿的实际生活出发，在认知各种车辆的基础上，了解并对比它们的主要外形特征和功能，并通过引导幼儿观察，激发幼儿积极探索的欲望。

45

找空气

活动基本信息

名　　称：《找空气》
活动领域：科学
年 龄 班：中班
设 计 者：田秀苹
点 评 者：刘　婷

活动设计

设计思路

《纲要》中明确指出“科学教育应密切联系幼儿的实际生活进行，利用身边的事物与现象作为科学探索的对象”。而空气在我们的生活中无处不在，并且与我们的生命息息相关，世间万物的生长都离不开空气。在本节活动中，教师提供大量的操作材料，引导幼儿在看一看、做一做、说一说等活动中，探究、发现空气的特征与作用，进而激发幼儿对科学活动的探究欲望。

活动目标

（1）初步了解空气是看不见的、摸不着的。

（2）知道我们的生活离不开空气，知道空气有助燃、充气的作用。

（3）通过幼儿猜想、观察、动手实验等活动探究空气的秘密。

（4）能够在科学操作中喜欢探究、热爱科学。

活动重难点

（1）重点：初步了解空气是看不见、摸不着、无色无味的，知道空气有助燃、充气的作用。

（2）难点：引导幼儿通过猜想、观察、动手实验等活动探究空气的秘密。

活动准备

（1）物质准备：白色塑料袋15个，玻璃杯、蜡烛、吸管、粉笔头、装有水的塑料瓶、装有水的玻璃盆1个，小玻璃杯、打火机各1个，纸杯、卡纸。

（2）经验准备：中班的孩子已经初步知道我们的身边有空气的存在。经过一年的在园学习，孩子们已经有了一定的思维能力和动手操作的能力。

活动过程

1. 提出问题，引发兴趣

（1）初变魔术。

师："小朋友们，今天老师给大家变一个小魔术。"

教师出示一个纸杯、一张卡纸、水。

引导幼儿猜想："老师将杯子里装满水用纸盖住，将杯子倒过来后，卡纸能不能托住水呢？水会不会掉下来呢？"

魔术开始：老师将纸杯里装满水，用一张纸盖上，将杯子倒过来。（卡纸把水托住了，水没有掉下来。）

【对于水没有掉下来的现象，幼儿充满疑惑。在幼儿的疑惑中，教师开始第二个魔术。】

（2）再变魔术。

师："老师再给大家变一个魔术。要仔细看，看一看这次与上次有什么不同？"

老师将纸杯里装不满的水，用一张卡纸盖上，将杯子倒过来，卡纸没有托住水，水掉下来了。

教师启发幼儿注意观察，认真思考，引导幼儿进行猜想与讨论，寻求答案。

✎ 小结："刚才的两个小魔术告诉我们：杯子里是有空气的。"

【在此环节，教师通过演示实验和抛出启发性问题，引导幼儿仔细观察，认真思考，直观地感知和发现空气的存在，并为接下来的活动做好了铺垫。】

2. 探究实验一：空气无处不在

引导幼儿探索实验，发现空气是无处不在的。

（1）请幼儿分组用塑料袋在活动室内及走廊各处找空气。

（2）分组实验：用扇子扇一扇有没有空气，用吸管往杯子里吹气；往透明塑料杯中扔粉笔头等。摇晃装有水的塑料瓶看看有什么现象，想想这是为什么？

（3）启发幼儿说出还有什么地方有空气？（轮胎、游泳圈、热气球等）

3. 探索实验二：空气无色无味

师："看一看我们抓到的空气是什么颜色的呀？"

（如果幼儿说出白色，指导幼儿与白纸比较，体会空气没有颜色。）

师："把小脑袋伸进去尝一尝空气的味道，是什么味的呀？"

4. 探索实验三：空气的作用

（1）请幼儿捏住鼻子，闭上嘴巴，感受片刻，说说自己的感受。

（2）帮助幼儿了解空气与我们生活的关系，了解人和动物都离不开空气，所以我们要爱护环境，保护空气。

（3）把点燃的蜡烛用玻璃杯罩住，验证空气有助燃的作用。

5. 活动结束

老师和孩子们一起总结空气就在我们身边，空气无处不在，

我们离不开空气。空气是无色无味、看不到、摸不着的。空气还有助燃的作用。

活动延展

1. 活动延伸

与小朋友们分享自己找到的空气，例如在什么地方、用什么方法找到的。

2. 家园共育

与爸爸妈妈一起寻找家里的空气都在哪里，用什么方法找到的。用自己喜欢的方法记录下来，和小朋友们一起分享。

3. 教学变式

第一环节中的活动变魔术，可以改成猜谜语，看不见、摸不着、无色无味，动物植物都需要，一时一刻离不了。通过猜谜语激发幼儿的学习兴趣。

活动反思

教师在活动中运用了启发提问法、观察发现法、引导发现法、实验操作法。首先提出问题引发幼儿兴趣，通过两个小魔术的演示和抛出的启发性问题，引导幼儿仔细观察，认真思考，直观地感知和发现空气的存在，并为接下来的活动做好铺垫。

接下来通过三个小实验，引导幼儿观察、思考、探索，让抽象的自然想象变得具体化，课堂气氛很活跃，突出了活动的重难点。通过科学探索活动，丰富幼儿的生活经验，利用简单的科学实验使幼儿感知空气的存在，也是这次活动的亮点。让幼儿理解我们的生活离不开空气，空气无处不在，只要有空隙的地方就有空气，同时培养了幼儿的认知能力。

专家点评

《指南》指出，幼儿科学学习的核心是激发探究兴趣，体验探究过程，发展初步的探究能力。本次活动教师利用两个对比实验导入，吸引幼儿注意，引发幼儿的兴趣。然后通过幼儿直接感知、亲身体验和动手操作，进行探究实验发现空气的性质与作用，充分发挥了幼儿解决问题的能力。此外，活动延展还进行了幼儿间的相互交流，发展幼儿的语言交流能力，充分做到领域融合。

46

有趣的单双数

活动基本信息

名　　称：《有趣的单双数》
活动领域：科学
年 龄 班：大班
设 计 者：窦　洁
点 评 者：邸燕鸣

活动设计

设计思路

认识10以内单双数是大班幼儿学习的内容。新《纲要》中提出“教育教学必须让幼儿能从生活和游戏中对周围环境的数、量、形等现象产生兴趣，建构初步的数概念并学习用简单的数学方法，解决生活和游戏中简单的问题”。因此，我以游戏和情境故事引入，引起幼儿对活动内容的兴趣，主要通过希沃白板互动游戏和操作材料让幼儿亲身操作和探索，从而让幼儿认识10以内的单双数并理解单双数的含义。

活动目标

（1）认识10以内的单双数，初步理解单数和双数的含义。
（2）通过游戏，能够正确区分10以内的单双数。
（3）积极参与数学活动，体验数学活动的乐趣。

活动准备

物质准备：操作单、彩笔、音乐、数字卡片、课件。

活动过程

1. 游戏《找朋友》导入，理解单数和双数，激发幼儿参与活动兴趣

师：一年一度的森林动物狂欢会开始了，让我听一听里面有什么好玩的。哇！里面在玩找朋友的游戏，我要带着表现好的小朋友一起去玩，请小朋友们跟随音乐转圈，音乐停止，两两找朋友轻轻抱一抱。小朋友都两两找到朋友了，只有老师孤孤单单一个人，下次我也争取找到好朋友。现在我们已经进入了会场，请小朋友静悄悄地回座位。

2. 展示小动物图片，引导幼儿根据两两结伴的方法，帮助小动物找到正确通道，初步学习判断单数与双数的方法

师：狂欢会马上要开始了，我们来看一看还有谁来参加狂欢会了？先请小朋友闭上小眼睛，当我数到3的时候再睁开。（利用放大镜关灯功能，请小动物出现，增强神秘感。）

（1）出示红色门和绿色门，引导幼儿根据两两结伴方法，帮助小动物找到正确通道。（教师示范1~5）

师：哇！这么多小动物都来了，狂欢会的管理员说，来参加狂欢会的小动物太多了，需要分批进入，两个两个结对都能找到好朋友的，进入绿色的门。两个两个结对还剩下一只没有找到好朋友的小动物，进入红色的门。我们看看先出来的是谁？用两两结伴圈起来的方法帮它们找到正确通道。

（2）引导幼儿帮助小动物进“单数门”和“双数门”，初步感知单数和双数的含义。（幼儿自主完成操作单，探索6~10。）

师：还有几组小动物需要大家的帮助，请小朋友每人取一份操作单，用两个两个结伴圈起来的方法帮助小动物找到正确通道。两个两个结对都能找到好朋友的，用绿色笔把相应的数字圈起来。两个两个结对还剩下一只没有找到好朋友的，用红色笔把相应的数字圈起来。

（3）幼儿展示探索出的答案，操作白板游戏，帮助所有小动物找到正确通道。

师：小朋友刚刚完成得非常好，下面请小朋友把所有小动物送进正确通道。

小结：两个两个结对能成为好朋友的，我们叫作双数，进入绿色门。两个两个结对还剩下一只没有找到好朋友的，叫作单数，进入红色门。数字1、3、5、7、9是单数。数字2、4、6、8、10是双数。

（4）出示贴有数字的乐器，引导幼儿帮助乐器进入单数与双数门，巩固10以内的单双数知识。

师：乐器宝宝也想参加我们的“动物狂欢会”，它们的身上贴了1~10号数字，请你帮助它们找到正确的通道吧。

小结：1、3、5、7、9是单数。2、4、6、8、10是双数。

3. 单双数游戏，巩固幼儿认识单双数

（1）游戏：谁不见了？教师出示数字1~10，引导幼儿寻找哪个数字宝宝不见了，并说出藏起来的数字宝宝是单数还是双数。训练幼儿的记忆力及判断单双数。

师：到小朋友最期待的游戏环节了，第一个游戏，请小朋友抢答数字1~10中谁不见了？它是单数还是双数？（先集体回答再个人回答）

（2）游戏：谁是单数？双人竞赛游戏，判断哪个数字是单数，答对单数多的一方获胜。

师：第二个游戏，两人竞赛，请小朋友点击单数气球，答对数量多的小朋友获胜。（2~3组幼儿）

4. 活动结束，互动小结

动物狂欢会结束了，我们认识了单双数，一起说一说10以内的单数有1、3、5、7、9，双数有2、4、6、8、10，今天小朋友们表现得非常好，狂欢会的管理员给每人奖励一个数字宝宝，拿到单数的小朋友找窦老师站队，拿到双数的小朋友找刘老师站队。现在我们排着队去教室里找一找哪些物品的数量是单数，哪些物品的数量是双数。（播放音乐，跟随音乐离场。）

活动延伸

1. 区域延伸

把操作单投放到数学区，幼儿可进区进行巩固复习。

2. 家园共育

家长引导幼儿找一找家里哪些物品的数量是单数，哪些物品的数量是双数。

3. 领域渗透

将科学、语言领域渗透整合，注重幼儿全面发展。

活动反思

（1）本次活动环节完整、连贯，教师的教态自然亲切，活动的目标基本完成。师幼互动情况良好，幼儿兴趣非常浓厚，积极主动地回答问题、参与活动，真正体验到数学活动的乐趣。

（2）本次活动以游戏开始，在游戏中结束，充分利用信息技术希沃白板课件和游戏，并结合幼儿的日常生活经验，让幼儿在轻松愉快的氛围中较好地掌握了10以内的单双数，希沃白板课件和游戏充分调动了幼儿的积极性，丰富多样的形式使抽象的数学变得生动形象，让幼儿更容易接受，更喜欢学习。

不足之处是教师的表情、动作以及语音语调有些平淡，应再夸张一些，会更加吸引幼儿。教师应给予幼儿更加宽松自由的活动空间，自主探索和发挥的空间，多一些提问，调动幼儿的积极性，活跃课堂氛围。

专家点评

《纲要》中明确指出：数学教育的目标是“能从生活和游戏中感受事物的数量关系并体验到数学的有用和有趣”。《指南》中的教育建议也提出引导幼儿感知和体会生活中很多地方都用到数，关注周围和自己生活密切相关的数的信息。它们体现出来的数学教育的新目标和教育价值，要求教师转变教育观念，在生活和游戏的真实情境和解决问题的过程中逐渐形成幼儿的数学感和数学意识 .

窦洁老师采用多种游戏方式开展了此项活动，以游戏贯穿整个活动，让孩子在快乐的游戏中区分 10 以内的单数和双数。

在活动中，通过创设“森林动物狂欢会”这种幼儿熟悉的情境，让幼儿在富有生活气息的活动中感知理解单双数的概念，在操作中区分 10 以内的单双数，并在此基础上进一步拓展，启发幼儿寻找身上或者周围环境中哪些物体是单数，哪些东西是双数，在一系列循序渐进、富有挑战性的游戏中促进了幼儿对单双数及相关概念更透彻的理解。幼儿在轻松愉快的氛围中学会了 10 以内的单双数。

教师语言表达清晰，有亲和力，教学流程清晰，层层递进；情境导入，激发兴趣，操作体验感知单双数，游戏活动巩固单双数，很好地完成教学目标。

47

颜色变变变

活动基本信息

名　　称：《颜色变变变》
活动领域：科学
年 龄 班：小班
设 计 者：张　丹
点 评 者：万立勇

活动设计

设计思路

幼儿的科学活动应密切联系幼儿的实际生活，教师应充分利用幼儿身边的事物和现象作为科学探索的对象。漂亮、鲜艳的颜色总是吸引着幼儿的兴趣和注意，本次活动就是结合幼儿对颜色的喜爱，利用变魔法的方式，运用启发提问法、直观教学法、总结归纳法等方法，加深幼儿对颜色的认识。

活动目标

（1）认识红、黄、蓝三种颜色。

（2）感知两种颜色混合后变出新的颜色的现象，体验发现的乐趣。

（3）能够有序地收、取教具。

活动准备

（1）物质准备：每人装有小半瓶水的矿泉水瓶一个，在盖子上分别涂上红、黄、蓝三色颜料。贴有红、黄、蓝色小花的筐各一个。

（2）经验准备：认识牛奶和水。

活动过程

1. 游戏导入

今天，张老师带来了一位好朋友，我们一起数一、二、三把它请出来吧！

哇，这是什么呀？（矿泉水瓶，瓶宝宝。）我们来看看，瓶子里面有什么？（水）水是什么颜色的？（没有颜色，白色的。）

通过用牛奶和水进行对比让幼儿了解水不是白色的，水是没有颜色的。

小结：水是没有颜色的、透明的，而不是白色的。

2. 教师示范实验过程

好了，小朋友们睁大你们的眼睛，水宝宝要和我们一起来玩变变变的游戏，我们一起来说：水宝宝，水宝宝，变变变。水宝宝，水宝宝，变变变！（摇动瓶子）

哇，水宝宝怎样了？（变色了）好玩吗？你们想不想试一试呢？

3. 幼儿取材料尝试、探索水的变化

老师准备了好多的瓶子，每个小朋友一个瓶子，拿到瓶子以后，我们一起像老师一样摇瓶子，要说水宝宝，水宝宝，变变变。

你们变出来了吗？变出了什么颜色？

4. 颜色对应

老师有一个美丽的花园，花园里开满了五颜六色的花，这些小花都是用神奇的营养液浇灌长大的。就在刚才张老师把制作营养液的方法教给了小朋友们，并制作出了各种颜色的营养液，现在小朋友们快来和张老师一起把营养液送到我的花园里吧！

咦？筐子上贴了不同颜色的小花，我们该怎样去放呢？

5. 解读秘密

我们的瓶子为什么会变颜色呢？

（请一位小朋友上来尝试摇动没有颜料的瓶子，然后摇动有颜料的瓶子。）

真奇怪，这个瓶子怎么不会变色，那个却能变出好看的颜色？

其实，老师把一个小秘密放到了瓶盖里。这个瓶盖里有什么？瓶盖里有颜料，水宝宝就可以变颜色了。

6. 活动延伸

老师手里有一瓶某个颜色的水，现在我要请另一个颜色和它做朋友，两种颜色混在一起会怎样呢？我们来观察一下。

幼儿交换瓶盖，尝试将两种不同的颜色混在一起。

现在老师为小朋友们换了另外一个颜色的瓶盖，我们再来试试看，继续摇，有什么现象发生？

7. 总结实验结果

瓶子里的水有变化吗？变成什么颜色的了？颜色可真有趣，不同的颜色混在一起还能变成另外一种颜色。

通过今天的活动小朋友们知道了，水是没有颜色的，是透明的，而不是白色的。而且通过和水宝宝做游戏，我们认识了红黄蓝三种颜色，还知道了两种颜色混在一起能变成另外一种颜色。

活动延展

1. 活动延伸

幼儿知道水变颜色的秘密后，交换瓶盖，尝试将两种不同的颜色混在一起。继续摇，观察有什么现象发生，通过亲自尝试操作，知道两种颜色混在一起能变成另外一种颜色。

2. 家园共育

在本次活动的基础上，幼儿回到家后可以尝试更多不同形式的混色方式，体验颜色变化的乐趣。

3. 领域渗透

陈鹤琴先生曾说："儿童的世界是他自己去探索去发现的，他自己所求来的知识才是真知识，他自己所发现的世界才是他的真世界。"因此，我将有关颜色的科学探索活动隐藏在区域游戏中，让孩子们从头"玩"到尾，培养幼儿仔细观察、自主探索、亲身操作的良好行为习惯。在美工区提供红、黄、蓝三种颜色的各种绘画材料，在自主操作的过程中，进一步加深幼儿对颜色的认知，体验混色的乐趣。

活动反思

整个活动以变魔法为主线，在活动中重点引导幼儿通过实验发现颜色变变变的现象，感受其中的乐趣，给幼儿充分自主探索的空间。

专家点评

活动的设计安排，从幼儿的视角出发，把实验融入魔术游戏中，抓住了幼儿的兴趣点，充分调动了幼儿参与活动的积极性，让孩子们通过亲自操作，体验颜色变化的乐趣。活动的最后环节老师抛出问题让幼儿进行自主探索会更好。

艺术领域

48

毛笔的秘密

活动基本信息

名　　称：《毛笔的秘密》
活动领域：艺术
年 龄 班：小班
设 计 者：霍云伟
点 评 者：张玉芝

活动设计

设计思路

为了宣扬我国优秀传统文化，使幼儿深度了解中国国粹，我们班开展了“走近国画”主题系列课程。从文房四宝开始，使幼儿在感知、探索、体验、创作中逐步了解中国书画知识。“毛笔的秘密”是“走近国画”系列课程的开始。接下来将进行毛笔的制作、毛笔的分类、毛笔的使用以及文房四宝的逐步感知、探索、了解，再到国画的创作、名画的欣赏等，展开了中国国粹“中国书画”的学习。毛笔对于幼儿来说新鲜有吸引力，毛笔的笔毛又是多种多样的，不同的小动物的毛制作出的毛笔都有自己的特点。结合以上因素，我设计了本节“毛笔的秘密”活动，通过看看、摸摸、画画、猜猜等方式带领幼儿了解毛笔，为以后的课程奠定基础。

活动目标

（1）通过观察让幼儿知道毛笔的特征，知道笔毛是由不同动物的毛制成的。

（2）知道毛笔是我国古人发明的书画工具，激发幼儿的民族自豪感，培养幼儿用毛笔绘画的兴趣。

活动准备

（1）教具：绘画作品（悬挂好）、羊毫笔、狼毫笔、鼠须笔、兼毫笔。

（2）学具：记录单。

活动过程

1. 实物导入，激发幼儿兴趣

师："今天，老师给小朋友介绍一个新朋友，它是什么呢？"
（毛笔。）
师："它是用来做什么的？"
（画国画，写书法。）
教师通过问题逐步引导幼儿了解毛笔。
教师为幼儿讲解毛笔的历史。

2. 感知了解，认识毛笔的结构

师："小朋友们仔细观察，毛笔是什么样子的？"
组织让幼儿摸摸看看，感受笔杆和笔毛的触感，体会软硬度。
师："孩子们来看看这张图，毛笔的三个部分都是什么？"
出示毛笔结构图，引导幼儿认识毛笔有悬线、笔杆、笔头几部分。

3. 探索学习，了解毛笔与笔毛的知识

师："孩子们，知道它为什么叫毛笔吗？""毛笔的毛用谁的毛做的？"。

教师借助主题墙内容提问："孩子们，来看看毛笔展示墙，在每根毛笔后面有个小卡片，卡片上是什么动物？"

引导幼儿观察并回答。
小结："这支笔是用黄鼠狼的毛做的，黄鼠狼的毛做的毛笔是狼毫笔。"
教师指着羊毫笔后面的羊提问："这支笔是谁的毛做的？"
引导幼儿观察并回答。
小结："这支笔是用羊的毛做的，羊毛做的毛笔是羊毫笔。"
师："这两支毛笔毛有什么不一样吗？"
引导幼儿感知、讲述两支笔的不同。（一个软、一个硬。）
教师最后指着兼毫笔提问："这支笔是谁的毛做的呢？有什么不一样？"
幼儿仔细观察并回答。
小结："羊毛和黄鼠狼毛一起做的毛笔叫作兼毫笔。"

4. 总结拓展，了解其他材料制作的毛笔

师："孩子们，除了这些动物的毛可以做毛笔，还有谁的毛可以做毛笔呢？"
教师出示动物卡片，"我们来看看能做毛笔的动物都有谁吧！"

教师出示记录单，"我们知道了那么多动物的毛可以做毛笔，现在选出能做毛笔的动物吧！"

幼儿勾选记录单上的动物，教师指导。

师："今天我们知道了很多关于毛笔的知识，老师把你们的记录单展示在主题墙上，以后谁想了解毛笔知识可以来这里看哦！"

活动延展

1. 活动延伸

主题活动"走近国画"系列课程从"毛笔的秘密"开始，将陆续开展毛笔的制作、毛笔的分类、毛笔的使用、文房四宝的感知了解、国画创作、名画欣赏等活动，深入进行国粹"中国书画"的学习。

2. 家园共育

请家长带幼儿观看中国水墨画作品，参观国画展，了解中国书画。阅读国画风绘本故事，模仿国画创作。

3. 领域渗透

将美术，社会，语言领域渗透整合，三个领域的知识相结合，注重幼儿全面发展。

活动反思

运用主题墙和实物结合的方式展开活动，让主题墙在幼儿活动学习中起到作用，使幼儿学会看主题墙，愿意参与布置主题墙，为以后区角活动自主展示作品做铺垫。

活动通过看看、摸摸、画画，让孩子以亲自感知的方式探索毛笔的特点，增强互动性，增加孩子的活动经验。

活动层层递进，自然衔接，发挥幼儿主导性，顺应幼儿的兴趣设计。活动从"这是什么？"到"毛笔都有哪儿部分？"再到"毛笔的毛是谁的毛做的？"引领幼儿展开深度学习。

专家点评

每年十月份，幼儿园都会围绕"中国人"开展主题教育活动，活动中每个班级师幼会交流讨论，确定本班中华优秀经典文化研究主题，比如京剧、武术、中药、诗词、皮影、国画、秧歌等。今年的活动中小二班的师幼经过讨论，确定了以"国画"为研究内容，教师梳理形成了"走进国画"课程，布置了充满中国水墨丹青特色的班级主题环境，在持续数周的活动中，引导孩子们从认识笔、墨、纸、砚开始，一步步走进国画的世界，为孩子们打开了一个丰富多彩、气象万千的认知祖国的美好视角。

"毛笔的秘密"是"走进国画"活动的第一个集体学习内容，内容的选择贴近幼儿的生活，同时有助于拓宽幼儿视野。教师从幼儿较为熟悉的动物与笔毛之间的联系入手，将目标定位于了解、知道毛笔特征、历史，激发幼儿的民族自豪感，培养幼儿对书法绘画的兴趣。活动目标清楚、具体，便于操作，比较符合幼儿的兴趣和需求，同时将科学认知与社会领域、语言领域相互渗透，体现了整合性。

活动流程清晰、合理，逐步递进，过渡较为自然。活动重点突出，活动难点的突破方法得当，充分发挥环境的教育功能，布置了专门的毛笔展示墙供幼儿日常学习积累经验，顺应幼儿具体形象思维为主的思维模式，准备了多种毛笔的实物供幼儿看、摸，满足幼儿具身学习的需求，让幼儿在环境、材料的相互作用中丰富和拓展相关经验，从而实现较为良好的学习效果。

教学过程中教师重视用较为开放的提问引领幼儿展开思考，没有过多干涉和替代，为幼儿提供了平等、支持性的学习环境，使幼儿能够保持积极、主动的探索，自主建构起关于毛笔结构、笔毛类型的知识结构，尊重了幼儿的主体地位，体现了幼儿园“自然、自由、自主”的学风。

活动在课程游戏化上还可以进行优化，设计适宜的“摸一摸、猜一猜”“我帮毛笔回家”等游戏，进一步激发幼儿参与活动的兴趣，加强幼儿对毛笔特征的深入掌握。如果将激发民族自豪感作为较为重要的目标，还需要在活动环节中设计相应内容和方法保证目标的实现。

49

两只小鸟

活动基本信息

名　　称：《两只小鸟》
活动领域：艺术
年 龄 班：中班
设 计 者：王　虹
点 评 者：柴美艳

活动设计

设计思路

《3~6岁儿童学习与发展指南》中强调了艺术教育活动要从感受与欣赏入手，所以本次活动借助手偶道具创设了小鸟到树林中玩捉迷藏的游戏带孩子们进入情境，增强趣味性。为了让小朋友逐步熟悉、学会这首歌，采取渐进方式让小朋友掌握视听旋律，每一遍音乐播放前都会提出不同的引导语（问题），如：猜猜是谁要到小树上玩游戏？小鸟在小树上玩的是什么游戏？再通过游戏法、角色扮演法等教学策略让幼儿在愉快的氛围中进行歌唱表演，在此基础上还尝试进行幼儿合作表演，发展幼儿的合作能力。

活动目标

（1）聆听感知音乐，学习演唱歌曲。

（2）大胆而恰如其分地进行角色表演。

（3）体验歌唱活动带来的快乐与成就感。

活动准备

（1）物质准备：《两只小鸟》PPT、黄蓝两色的小鸟手偶、黄蓝两色溜溜布等。

（2）经验准备：有玩捉迷藏的游戏经验、会做小鸟飞的动作。

活动过程

1. 聆听与欣赏，初步感知完整音乐

导入：师生互问好。播放 PPT 第一页两棵小树的画面。

师：请小朋友看看大屏，说说看到了什么？

幼：两棵小树……

师：请你们猜一猜谁要到小树上玩游戏？

【幼儿聆听音乐旋律，旋律结束出现小鸟叫声。】

幼：是小鸟要到树上玩游戏。

【课件出现黄色、蓝色两只小鸟。】

师：你们猜对了，是两只小鸟，老师还给他们起了名字，黄色小鸟叫丁丁。蓝色的小鸟叫东东，咱们一起和丁丁、东东打个招呼吧

请小朋友猜一猜丁丁、东东要在小树上玩什么游戏呢？

【观看动画，完整欣赏一遍歌曲。】

师：刚才有的小朋友说了，丁丁和东东在玩捉迷藏的游戏，说得真好。咱们来听一听、看一看老师是怎么让它们玩捉迷藏的吧。

2. 感觉与感知

（1）学习按节奏说歌词，并用小动作辅助记忆歌词内容。

师：现在老师要请你们帮助老师让丁丁、东东飞到我的手指上来，请小朋友闭起眼睛呼唤它们，它们就会来和我们一起玩游戏了！

教师在幼儿闭眼呼唤时将黄、蓝两色手偶戴在两个手上。

师：丁丁、东东愿意和爱唱歌的小朋友交朋友、玩游戏，谁能演唱这首歌，它们就飞到谁的手上和他做朋友。

【第三遍播放音乐，教师边唱边用双手上的手偶进行表演，带领幼儿感知音乐旋律，熟悉歌词。鼓励幼儿跟随老师一起聆听旋律，模仿动作。】

师：现在我们和丁丁、东东一起来玩捉迷藏的游戏。用我们的双腿来当小树，双手来当丁丁、东东。

【边按节奏说歌词，边表演。】

（2）尝试演唱歌曲。

师：现在请你们来扮演小鸟，你是想当丁丁还是想当东东呀？

这有两块溜溜布，黄色的是丁丁的家，黄色的是东东家，现在认真听老师的要求，扮演丁丁的小朋友去黄色的家，扮演东东的小朋友去蓝色的家。

【分角色扮演丁丁和东东，丁丁坐在用黄色溜溜布布置的家的一侧，东东坐在用蓝色溜溜布布置的家的一侧。】

师：现在小朋友们分别扮演丁丁和东东，老师来当鸟妈妈，我们一起来玩捉迷藏的游

戏。唱到丁丁时丁丁和妈妈打招呼，唱到东东时东东和妈妈打招呼。唱到“丁丁飞走了”丁丁就飞到自己的家藏好，唱到“东东飞走了”东东就飞到自己的家藏好。唱到“丁丁回来吧”丁丁飞回到座位上，唱到“东东回来吧”东东飞回到座位上。

【在教师创设的情境下幼儿边游戏边唱歌。在游戏过程中提示幼儿扮演的角色是小鸟要飞行，要边唱边玩。】

3. 表达与表现

师：丁丁和东东非常喜欢小朋友们，所以要飞到大家的手上和你们一起来唱歌玩游戏。

【小朋友佩戴黄蓝两色手偶进行歌唱表演。为了表演时小手不互相碰撞，提示幼儿佩戴手偶要方向统一，如：左手丁丁，右手东东。】

4. 合作表演

师：丁丁、东东说小朋友表演得很好，给你们点赞！接下来老师想和我的好朋友一起分角色来表演给大家看。请小朋友们帮我们分配一下角色吧。（听取幼儿意见，讲课教师和配班教师分别扮演丁丁和东东，戴好相应的手偶，进行合作表演。）

师：下面请每个小朋友找一个好朋友商量好自己想扮演的角色。

【根据自己扮演的角色留下相应的手偶，取下另一个手偶放回原位。幼儿分组进行合作表演。】

5. 拓展与延伸

师：小朋友们今天跟着音乐，玩丁丁和东东捉迷藏的游戏，老师看你们玩得真开心，动作也很好看，老师为你们点赞！请你们回家跟爸爸妈妈一起来玩这个游戏吧！

活动延展

（1）活动延伸：在表演区投放小鸟手偶，播放音乐，幼儿自由成组进行表演活动。

（2）家园共育：活动结束后将音乐与表演视频发到家长群里，请家长与幼儿一起制作小鸟手偶再进行亲子表演游戏。

（3）领域渗透：本次活动把音乐与语言、社会、数学等领域的教学进行了融合与渗透。如本次活动采用的说唱教学法就是把语言的说与音乐的节奏结合起来，帮助幼儿进行大胆又恰如其分的表达与表现，学习合作表演是音乐与社会领域的融合。玩捉迷藏的游戏时把同色的手偶和同色的溜溜布布置的家进行配对分类，戴着手偶进行表演时角色方向的统一是数学和音乐两个领域的融合。

活动反思

（1）本次活动通过游戏情境的创设，游戏角色的分配，游戏化的语言，让孩子们始终保持学习的积极性和主动性，在轻松愉快的氛围中完成了教学目标。

（2）本次活动采取的是层层递进、环环相扣的教学模式，每一个环节都是下一个环节的铺垫，难度逐渐叠加，不会让幼儿觉得难以完成。

（3）课件的设计既吸引孩子们的注意力，提高幼儿的活动兴趣，又让孩子们多感官参与感知音乐。课件的动画效果更是帮孩子们理解记忆歌词并为后面的歌唱表演做铺垫。

不足之处是对个别幼儿的关注不够。

活动资料

《两只小鸟》的歌谱。

专家点评

（1）本次活动为中班艺术领域的歌唱活动，教师很好地把握住 4~5 岁幼儿的年龄特点，借助课件、手偶、溜溜布等教学辅助手段，创设情境，围绕活动目标，以游戏化的形式带入对新知的学习，激发幼儿的参与兴趣，引导幼儿在情境中去“感受与欣赏，表现与创造”。

（2）活动过程由易到难，层次清晰，目标明确。从结合画面欣赏歌曲入手，引导幼儿去聆听歌曲，感受旋律特点，继而幼儿在老师的引导下，逐步尝试边唱边表演、角色扮演、同伴合作等方式的学习。在欢快的氛围、愉悦的体验中，幼儿逐步熟悉了歌曲的旋律，学会了游戏的玩法，本次活动体现了音乐活动游戏化的特点。从艺术本身来看，其价值有审美、认知、娱乐，其中审美是它最主要、最基本的价值，同时在审美活动中情感体验始终是主要的、决定性的。本次活动顺应了幼儿发展的特点，寓教育于美的享受中，幼儿在主动、愉快的情绪情感中，大胆去表现、去创造，建构自己的学习经验，为未来的发展奠定基础。

（3）教师在活动中很好地关注了领域之间、目标之间的相互渗透与整合，为幼儿语言的发展、社会性发展搭建支架，一次歌唱活动，为幼儿提供了足够的、丰富的学习与发展的空间。

你好呀色彩

活动基本信息

名　　称：《你好呀色彩》
活动领域：艺术
年 龄 班：大班
设 计 者：韩　雯
点 评 者：柴美艳

活动设计

设计思路

印象派艺术家注重光和色的变化，他们给每一笔色彩，都注入了对自然和生活的热爱，使这些画作即使跨越时空，依然充满了感染力。越小的孩子，对色彩的敏锐度越高，本次活动中教师着重引导幼儿从色彩变化的角度欣赏名画，通过活动使幼儿感受色彩的魅力，体会画家对艺术执着的追求。在幼儿创作的过程中，教师也将绘画的构图知识融入其中，从不同角度引导幼儿欣赏艺术品，并用集体协同创作的方式引导幼儿感受团结协作的快乐和成就感。

活动目标

（1）通过欣赏艺术作品，感受作品中色彩变化的丰富与美感。

（2）能够耐心观察自然界中细微的色彩变化，结合已有的创作经验，用颜色大胆地表达出来。

（3）能够遵守规则、倾听他人，与同伴友好协商、配合，共同完成创作，感受集体创作的荣誉感。

活动准备

（1）物质准备：PPT、画板、丙烯颜料、刷子、一次性手套、罩衣等。

（2）经验准备：对多种绘画风格作品的了解；丙烯画创作的简单技巧和经验。

活动过程

1. 回忆导入

根据作品特点，回忆曾经了解过的艺术家，唤起幼儿的自信与兴趣。

师：小朋友们，我们又要一起画画了，今天我们请来了我们的老朋友，莫奈爷爷陪我们一起创作。

我们都知道每位艺术家在创作的时候都有自己的爱好，比如爱用格子画画的（教师有意放慢语速，留给幼儿回答时间）（蒙德里安），还有爱用弯弯曲曲线条画画的（康定斯基），谁还记得莫奈爷爷喜欢用什么画画？

今天莫奈爷爷又给我们带来了很多美丽的作品，我们来一起欣赏一下吧。

2. 欣赏新作品

通过欣赏两组色彩鲜明的作品“干草堆”“大楼”，观察在不同时间的光线下，同一个景物不同的色彩倾向，了解光线对色彩的影响。

师：这是莫奈爷爷画过的一个干草堆，颜色太美了。请小朋友们仔细观察这幅作品的颜色，A 小朋友，你觉得莫奈爷爷是在什么时间画的这个干草堆？B 小朋友，哪些颜色让你感觉是这个时间？（以此为例引导幼儿通过观察色彩分析，猜想莫奈创作的时间、季节、天气。）

3. 观察实景照片

教师出示幼儿园天空的照片，将观察对象逐步接近实景，请幼儿观察实景照片中天空的颜色，为下一个环节做铺垫。

师：这是老师昨天拍的照片，就是我们幼儿园操场的天空。请仔细观察，你们在幼儿园的天空上发现了什么颜色？

回忆过去观察的天空，进一步引导幼儿将照片与现实景物相联系。请幼儿回忆最近一段时间内观察过的天空，说一说观察时间、观察地点、天气情况、天空及云的颜色。

师：最近老师给你们留了一个很长时间的小任务，请你们随时抬头看看天空，看看那个时候的天空是什么颜色，你们都观察了吗？谁来举手说一说？

4. 集体创作

幼儿共同创作大型作品《我们的天空》。

（1）请观察当天天空的颜色，选择适合的丙烯颜色。

（2）引导幼儿共同回忆创作丙烯画时的规则。根据本次集体创作讨论新规，教师引导幼儿共同回忆创作丙烯画时的规则，并根据本次集体创作的特点（人多、同时创作）讨论新规则。

（3）在创作过程中教师根据当时的具体问题适时提示，引导幼儿互相谦让学会倾听、合作，边观察边创作，不过度涂色。

（4）将过去艺术欣赏活动中的形式美运用到本次创作中。观察实景图片，为作品做装饰。教师引导幼儿回忆过去艺术欣赏活动中的形式美，将这种美运用到本次创作中。

（5）选择落叶的颜色，以手掌拓印的方式，为“天空”做装饰。（幼儿可以在第一次拓印落叶后，找一个朋友用击掌的方式，为自己的手掌上增添对方手掌上的颜色，使第二次手掌拓印的颜色更为丰富。）

5. 欣赏作品

集体欣赏共同创作的作品，并用语言表达出来。

教师：“小朋友们，现在后退半步，我们来一起欣赏一下我们的作品吧！”教师有针对性地引导并对幼儿及时给予肯定、鼓励。

6. 活动整理

有秩序地清理手上的颜料与操作工具，并在等待中感受颜料不同融合程度下的特点。

在整理过程中，幼儿会等待助教发湿纸巾帮助其擦干净手上的颜料，教师可以在这个环节引导等待的幼儿，将手上的颜料继续混合，感受丙烯材料的细腻手感，观察颜料不断融合后的色彩变化。

活动延展

1. 活动延伸

欣赏与反思：将作品展示在教室一段时间后，经过长时间的观察，请幼儿再聊一聊本作品，说说优点与缺点，谈谈自己对改善画面的建议。经过集体商讨后，对作品进行二次创作。借此引导幼儿学会通过不断观察进行反思。

2. 领域渗透

语言领域的渗透。本活动开展于秋季，秋季是一个色彩鲜明浓烈、充满诗意的季节，我们在这个活动后欣赏了绘本《再见夏天，你好秋天》，幼儿通过前期对自然细心观察，更能够体会绘本中优美的语言，在集体讨论的过程中也锻炼了幼儿的语言表达能力。

3. 家园共育

在日常生活中，鼓励亲子到户外观察自然环境和植物的色彩变化，并鼓励幼儿用适当的语言进行表达，并用蜡笔或丙烯等颜料将观察到的画面描绘出来。

活动反思

1. 优点

（1）在欣赏活动中，融入新知识，为下一次的艺术欣赏活动做铺垫。

（2）在活动过程中通过发现幼儿新兴趣点、新疑问，生成衍生活动。

（3）在本次活动中，教师引导幼儿学会倾听同伴的想法，懂得谦让。以共同创作美好的画面为目标，培养了幼儿的协作精神，将集体主义精神教育融入美育教育中。

2. 不足

在给天空加“花边”的这一环节中，新技法的尝试导致幼儿后期情绪兴奋，使画面凌乱，偏离预定的画面效果。分析原因：一是语言引导不到位，二是表现画面形式美与构图美的艺术活动还需要增加。

专家点评

1. 活动目标的确定和活动内容的选择

本次活动是针对 4~5 岁中班幼儿的艺术欣赏活动。艺术欣赏的目的就是“引导幼儿初步感受周围环境和注意各种美术作品中造型、色彩、构图等的情感表现性；培养他们欣赏美术作品的兴趣，丰富其美感经验，培养初步的审美评价能力”。在本活动中，教师由欣赏大师的美术作品导入，链接自然，选取幼儿生活中可感可见的自然景色作为欣赏的对象，引导幼儿亲身去感受、发现其中蕴含的美的特征，逐步感受周围环境的色彩变化，有助于加深幼儿对美术作品色彩过渡的细微变化以及构图的理解。通过这些了解从多个维度感受作品的美，培养其欣赏美术作品的兴趣，丰富其美感经验，培养幼儿初步的审美评价能力。

2. 多种教学手段的运用和科学的流程设计

本次活动中，教师利用现代信息技术，呈现经典名画和实景图像，引导孩子整体感知、通过观察比较进行细节分析，将专业的美术知识儿童化，便于幼儿掌握新经验，感受发现的乐趣。采用了适合幼儿理解的方式，使专业的色彩知识变得生动、有趣。如，教师首先引导幼儿通过回忆曾经欣赏过的艺术家作品及其绘画风格，在唤起幼儿的自信与兴趣的同时，将新知识与之相融合。活动过程中新旧知识过渡自然，教师将艺术作品与现实实景相联系，引导幼儿认真观察自然界的色彩变幻，从而亲近自然。鼓励幼儿将印象派绘画的观察方式、绘画技巧应用在创作环节中，鼓励幼儿大胆用色，成功地完成了艺术创造。在本次活动过程中，教师也通过发现幼儿的新兴趣点、新疑问，生成了后期的新活动。整体课程活动的编排以幼儿兴趣为基础环环相扣。

3. 艺术教育的独特性和各领域之间的融合

艺术是美育教育的重要载体。艺术活动不仅仅是指导幼儿掌握艺术技能，更重要的是引导幼儿学会用心灵去感受和发现美，用自己的方式去表现和创造美。本次大班艺术活动，教师将印象派的名作以易于幼儿理解的方式介绍给幼儿，不仅丰富了幼儿在艺术领域的经验，使幼儿感受艺术的多样性。更重要的是艺术作品本身承载的对生活、对自然的热爱之情，唤醒了幼儿心中对艺术之美和自然之美的爱的情感。同时，在幼儿创作过程中引导他们学会倾听同伴的想法，懂得谦让，通过集体艺术活动培养了幼儿的协作精神。

51

打电话

活动基本信息

名　　称：《打电话》
活动领域：艺术
年 龄 班：中班
设 计 者：孙亚宁
点 评 者：傅立洁

活动设计

设计思路

中班幼儿喜欢唱歌，他们活泼、好动，想象力丰富，而且对音乐已有初步的概念和欣赏能力，能形象地扮演其中的角色。他们能用夸张但适宜的语气、语调、动作、表情等去表现角色，能有兴趣地欣赏音乐，能感知不同的节奏，并学会用点头、拍手、跺脚等动作来表达，能用语言和简单的身体动作表现与音乐相应的节奏。

爱因斯坦有句名言："兴趣是最好的老师。"晨间活动时，我们经常玩拍身体部位做律动的游戏，用接唱的方式锻炼幼儿专注力。通过游戏调动了幼儿的兴趣，教师从幼儿的兴趣出发设计活动，使得孩子们更乐于接受活动。

活动目标

（1）知识技能：学会歌唱技能，能用自然的声音歌唱。
（2）过程与方法：初步运用接唱、动作等演唱形式。
（3）情感态度：喜欢并尝试为歌曲进行创编。

活动重难点

（1）重点：初步运用接唱、动作等演唱形式。
（2）难点：为歌曲尝试创编。

活动准备

（1）物质准备：PPT。

（2）经验准备：前期学习过四二拍歌曲。

活动过程

1. 谈话导入

出示图片。（两个小朋友）

师：今天我们班也来了两位小朋友，先和新朋友打个招呼吧。

师：你们听听他们在做什么？在说什么？（播放音乐）

师：谁来说一说，他们在干什么？

幼：两个小娃娃呀，正在打电话呀。

师：那他们都说了什么呢？

幼：喂喂喂，你在哪里呀？哎哎哎，我在幼儿园。

【幼儿听音乐，在感知节奏和旋律的基础上，重点是熟悉歌词。】

2. 整理歌词、感知节奏

（1）整理歌词。

师：刚才听了《打电话》这首歌，我们对歌词有了一些记忆，下面就是考验你们记忆力的时候了。我们要玩闯关游戏，但是闯关游戏一关比一关难，你们敢不敢去闯关？来看看第一关。

师：第一关："看图说话"。

师：游戏规则：小朋友们要通过图片对歌词进行记忆，比一比谁的记忆力最好。我们先来认一认。问号代表几呢？你们数数问号旁有几个小娃娃？

幼：两个小娃娃。

师：它是谁？（出示鸭子的图片）它代表语气词"呀"。第一句歌词是：两个小娃娃呀。

师：他们在干什么呢？

幼：正在打电话呀。

师：电话里怎么说的？

幼：喂喂喂，你在哪里呀？哎哎哎，我在幼儿园。

师：下面老师说一句，你们说一句。比一比谁听得最认真，说得最准确。第一关没有难倒小朋友们，你们要继续加油了。

（2）感知节奏。

师：第二关："谁的身体最灵活"。

师：这一关的游戏规则是我们要通过拍身体的部位来说一说歌词，你们想拍哪里呢？（试试小手）

师：还能拍哪里呢？（我们试试拍腿）

【生活中孩子们经常玩拍身体部位的游戏，运用孩子们熟悉的活动，引导幼儿边做动作边说歌词，帮助幼儿感知节奏，突破重点。】

✎ **小结**：老师发现小朋友们好聪明，学习本领时小眼睛认真看，小耳朵认真听，小嘴巴大声唱。这是个好办法。

3. 学唱旋律

师：第三关我们要挑战的是“小动物们怎么叫”。

师：游戏规则是用小动物的叫声唱歌。你们听谁来了？（老师模仿小猫的叫声）

师：你们听听小猫怎么唱歌的。（教师播放伴奏音乐，用“喵喵喵”代替歌词哼唱。）

师：除了小猫你们还知道其他小动物的叫声吗？我们来试一试小狗怎么唱的？那还有什么小动物呢？

【激发幼儿的生活经验，将幼儿熟悉的小动物的叫声用音乐表现出来，感知歌曲的旋律。】

4. 音乐表现

师：刚才这么多小动物都来唱歌了，小朋友们也要用我们的语言来唱歌，我们来玩一个接龙游戏，老师唱前一部分，小朋友们唱后一部分，当老师的手伸向小朋友时，就轮到你们唱了。

【幼儿在记忆歌词、感知歌曲的旋律和节奏的基础上，能专注于接唱歌曲，从而突破重点。】

5. 歌曲创编

师：小朋友们都学会唱了，那你们再想一想小娃娃除了在幼儿园还能在哪？我们可以把幼儿园换成其他地方对歌曲进行修改。教师示范。那还能在哪呢？谁想来唱一唱？

【从幼儿园引申到生活中，请幼儿想一想生活中都去过哪里，发散幼儿思维，将活动环节进行升华，突破活动的难点。】

6. 活动结束

师：今天小朋友们用小耳朵听、小眼睛看、小嘴巴大声唱的方法学会了《打电话》这首儿歌。在生活中我们什么时候能打电话呢？当你遇到开心和不开心的事，都可以输入电话号码和爸爸、妈妈分享，老师相信你们，小朋友们再见了。

活动延展

1. 活动延伸

我们的音乐区里有舞台、乐器，小朋友们可以在里面唱歌、演奏、表演。

2. 领域渗透

《3~6 岁儿童学习与发展指南》在科学领域的数学认知中指出：引导幼儿感知和体会生活中很多地方都用到数，关注周围与自己生活密切相关的数的信息，体会各种数所代表的含义。例如，和幼儿一起寻找发现生活中用数字做标识的事物，如电话号码等。本次活动可以和数学领域相结合，帮助幼儿认识生活中的数字，体会数字的用处有多大。

《3~6 岁儿童学习与发展指南》在健康领域中指出：允许幼儿表达自己的情绪，并给予引导。本次活动可以用打电话的方式，让幼儿学着分享自己的情绪，从而帮幼儿化解不良情绪。

3. 家园共育

家长和幼儿一起制作电话手工作品，让幼儿学着用打电话的方式和亲近的人分享自己的情绪。家长对幼儿有进一步的了解，同时可以和老师沟通孩子的情况，实现真正的家园共育。

活动反思

本次活动，我运用了幼儿经常玩的记忆歌词游戏、感知旋律和节奏，同时加入图谱的方式激发起孩子学习歌曲的欲望，幼儿解读图谱记忆歌词——拍身体部位感知节奏——哼唱小动物的声音熟悉旋律——音乐表现，此时幼儿能完整地唱出歌曲。为了将活动效果进行提升，我又设计了歌曲创编的环节，将歌曲延伸到幼儿的生活中，与他们的生活经验有了共鸣。他们可以将歌曲简单创编。整个活动层层递进，环环相扣。为了使幼儿初步学会并完整唱出这首歌，教师给幼儿的演唱次数较多，孩子自主表现的机会相对较少。最后值得我们深思的是音乐教学活动真正给幼儿带来的是什么，这需要在以后的活动中继续思考与调整。

活动资料

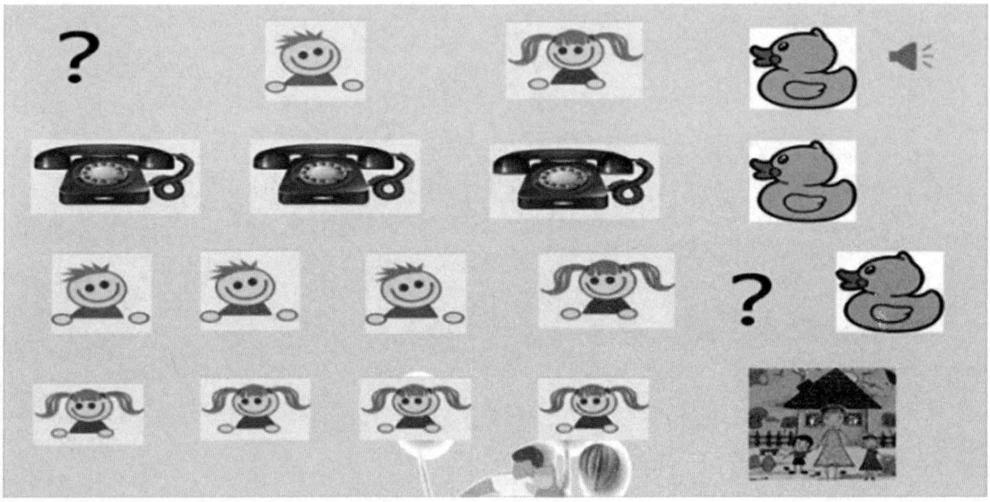

打电话

两个小娃娃呀，正在打电话呀，喂喂喂，你在哪里呀？哎哎哎，我在幼儿园。

专家点评

幼儿园音乐活动的核心经验是感受美、表达美、创造美。儿童表达美的核心经验的获得需要建立在对音乐感知的基础之上，而表达美的核心经验的获得与积累又为儿童获得音乐创造美的核心经验奠定基础。本次活动通过整体感知音乐——熟悉歌词、节奏、旋律——表现音乐——创编动作、歌词等环节让幼儿在音乐创作中有愉悦的体验。活动中创设闯关情境，运用图谱的策略，通过具象图谱和抽象图谱相结合的方式，紧扣歌词内容，让幼儿更好地理解与记忆歌词内容；运用动作节奏游戏引导幼儿熟悉音乐节奏；用小动物叫的情境帮助幼儿学唱旋律，提高幼儿音乐表达能力；采取游戏接龙的方式让幼儿在表达的基础上，用自己的方式即兴创编动作；最后用提问的方式拓展幼儿的思路，让幼儿尽情创编歌曲。此音乐活动，各环节环环相扣，层次清晰且皆有童趣。

多彩的纸巾

活动基本信息

名　　称：《多彩的纸巾》
活动领域：艺术
年 龄 班：中班
设 计 者：郝文慧
点 评 者：傅立洁

活动设计

设计思路

《3~6 岁儿童学习与发展指南》中指出幼儿艺术领域学习的关键在于充分创造条件和机会，在大自然和社会文化生活中萌发幼儿对美的感受和体验，丰富其想象力和创造力，引导幼儿学会用心灵去感受和发现美，用自己的方式去发现美和创造美。本次活动以生活中常见的纸巾、颜料为载体，通过让幼儿体验基本的浸染方法，并探索不同形状下图案的变化，使幼儿感受创作的乐趣，激发幼儿的审美能力、操作能力，并鼓励幼儿用自己的艺术作品布置环境、美化生活。

活动目标

（1）学习浸染的基本方法，并探索不同的折叠方法可以染出不同的图案。

（2）感受浸染活动带来的乐趣，激发幼儿的想象力和创造力。

活动重难点

（1）重点：学习浸染的基本方法。

（2）难点：探索不同的折叠方法浸染出不同的图案。

活动准备

（1）物质准备：PPT、纸巾、颜料、调色盘、轻音乐。

（2）经验准备：认识基本的几何图形，会将正方形纸巾折成长方形、正方形、三角形等不同形状。

活动过程

1. 谈话导入，激发幼儿自主学习意识

（1）师：今天老师给你们带来了一个神秘礼物，请小朋友们摸一摸、猜一猜它是谁。（老师从背后变出一个装有礼物的信封，老师请每一个小朋友都分别摸一摸，并说一说。）

最后老师打开神秘信封，公布答案：一包纸巾。

（2）师：请小朋友们说一说，纸巾有什么用途呢？

请小朋友们分别说。

小结：我们在吃东西、擦鼻涕、擦手、上厕所的时候都会用到纸巾，原来纸巾有这么多用途。今天纸巾还要展示一项新本领，你们看。（教师出示一张带有漂亮图案的纸巾）

2. 教师示范操作，介绍浸染的过程

师：小朋友们想知道这张漂亮纸巾是怎么来的吗？

幼：画上去的/涂上去的/染上去的。

师：小朋友们说了这么多，我们一起来看一看吧。

（1）教师示范：拿出一张纸巾，折成正方形，四个角分别蘸上我们喜欢的颜料，颜色宝宝吸上来啦，宝贝们要耐心等一会，纸巾变干了再轻轻打开，漂亮的图案就形成了。

师：现在小朋友们知道白色纸巾怎样变成彩色纸巾了吧？

小结：我们把这种先折叠再染色的过程叫浸染。叫什么？（浸染）

（2）师：我们看一看，还可以染成什么图案？

教师示范：把纸巾折成三角形，一次，两次，三次，我们选三种漂亮的颜色蘸取。轻轻打开，哇，也很漂亮。和刚才的图案一样吗？你更喜欢哪一个呢？当然，你也可以将纸巾折成自己喜欢的其他形状，亲自动手试一试吧。

3. 幼儿浸染纸巾，教师巡视指导

师：现在请小朋友们将纸巾折成自己喜欢的形状，浸染纸巾吧！

播放轻音乐，幼儿动手浸染纸巾，教师巡视指导。（教师同时将幼儿的操作过程用手机投屏，为操作完的小朋友记录。）

4. 分享交流，评价小结

（1）教师用大屏展示幼儿作品，邀请小朋友们上台说一说自己是怎么浸染的、折成了什么形状。观察每一个小朋友的纸巾图案有什么不同。

（2）通过探索发现两个小秘密：原来不同的折叠方法可以染出不同的图案，比如将纸巾折成三角形染出的图案和折成正方形的就不一样；折得越小染出的颜色越多。

活动延展

1．活动延伸

出示小视频：教师用任意折叠方法折纸，并用小刷子将颜料蘸到纸巾上，染出更多漂亮的图案，供幼儿欣赏。

今天我们都学会了浸染这项本领，把雪白的纸巾变成了五颜六色的花手帕，我们还可以做成漂亮的花蝴蝶、美丽的天鹅等，伟大的设计师们也是用这种方法做出手帕、帽子、丝巾、鞋子、衣服等物品的。老师想要布置一下我们的美工区，请小朋友用浸染的方法设计出漂亮的作品装扮我们的环境吧！

2．家园共育

回家和爸爸妈妈一起浸染，并将浸染的纸巾做成漂亮的艺术作品。

3．领域渗透

幼儿在浸染的过程中，加深了对于形状的认知。教师给出不同图案的纸巾，激发了幼儿的探究兴趣。通过操作、比较，幼儿发展了发现问题、分析问题和解决问题的能力，锻炼了逻辑思维能力，是活动对科学领域的有效渗透。

活动反思

本次活动基于生活中熟悉的材料设计，而且幼儿对颜色鲜艳的颜料很感兴趣，所以在操作的过程中幼儿很投入。为激发幼儿的探究能力，我为幼儿展示了两种不同的折纸方法并鼓励幼儿用自己的方式创作。通过本次活动，幼儿能够掌握浸染的方法，大部分幼儿能够发现不同的折叠方法可以染出不同的图案，激发了幼儿的审美能力和创造力。我尝试用手机投屏幼儿的操作过程，并在大屏上展示幼儿作品，能更好地对幼儿作品加以记录、对比。在材料投放上，要注意普通的纸巾韧度不够，遇水容易黏在一起，所以在纸巾的选择上要有意选择有一定厚度和坚韧的纸巾，丙烯颜料需加水调和，浓稠适中。

活动资料

幼儿操作演示小视频、轻音乐。

专家点评

美术创作促使幼儿在头脑中形成审美心理意象，利用艺术的工具和材料将它们重新组合。因此，我们要遵循孩子们的个性化发展，让幼儿能够用自己的美术语言去表现和创造。活动中，教师通过让幼儿欣赏浸染的图案，引导幼儿对比不同的折叠方式出现的不同图案，引发幼儿创作的欲望。在幼儿创作过程中，教师为幼儿创设轻松的环境和提供丰富的材料，播放轻音乐、记录创作过程、不过分干涉等教育行为，把更多的创作和创造空间留给幼儿，为其个性化的表现和创造提供了支撑。在分享的过程中，幼儿互相欣赏，交流分享创作经验，为后面的创作活动提供了更多的可能性。

开汽车

活动基本信息

名　　称：《开汽车》
活动领域：艺术
年 龄 班：小班
设 计 者：兰蒙蒙
点 评 者：傅立洁

活动设计

设计思路

经观察，我班的孩子们很喜欢带汽车玩具入园，在语言区中关于汽车的书也很受小朋友的欢迎，孩子们在角色扮演游戏中经常会扮演小汽车的形象在教室里开来开去。

为了追随孩子的脚步，满足他们对车子的兴趣，《开汽车》的音乐活动应运而生。活动中的律动环节，除了有节奏鲜明的音乐，还有两段非常有趣的情境——加油和下雨。孩子们在这两段情境中可以创编自己喜欢的动作来帮助小汽车，这无疑给活动增添了趣味性与自主性。

《指南》对于中小班年龄段的艺术目标指出，幼儿要“能用声音、动作、姿态模拟自然界的事物和生活情境”。游戏要从孩子生活中来，到孩子生活中去。本次活动中设计的两个情境与幼儿生活经验相关，孩子们在这样轻松愉悦的氛围下，能自主进行表达和表现，获得音乐活动带来的美好体验。

活动目标

（1）感受音乐的活泼、欢快，能随音乐有节奏地开汽车。

（2）能随音乐节奏创编简单动作，并能有序开车，做一个文明的小司机。

（3）让幼儿懂得遇到问题要想办法解决。

活动重难点

（1）重点：能随音乐有节奏地开汽车。

（2）难点：能随音乐节奏创编简单动作，有节奏地开汽车。

活动准备

（1）物质准备：PPT、音乐、每人一个小板凳。

（2）经验准备：有乘坐汽车和在加油站加油的经验。

活动过程

1. 开始部分（创设情境引出问题，激发幼儿的好奇心）

师：今天的天气有点冷，我想带着小朋友们开着我的小汽车出去游玩。但是，在小汽车出去玩的路上，有可能会遇到一些小问题。小朋友们一定要认真听，猜一猜小汽车在路上遇到了什么问题。（播放音乐，幼儿听音乐猜想问题。）

（1）师：请你仔细听，出发的钟声响起来了，小汽车准备出发了。（播放 PPT 和音乐，教师提问。）

师：你听到了什么声音？

幼：我听到了“咔”的一声。

师：那你们猜猜小汽车遇到什么问题了呢？

幼：没有油了。

师：你们猜是小汽车没有油了，没有油了我们应该怎么办呢？

师：去哪里加油呢？（播放 PPT，出现加油站。）

幼：加油站。

师：加油站的叔叔阿姨是怎么给汽车加油的呢？（请多名幼儿用手比画加油的动作并念：加加油，加加油！）

（2）师：刚才请了这么多小朋友来给小汽车加油，小汽车喝得很饱很饱了，又要继续出发了。（播放 PPT 和音乐）请小朋友们继续仔细听，猜猜小汽车又会遇到什么问题。

师：（播放下雨声音）你又听到了什么声音？

幼：下雨了。

师：下雨时车玻璃上到处都是小雨点，我们需要怎么做呢？

幼：刷一刷。（幼儿用手比画刷的动作）

师：我看见一个小朋友是这样刷的。我们跟他学一学，伸出一个手指头，往一边刷。（教师带领小朋友用一个手指头学雨刷器的动作，边刷边念：刷一刷、刷一刷。）

师：你们表现得可真棒，一会儿小朋友开车上路的时候，可以选择自己喜欢的加油方式和雨刷器。

2．过程部分（教师提汽车遇到的两个问题，幼儿回顾，幼儿尝试做动作并做开汽车游戏）

（1）师：小朋友们，我们加油的时候要把车停下来，那怎么才可以让小汽车停下来呢？

幼：刹车。（幼儿模仿刹车动作）

师：下雨的时候我们可以边刷边走，能不能开快点？

幼：不能。（对，下雨天开车要慢慢走。）

（2）师：谁知道爸爸妈妈在开车以前都会做什么准备呢？（幼儿回答）

（3）师：对，开车前要双手握住方向盘，还有最关键的是，我们一定要系好安全带。那接下来，请小朋友和我一起开着小汽车跟着音乐准备出去玩儿了！（播放PPT和整段音乐）

师：出发的钟声响起来了，请大家系好安全带，抓好方向盘，准备出发。

（教师与幼儿一起原地听音乐做相应动作。）

（4）师：那小朋友们想不想自己开车上路呢？（幼儿回答）请你把你的小椅子停车位停到小圆点上。（请幼儿把椅子压在点上）

师：请小朋友们站在小停车位的后面，准备开车上路了！（幼儿起立站在椅子后面。再次播放整段音乐，幼儿听音乐尝试自己练习开汽车。）

师：我们是第一次开车上路，小朋友一定要记得遵守交通规则。不要超速，要有序排队，需要停车的时候，大家要踩住刹车把车停下来，下雨的时候，我们要开启雨刷器慢慢开。（幼儿一边听着音乐一边做动作，绕椅子开车。）

（5）师：我们第一次开车上路就这么棒呀。这次老师要请小朋友变成小交警，看看小汽车人有没有遵守交通规则。（教师请幼儿当交警）注意行驶过程中一定要听音乐的节奏，仔细听音乐。（播放音乐，幼儿再次做开车游戏，教师巡视。）

（6）师：（播放打雷的声音）天空中打了很大的雷，雨越下越大，这个时候我们再开车就会有危险了，我们要迅速找一个停车位把车停下来，大家快去找找自己的停车位把车停好。（幼儿找小板凳坐下来）

师：我们再来试一次，看看打雷了，我们能不能很快找到停车位把车停下来。（播放完整音乐，幼儿听音乐做动作。）

3．结束部分

师：小朋友们，今天的这个游戏好玩吗？（幼儿回答）那我们把这个游戏带回去跟其他的小朋友一起玩一玩吧。

活动延展

1．活动延伸

本次活动可以延伸到幼儿实际生活中，让幼儿在户外社会化游戏区更真实地进行开汽车活动，便于幼儿运用自己所学的知识解决生活中的问题，提高幼儿的学习兴趣。

2. 家园共育

本节课结束后，要求家长带着幼儿去加油站观察汽车加油的真实情景；在下雨天，带幼儿观察雨刷器的动作，并给幼儿讲解交通规则，形成家园共育，共同促进幼儿养成遵守交通规则的良好习惯。

3. 领域渗透

在音乐领域中，幼儿感受音乐的活泼、欢快，能随音乐有节奏地开汽车。在体育活动领域中，幼儿能简单创编动作，并能有序开车。在语言领域中，幼儿能够按节奏说出“加加油”“刷一刷”。在思想教育领域中，幼儿知道了开车要遵守交通规则。

活动反思

在本次活动一开始，孩子们就十分投入，他们很喜爱开汽车的音乐游戏，在表现加油和刷雨刷器两个动作时，幼儿能够在老师的引领下，结合生活经验大胆创编动作。大部分幼儿能根据音乐的变化做出相应的反应和动作。孩子们乐于游戏，乐于在边听边玩中感受音乐活动的美妙和乐趣。当然，在本节课前期，孩子们听的音乐较少，对于音乐的了解和配合还稍有欠缺。

活动资料

专家点评

音乐游戏活动首先要求幼儿对音乐的节奏、快慢与音色的表达要有一定的感知与理解能力，这对于刚刚入园不到两个月的小班幼儿来说很难达到。因此，教师课前制作了小汽车开动上路、加油站加油、打雷声和下雨的多媒体课件。在活动中将音乐情境用动画直观地表现，方便幼儿理解掌握，将以往的生活经验转化成音乐游戏语言，顺利进行音乐游戏活动，趣味十足。游戏时结合具体情境教师还不失时机地进行了交通规则教育和雨天安全教育，活动设计巧妙，相当出色。

蜜蜂保卫战

活动基本信息

名　　称：《蜜蜂保卫战》

活动领域：艺术

年 龄 班：中班

设 计 者：王　一

点 评 者：刘　婷

活动设计

设计思路

本班幼儿已经学习过律动，对于“拱肩”“暂停”等动作并不陌生，并且现阶段幼儿已经具备了跟随音乐进行律动的能力，同时他们已经具有了较为强烈的展示自我、追求成功的愿望。经过认真分析本班幼儿的实际发展水平，教师运用情境导入法、自主学习法、模仿教学法、启发联想法、讲述示范法、表演展示法等教学方法，通过情境导入音乐、根据音乐节奏创编动作、共同合作演绎乐曲三部分引导幼儿感受乐曲的节奏、AB段不同的音乐风格，使幼儿体验音乐游戏带来的快感。

活动目标

（1）认知目标：根据“吓一跳”和“蜜蜂蜇”的动作情境，使幼儿感受乐曲AB段不同的音乐风格。

（2）能力目标：幼儿能够创编动作并随节奏进行表演。

（3）情感目标：幼儿可以努力控制自己在光头强回头后，变成“木头人”不发出声音，感受音乐游戏的快乐和赶走光头强的喜悦感。

活动准备

（1）物质准备：奥尔夫乐器：手摇铃、铃鼓、沙蛋；音乐、课件（PPT）、光头强面具。

（2）经验准备：活动前孩子们早已经看过“熊大熊二”的动画片，他们表示非常喜欢，尤其是对光头强的人物更是又恨又爱。我也见过很多孩子购买光头强的服饰工具等，所以孩子们非常了解人物的背景。

活动过程

1. 情境导入

（1）具体做法。

老师直接提问：今天班里还来了一位小朋友，你们猜猜他是谁？引出光头强的图片，讲述光头强可能又要干坏事了，邀请小朋友扮演小蜜蜂一起去跟踪光头强，这样一下子就能进入主题，把孩子拉进情境之中。

（2）教师与幼儿展开谈话导入。

师：小朋友们好！

幼：老师好！

师：今天啊，咱们身边还来了一个小朋友，咱们看看这是谁呢？

（光头强图片。）

师：谁来了啊？

幼：光头强。

师：光头强大摇大摆地就走到了森林里，小蜜蜂们发现了他的踪迹，就想去看一看他到底是不是又去干坏事了。那现在老师来扮演蜂王，小朋友来扮演小蜜蜂，我们去跟踪光头强，好不好啊？

幼：好。

师：嗯。不过，要是跟踪光头强，你得在后边怎么走呢？

幼：悄悄地走。

师：对，悄悄地走，当光头强回头的时候，你们要怎么样？

幼：要定住。

师：对，要定住，不能让光头强发现咱们的踪迹，好不好？那小蜜蜂看谁来了？

2. 引导幼儿想象“吓一跳”的动作

（光头强出场。）

光头强：哇，这有一大片森林啊，今天我可要多砍一点树，老板一定会表扬我的。

（走一走就回头看一看。）

光头强：什么声音？

（光头强退场。）

师：小蜜蜂们快回到座位上，光头强实在是太狡猾了，一溜烟就钻到了森林的深处。原来光头强真的是来干坏事的，老板又需要一大批木材，光头强走着走着，就在森林里发现了一棵又高又大的树，可是他不知道小蜜蜂们的家就藏在这棵大树上。光头强在底下“咚”的一声砍一下树，小蜜蜂就在树上“哎哟哟”吓一跳，那我要问问小蜜蜂，谁能给我表现一下你被吓一跳的时候是什么样子呢？

（幼儿举手回答，幼儿展示。）

师：是什么样的啊？她就一把抱住了旁边的同伴，那你被吓一跳的时候是什么样的呢？

（教师模仿幼儿的展示。）

师：特别惊讶。还有呢，你被吓一跳的时候是什么样的呢？

（教师模仿幼儿的展示。）

3. 通过引导，学习律动

师：小朋友们表现得都特别好，那咱们先一起来听听小蜜蜂被吓一跳时候的音乐是什么样的吧。

（播放音乐。）

师：现在啊，蜂王要问问小蜜蜂了，你在这个音乐中，听到了什么特点？

幼：音乐里边有停顿。

师：哦，×× 说里边有停顿，噔噔噔噔噔，那我要问问小蜜蜂们了，你们觉得这个音乐停顿的时候要做什么动作啊？

幼：吓一跳。

师：吓一跳的动作在音乐停顿的地方，现在要请小蜜蜂了。刚才你们想了那么多吓一跳的动作，一会儿我们跟着音乐把你自己吓一跳的动作放进去好不好？那现在小蜜蜂要干什么啊，飞……

（放音乐，跟随音乐做动作。）

师：我刚才看小蜜蜂们表现得特别好，把吓一跳的动作都给表现出来了。那我要问问小蜜蜂们了，光头强正在破坏你们的家园，你们现在的心情是什么样的？

幼：生气。

师：对，特别气愤，它要破坏森林，破坏我们的家园，那你气愤以后要做什么呀？

幼：刺它。

师：对，我们就要蜇光头强。那小蜜蜂们，谁能表现一下你想怎么蜇光头强啊？

（幼儿做动作。）

师：那我想问问小蜜蜂们，你们想蜇它哪啊？

幼：头。

师：他说蜇光头强的头，咱们一起来蜇光头强的头怎么样？蜇……那你想蜇光头强的哪里啊？

幼：屁股。

师：那咱们一起蜇光头强的屁股，蜇……

师：蜂王特别气愤，我觉得蜇它身体的哪个部分都不能让我解气，所以我决定要蜇它的全身。来，咱们一起来蜇一下，蜇……

师：那蜂王要问问小蜜蜂了，我们蜇光头强的时候，他会老老实实一直不动吗？

幼：不会。

师：啊，你蜇他的时候他会怎么样？

幼：会跑、回头。

师：对，他也会回头进行反击。当他进行反击的时候咱们要怎么样？

幼：要躲。

师：对，小蜜蜂们特别聪明，咱们要躲一下，躲完了之后再干什么啊？继续蜇，蜇……再躲一下，再继续蜇。非常好，那咱们现在一起听一下蜇的音乐是什么样子的吧。

（放蜜蜂蜇的音乐。）

师：听完了这段音乐，我发现好多小蜜蜂都跃跃欲试，那我们就跟着音乐一起去蜇一蜇吧。小朋友们请准备，拿好你们的小刺，咱们要去蜇，蜇……

（跟随音乐做动作。）

师：小蜜蜂们表现得特别好，那咱们这回完整地来表演一遍，好不好？那小蜜蜂们要准备好起飞喽。

（跟随全部音乐做动作。）

师：好，那咱们刚才做了哪些动作了？这回蜂王给小蜜蜂们带来了一张图片，咱们一起来看一看。这是咱们刚才做动作的动作队形，这回我请小蜜蜂们，咱们一起来休息一下，竖起你们的小耳朵来听一听，听听音乐和动作图片有哪些关系。

（放音乐，指 PPT。）

师：好，看完了，我要问问小蜜蜂们，你们知道前面这两排小蜜蜂跟咱们哪个动作有关系呢？

幼：吓一跳。

师：哦，前边这小蜜蜂代表的是什么啊？（吓一跳）那这个波浪线代表的是什么？

幼：是蜇光头强。

师：哦，是蜇光头强，那波浪线后的这个小蜜蜂是什么呀？

幼：躲。

师：非常好，这回我要请小蜜蜂们看着这个动作队形，咱们一起来表演一下。

（放音乐，幼儿做动作。）

师：刚才蜂王观察小蜜蜂，有的小蜜蜂做得节奏有点乱。你要看着这个动作队形，动作队形是什么咱们就做什么对不对？当你去蜇光头强的时候，你要干净利索地躲开，如果躲不掉的话会怎么样？

幼：被抓到。

师：对啊，光头强就会一把把你抓住。这回请小蜜蜂们仔细地看动作图片，咱们再来一遍。

（放音乐，幼儿做动作。）

师：这一遍小蜜蜂们就比上一遍表现得更好了，小蜜蜂们蜇人的动作已经做得特别到位了。听，光头强真的来了……

光头强：哇，找到一棵非常大的树，这回我可要砍掉它。

（放音乐，光头强敲鼓，部分幼儿做动作。）

光头强：怎么这么难受呢？怎么回事，浑身不得劲。算了，接着砍树吧。

师：光头强被蜇跑了吗？

幼：没有。

师：咱们的力量还是太弱了，这回我们要多来几个小蜜蜂，一起蜇光头强。

（放音乐，光头强敲鼓，部分幼儿做动作。）

光头强：呀，好疼，原来是可恶的小蜜蜂，去，一边去，别耽误我干活。

师：小蜜蜂们，咱们成功了吗？（没有）咱们力量还是太弱了，这次咱们一起上吧。

（放音乐，光头强敲鼓，幼儿做动作，光头强边说打你们。）

光头强：不行，太疼了，我得赶紧回家抹点药，我还得把它砍完。

师：小蜜蜂们，光头强被赶跑了吗？（没有）它只是回家抹点药。哎，它实在是太厉害了，这么努力都不能把光头强赶跑。哎，蜂王有一个秘密武器，咱们用武器试一试看能不能把光头强赶出森林。请小蜜蜂们闭上你们的小眼睛。请小蜜蜂们拿好武器回到自己的座位上。

（取出武器，领武器。）

师：小蜜蜂们，咱们一起发挥咱们武器的力量，一起来一遍，那你们看看你们手里的武器是什么啊？对，是手摇铃。这次咱们就用手摇铃，我就不信，咱们不能把光头强赶出森林。那我问问小蜜蜂们，当你吓一跳的时候，是什么样子的啊？

（教师带领幼儿做动作。）

师：这个摇铃是怎么响的啊？对，是一下一下响的。那你们要去蜇光头强的时候是什么样子的啊？那这回是怎么响的啊？对，不停地摇、不停地响。

4. 利用欣赏法，巩固学过动作

师：那小蜜蜂们，准备好你们的刺，准备好你们的武器，听一听，光头强又回来了。

光头强：喂，老板，别着急，这棵树我马上就给它砍断。

（放音乐，做动作。）

光头强：啊，好疼啊，老板，我要回家了。

师：小蜜蜂们，光头强被蜇跑了吗？大家高不高兴啊，小蜜蜂们，咱们带着蜂蜜，一起去庆祝一下吧。

活动延展

1. 活动延伸

本节课中幼儿表演欲望和创作状态都处于最佳期，鼓励幼儿回家和爸爸妈妈一起巩固练习此律动节奏，并告诉幼儿要保护环境，要像小蜜蜂一样爱护我们的自然环境。

2. 家园共育

为了让我们的艺术活动能发挥出它的艺术价值，丰富幼儿的听觉体验，可以建议家长在家多放一些节奏感相对较强的音乐，和幼儿共同欣赏，感受音乐的高低起伏，和幼儿一起根据音乐节奏创编动作，和幼儿共同探讨对于音乐的感受，描述关于音乐的故事，使幼儿自然地融入情境中，由境生情、由情促感、有感而发。丰富幼儿的经验，激发幼儿对学习的兴趣，为艺术的开展做好充分的前期铺垫。

3. 领域渗透

音乐课程是一门艺术性、综合性很强的课程，是一种极富感染力的艺术形式。本节课可以与美工综合，培养幼儿理解音乐形象、表达情感的能力。幼儿可以通过做手工或画画来展示对音乐的理解。音乐课程还可以与舞蹈综合，培养幼儿的节奏感，提高幼儿的音乐理解能力。舞蹈的动作性可体现音乐的节奏、音律。舞蹈的动作性、舞蹈的形体动作构成自己的艺术“语言”。音乐课程还可以与语言领域相结合，在幼儿感受音乐时，可引导幼儿叙述对音乐的感受，从而锻炼幼儿的语言综合能力。此课程还可以与社会领域相结合，教导幼儿要团结友爱，告诉幼儿要保护环境，要像小蜜蜂一样爱护我们的自然环境。

活动反思

光头强这个卡通形象是幼儿耳熟能详的，通过活动幼儿对蜜蜂有了一定的了解，幼儿表现得积极有活力。幼儿在用不同乐器表演打击乐时不仅开发了自己的想象力和创造力，而且大大提升了与同伴的合作配合意识。在《幼儿园教育指导纲要》中，有关艺术领域的指导要点指出：幼儿的创作过程和作品，是他们表达自己的认识和情感的重要方式，应支持幼儿富有个性和创造性的表达，克服过分强调技能技巧和标准化要求的偏向。另外，在高潮中结束活动，会给幼儿一种意犹未尽的感觉，有利于幼儿在活动后继续练习，不断创新。

活动资料

歌曲名称：《Purple Passion》（节选）。

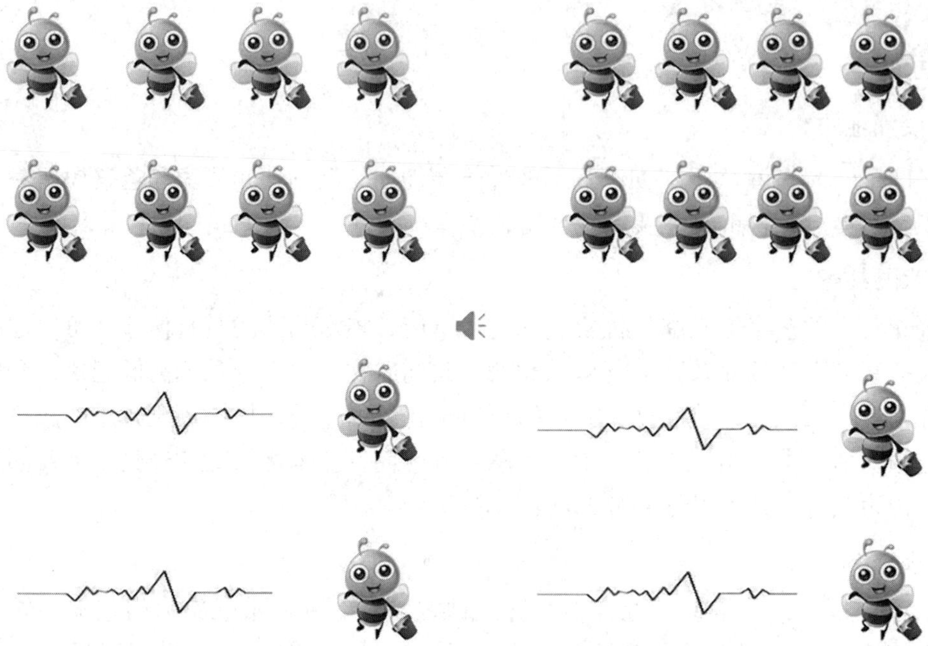

专家点评

《3~6 岁儿童学习与发展指南》指出，4~5 岁幼儿能用拍手、踏脚等身体动作或可敲击的物品敲打节拍和基本节奏。本次活动以幼儿熟悉的光头强导入，能把幼儿迅速带入活动情境中，用故事、图谱和动作来帮助幼儿理解音乐，且动作创编也可以增强幼儿的创造力和动作表现力，充分做到了感受与欣赏、表现与创造。

快乐的小鼹鼠

活动基本信息

名　　称：《快乐的小鼹鼠》
活动领域：艺术
年 龄 班：中班
设 计 者：王晓风
点 评 者：刘　婷

活动设计

设计思路

《指南》中指出：4~5 岁幼儿能感知声音的高低、长短、强弱等变化，用拍手、踏脚等身体动作打节拍和基本节奏，并尝试用身体动作来表现音乐内容。音乐是与语言、舞蹈、动作紧密联系在一起的，让幼儿通过动作的高低、快慢、强弱等来感受音乐，将有助于发展幼儿的肢体协调能力和对音乐的感知力。《快乐的小鼹鼠》这首曲子比较欢快、活泼，富有趣味性，加上我们班孩子之前观看过鼹鼠的故事，了解小鼹鼠的形态、生活习性。孩子们对小鼹鼠的形象和动态也比较感兴趣，乐于表演和参加游戏。根据乐曲《快乐的小鼹鼠》的结构特点，我设计了此次教学活动，运用故事、图谱、游戏的形式加以辅助，引导幼儿分段欣赏音乐，帮助幼儿感受乐曲旋律的变化。故事与音乐的结合，使音乐更具趣味性和表演性。图谱与音乐的结合，让幼儿更加直观地了解音乐的旋律和内容，有助于培养幼儿的节奏感和音乐感知能力。游戏与音乐的结合，为此次活动增添了趣味性和游戏性。

活动目标

（1）认知：初步了解作品的结构和它所表现的形象和内容，感受欢快、活泼的音乐风格。

（2）能力：尝试听辨乐曲旋律的变化，能运用身体动作来表现音乐形象和内容。

（3）情感：体验集体游戏的乐趣，培养幼儿的游戏规则意识。

活动准备

（1）物质准备：PPT、音乐《开汽车》、小鼹鼠头饰6个、狮子头饰1个、蝴蝶头饰3个。

（2）经验准备：活动前组织幼儿观看《鼹鼠的故事》，了解小鼹鼠的形态、生活习性。

活动过程

1. 情境导入＋节奏游戏

（设计意图：此环节的重点在于运用故事引子，引发幼儿对音乐欣赏的兴趣，同时运用拍手游戏，让孩子把握乐曲A段的节奏型，为下面的乐曲欣赏做好了准备，此环节贴合活动目标2。）

（1）教师和幼儿伴随音乐《开汽车》入场。

师：孩子们，今天老师要去参加一场森林舞会，你们想不想去啊？（想去）

师：那快快上车吧！记住，要系上安全带哦，我们出发了。

教师扮演司机，幼儿扮演小乘客，伴随音乐入场，坐到自己的小椅子上。

（2）介绍小鼹鼠。

师：今天不止我们来参加森林舞会了，还有一个可爱的小动物带着它的小伙伴也来了，我们一起来看看它是谁吧！（点击PPT，播放小鼹鼠的图片。）

（3）节奏游戏，感受体验乐曲A段的节奏。

师：小鼹鼠们见了咱们班小朋友还是挺害羞的，我们和小鼹鼠们打个招呼吧！

师：下面老师带你们玩一个拍手游戏，让我们用不一样的方式来和小鼹鼠们打招呼吧！

教师示范拍手游戏：

× × × × | ×× ×× × 0|

小 鼹 鼠 们 | 你们 你们 好 0|

× × × × | × × × 0|

小 鼹 鼠 们 | 你 们 好 0|

（幼儿跟随老师进行拍手游戏。）

2. 初次完整欣赏感受音乐，分享聆听感受

（设计意图：此环节的重点是通过音乐的整体欣赏、聆听，使幼儿初步了解乐曲所表达的风格。贴合活动目标１。）

师：小鼹鼠们今天也是来参加森林舞会的，因为路途遥远，在来舞会的路上小鼹鼠们发生了一些事情，你们想知道发生什么了吗？（想）

师：下面我们来听一首乐曲，试试能不能从音乐里找到答案，仔细听……

（播放完整乐曲。）

师：音乐听完了，我想问问小朋友们，这首音乐听起来是什么感觉呢？是欢快的、优美的、开心的、紧张的还是害怕的呢？（幼儿分享聆听音乐后的感受，对快乐、紧张、害怕、舒适情绪的表达。）

师：孩子们，听完这首音乐你们想象一下，小鼹鼠在路上会发生什么事情呢？我们一起来说一说。（幼儿分享聆听音乐后小鼹鼠在路上可能会发生什么事情。）

3. 分段欣赏乐曲

（设计意图：此环节的重点是通过分段欣赏，进一步感受乐曲的情绪和图谱的运用，一方面帮助孩子了解情节的发展，另一方面清楚明了地把握了乐曲的结构特点，这里也解决了活动的难点，即音乐旋律的听辨能力。另外，此环节的幼儿动作表现则给予了孩子自我感受释放的空间，因为对于孩子来说，肢体动作是一种非常直接、有效的欣赏表现形式，贴合活动目标2和活动目标3。）

（1）欣赏乐曲A段。

师：那下面我们分段再欣赏一遍音乐，看看小鼹鼠们究竟发生了什么，是不是跟我们小朋友想的一样呢？（播放乐曲A段与图谱）

师：这一段音乐给我们的感觉是比较欢快、开心的，那小鼹鼠们究竟发生了哪些事情，一起来听老师讲一讲吧。

教师手指图谱：原来小鼹鼠正排着整齐的队伍和我们一样去参加森林舞会，走着走着，有一个叫鼠小弟的鼹鼠很调皮，一会儿离开队伍，一会儿又迅速回到队伍，因为一个人行走真的很危险。

（2）幼儿用肢体创造性地表现A段音乐。

师：下面老师请小朋友来模仿一下小鼹鼠是怎么走路的？

师：有谁愿意表演一下调皮的小鼹鼠？

（请个别幼儿来表演。）

（3）欣赏B段乐曲。

师：我们再来听一听下一段音乐，看看又发生了哪些事情？（播放B段音乐）

师：这一段乐曲忽强忽弱，听起来有点紧张的感觉，小鼹鼠又发生了哪些事情？一起来听老师讲一讲吧。

教师手指图谱：小鼹鼠们走到半路，听到前面好像有危险，它们不敢发出声音，再听听看，嘘……小鼹鼠们加快速度继续走，“嗖”的一声，一只小鼹鼠滑倒了。

（4）幼儿用肢体创造性地表现B段音乐。

师：下面老师请小朋友来表演一下小鼹鼠是怎么听见有危险的？

师：有谁愿意来表演一下小鼹鼠滑倒的样子啊？

（请个别幼儿来表演。）

（5）欣赏重复A段，引导幼儿感受乐曲的结构特点。

师：听完这段乐曲，小朋友有没有发现，这段乐曲和第一段一样吗？（一样）这种第一段和第三段完全一样的乐曲就是ABAC结构的乐曲。

师：这段乐曲中小鼹鼠们继续往前走，鼠小弟还是会离开队伍，但又回来。

（6）欣赏C段乐曲。

师：我们再来听一听下一段音乐，看看又发生了哪些事情？（播放B段音乐）

师：这段音乐一开始听起来很优美、舒服，后来速度加快，感觉紧张起来了，小鼹鼠们究竟发生了什么事情呢？我们一起来看看。

教师手指图谱：小鼹鼠们来到一个绿绿的草地，这里有美丽的蝴蝶，小鼹鼠们和蝴蝶朋友们一起跳舞了……突然它们听见狮子来了，小鼹鼠们吓得赶紧跑起来。

（7）幼儿用肢体创造性地表现C段音乐。

师：下面老师请小朋友来表演一下小鼹鼠和小蝴蝶是怎么跳舞的。

师：有谁愿意表演一下凶恶的大狮子啊？

（请个别幼儿来表演。）

4. 再次完整欣赏

（教师运用图谱引导幼儿完整欣赏乐曲，把握整段音乐的结构顺序。）

师：小鼹鼠们这一路上真是发生了许多有趣的事情。下面我们从头到尾再来听一遍这首乐曲，这次我们可以加上自己的表演动作。

（幼儿伴随音乐一起自由表演。）

5. 集体游戏“快乐的小鼹鼠”

（设计意图：此环节的重点是在动作表演中表达对整段作品形象、内容的理解，通过幼儿创编、教师带领的活动形式，表达幼儿对音乐的理解。）

师：刚刚小朋友们表演得都特别棒，下面我们再玩一个“快乐的小鼹鼠”的游戏。老师来说一下游戏规则：幼儿自由选择游戏角色，幼儿排成一队，做小鼹鼠团队，跟随音乐情境进行游戏。

师：现在我们出发！

教师用语言提醒幼儿表达出乐曲旋律的变化，游戏进行两遍。

6. 总结，活动结束

师：今天我们不仅听了一首好听的乐曲，还听了小鼹鼠在路上发生的故事，玩了好玩的游戏，舞会结束了！我们该和小鼹鼠说再见了！孩子们快上车吧。

教师带着幼儿伴随音乐排队退场，活动结束。

活动延展

1. 活动延伸

将动物头饰投放到音乐区，让幼儿继续自由发挥。

2. 家园共育

活动之前，家长跟幼儿一起查找鼹鼠的资料、动画或故事，加深幼儿对鼹鼠的了解。活动之后，幼儿回家也可以和家长一起玩“快乐的小鼹鼠”游戏。

活动反思

在幼儿用肢体创造性地表现音乐的环节时，孩子们创编的动作比较单一，平时应该在音乐活动中多引导幼儿用肢体来表现音乐。教师适时退出给幼儿留出空间，在音乐欣赏的同时或者音乐欣赏之后都是让孩子们先感知想象创作动作，不能剥夺孩子的主体性，应该一直让孩子们占有主导地位，教师只是协助。其次是互相学习，让能力强的孩子进行展示，并鼓励孩子们在最后的游戏巩固中互相合作、创编动作。

活动资料图谱

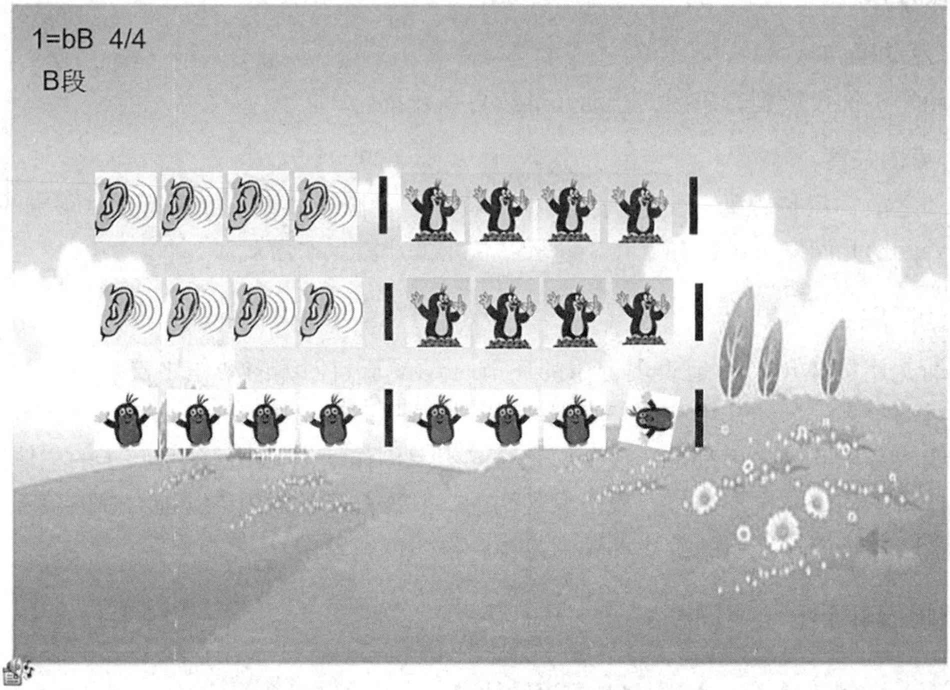
1=bB 4/4
B段

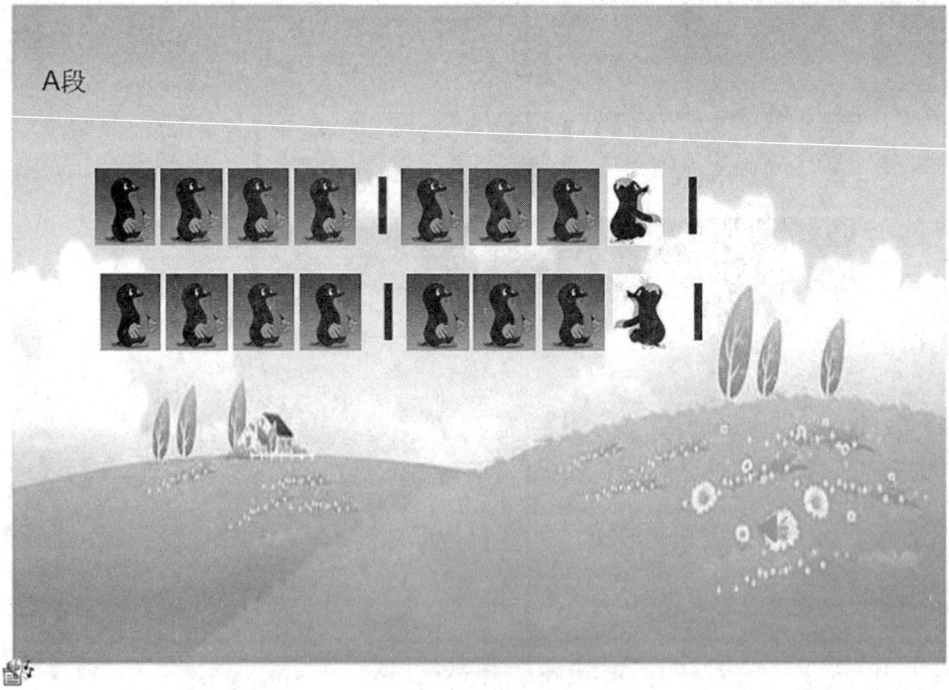
A段

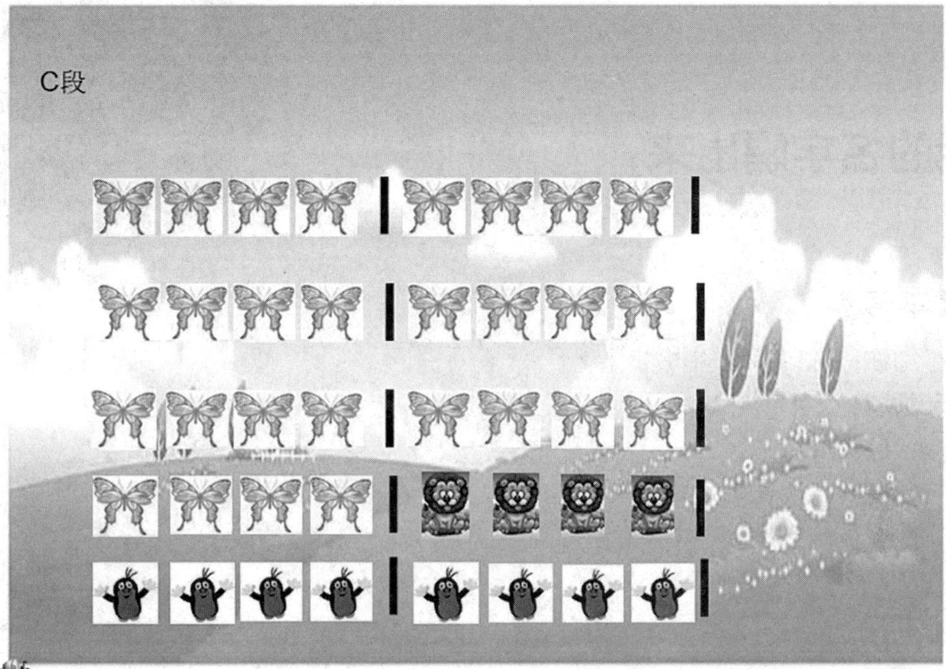

专家点评

《3~6 岁儿童学习与发展指南》指出，要萌发幼儿对美的感受和体验，丰富其想象力和创造力，引导幼儿学会用心灵去感受和发现美，用自己的方式去表现和创造美。本次活动以故事引入，将幼儿充分带入活动中；整体感知音乐，幼儿可以从整体上把握音乐；后再分段，并用图谱和动作表现，帮助幼儿深入理解音乐；最后的游戏环节，幼儿可以在音乐游戏中结束整个活动。整个活动充分做到了以幼儿为主体，多感官通道并用理解和欣赏音乐。

把我的名字唱出来

活动基本信息

名　　称：《把我的名字唱出来》
活动领域：艺术
年 龄 班：中班
设 计 者：温铁琪
点 评 者：赵　静

活动设计

设计思路

让孩子们用歌唱的方式把自己的名字唱出来给别人听，这个活动充满了新奇与挑战。把握好每个领域活动的目标和特点非常重要，活动开始之前的准备很重要，活动的每个切入点也很关键，歌曲的节奏、名字的填入、歌唱时的欢喜等将气氛烘托至高点。歌曲《把我的名字唱出来》是一首诙谐幽默的歌曲，孩子们应该十分喜欢，让孩子能通过变化歌曲的快慢速度并用快乐的情绪演唱，体验歌曲快慢的变化。

活动目标

（1）感受歌曲的旋律，以欢快的情绪进行歌唱接龙活动。
（2）体会歌唱出自己的名字时的自豪感与喜悦感。
（3）感受旋律的气氛和与小朋友一起参加音乐活动的乐趣。

活动准备、

（1）仙女棒（卡纸制作），水果展示图若干。
（2）歌曲《康康舞曲》（节选）。

活动过程

一、导入，听音乐动作、哼唱，感受歌曲旋律

（1）请大家来欣赏一段非常有意思的音乐！你感觉如何？是否

想跟着音乐跳一跳？

（2）听着音乐感受旋律。

（3）感受旋律，用“来来来……”的歌词跟着音乐唱一唱。

（4）激发幼儿反复哼唱的兴趣，教师随机变化旋律的速度。

（5）教师反复弹奏歌曲，大多数幼儿在教师指导下主动地歌唱。

二、填词游戏，学唱歌曲

1. 填词“汤米、杰西卡”

（1）汤米、杰西卡是两个外国小朋友的名字，听老师来唱一唱他们的名字。

（2）教师示范将“汤米、杰西卡”填入歌曲中，快乐地大声哼唱。

（3）你们听到老师是怎么唱的？（引导幼儿发现要重复名字中的最后一字。）

（4）师幼一起歌唱。

2. 填词水果名字

（1）出示水果图片：看，这是什么？水果宝宝们看到你们唱得这么高兴，它们也想来唱一唱，我们一起来听一听。

（2）教师出示水果图片，幼儿说出水果名字，教师将水果名字填入歌曲欢快地大声歌唱。

（3）鼓励幼儿尝试唱出水果的名字。

（4）听了水果宝宝们歌唱，你觉得怎么样？那我们也来学着唱一唱好吗？

3. 学习填词演唱自己的名字

把握填词演唱的要点。

想一想自己的名字是几个字的？两个字该怎么唱？三个字该怎么唱？

再想想，名字最后一个字是什么字？

（再次帮助幼儿掌握两个字名字与三个字名字的不同唱法。）

（1）教师示范填词演唱自己的名字。

（既为幼儿做了示范，也拉近了师幼的距离，增进了师幼的情感。）

（2）在琴声的伴奏下，请幼儿轻声填词演唱自己的名字。

（让幼儿自由尝试，自主检查自己的学习情况。）

（3）请个别会唱的幼儿（两个字、三个字名字的小朋友）上台填词演唱自己的名字。

（交流展示，既为幼儿提供同伴间互学的机会，又便于教师及时了解幼儿的学习情况并给予相应指导。）

（4）请两名（或四名）幼儿以接唱的形式填词演唱自己的名字。

三、集体玩接龙游戏，感受边唱边玩的乐趣，产生自豪感

（1）下面我们一起来做一个游戏，我这里有仙女棒，仙女棒点到谁的头，谁就站起来把自己的名字唱出来。

（2）大家都唱得非常好，那接下来我们再来玩一个好玩的游戏。

游戏方法如下。

①按座位分成6组。

②先由一个孩子歌唱自己的名字，唱完后把仙女棒传到下一个孩子手里，下一个孩子歌唱自己的名字，参加的孩子依次歌唱，看哪组唱得最好。

③鼓励幼儿用自己喜欢的方式歌唱，并配上有趣的身体动作和有节奏的舞动。

④以接龙演唱的形式，全体幼儿把自己的名字用歌曲演唱的方式介绍给大家。（幼儿一个接一个地用演唱的方式介绍自己的名字将活动推向高潮，也大大激发了孩子的演唱激情。）

⑤我们今天听到的这么好听的音乐是交响乐《康康舞曲》，让我们一起再来欣赏一下吧。（欣赏交响乐团的交响乐）

四、延伸环节

引导幼儿将自己喜欢的动物、物品等唱出来。

活动延展

1. 活动延伸

小朋友们回家后可以把自己的名字唱给爸爸妈妈听，还可以教爸爸妈妈唱他们自己的名字。

2. 家园共育

请幼儿回家与爸爸妈妈讨论自己的名字包含了爸爸妈妈怎样的期望和爱。幼儿可以和别的小朋友介绍并唱出自己的名字。

3. 领域渗透

《把我的名字唱出来》的活动通过听辨、师幼问答、模仿演唱、老师与幼儿的自我介绍等信息交流，使幼儿从中掌握歌曲旋律并学会正确填词演唱介绍自己。其中，教师引导幼儿在听辨、比较、分析中逐步掌握旋律和填词演唱的方法；让幼儿学习用歌唱的方式介绍自己。老师唱出自己的名字，让幼儿模仿老师学唱名字，既给幼儿作了示范，也拉近了师幼之间的距离，增进了教师与幼儿互动的情感与行为，更加激起幼儿想把自己名字唱出来的欲望，活动中幼儿学得非常主动且开心。

活动反思

1. 教材是活动的载体，创造性地利用教材

教师针对不同的幼儿，在具体的教学情境下，对教材进行修正、开发和创造，使教学活动充满活力，产生超出预设的“溢出效应”。

这个活动的内容来自《康康舞曲》，在拿到教案的时候，我发现活动一开始就直接让

幼儿试听《把我的名字唱出来》，然后引导幼儿将自己的名字唱到歌曲里面。我觉得这样有点不妥，原因在于《康康舞曲》是一个非常优秀的作品，它强有力的节奏、流畅的旋律让我们印象深刻，如果在创编活动之前让幼儿欣赏原曲，这样既有利于扩展孩子的学习视野，也有利于孩子熟悉歌曲旋律，为接下去的创编做好准备，于是我把它改成了欣赏原著，自由地跟着打出歌曲的节奏型。对小朋友来说，把自己的名字用歌唱的方式介绍给他人，既充满情趣，又具有挑战性。《把我的名字唱出来》歌曲旋律流畅生动，歌词单一，初次哼唱觉得比较简单。此曲有两个难点：一个是“| 11 76 | 54 32 |”，这一句的音准不易掌握，另一个是第一段和第二段衔接非常紧凑，幼儿自然、顺畅地接唱比较困难。解决这两个难点，让孩子更好地、更自然地掌握旋律，我们对原教材作了修改：一是将“| 11 76 |”改为“|1$\dot{1}$76 |”，因为“|1$\dot{1}$76 |”比“|11 76 |”音准更容易掌握且其旋律也动听；二是在第一段尾声 |54 32| 后面加了一小节“1 0”，这样有了预备的时间，幼儿可以更好地接唱。

2. 幼儿是活动的主体，重视幼儿学习方法的指导

活动过程中，通过引导幼儿用听辨、分析、比较的方法来理解歌曲基本结构、掌握旋律并正确填词演唱。如“汤米（杰西卡）是怎么介绍？”（掌握名字两个字与名字三个字的不同唱法）“汤米和杰西卡音唱得更高的是谁？”（区别旋律不同把握音准）“想一想，我们的名字是几个字的？两个字该怎么唱？三个字该怎么唱？名字最后一个字是什么字？”（掌握填词演唱的要点）等。每个活动都有不同的特点，有的活动教材上的环节也不一定很合理，在执教的时候要多留一份心、多思考，还要多利用网络查找与活动相关的材料。我们上课的时候多思考，多问一个为什么就多一种思路，只有这样幼儿园的活动才能更丰富饱满、科学合理。

专家点评

1. 选材精准，目标明确

本节活动内容《康康舞曲》音乐中贯穿欢乐的喜剧气氛，节奏明快、流畅，适合中班幼儿的年龄特点；活动目标明确、具体、恰当、全面，符合中班幼儿的学习特点和发展水平。

2. 环节巧妙、方法得当

教学环节设计合理，有层次，结构合理，过渡自然。

以游戏为主要活动形式，结合本班幼儿的姓名创编歌词，使用魔法棒增强游戏的趣味性、神秘性，顺应幼儿的兴趣和需要，教学方法新颖独特，有艺术性。

3. 教师专业素养高

教师的教态好，语言流畅，活动中教师能够关注到幼儿的差异性，师幼互动良好。活动准备充分，多媒体的运用给予幼儿良好的艺术欣赏体验，激发了幼儿参与活动的兴趣。

教师使用钢琴演奏，随时根据幼儿的表现调整演奏的进度，教师专业的素养为教育活动的开展提供了良好的技能支撑。

57

满树花儿开

活动基本信息

名　　称：《满树花儿开》
活动领域：艺术
年 龄 班：中班
设 计 者：李红岩
点 评 者：万立勇

活动设计

设计思路

《3~6 岁儿童学习与发展指南》中提出，艺术是人类感受美、表现美和创造美的重要形式。中班幼儿的年龄特点是他们喜欢发现自然界与生活中美的事物。我根据幼儿已有的生活经验，与幼儿共同确定艺术表现的主题，为他们提供材料，引导幼儿围绕主题展开想象并进行艺术创作。

活动目标

（1）欣赏作品，感受画中花开的美。
（2）尝试运用不同的手工制作方式表现枝头盛开的花。
（3）积极参与创作，并大胆提出自己的创作想法。

活动准备

（1）物质准备：PPT、各种颜色的轻黏土、弯弯曲曲带有枝杈的树枝、乳胶、每人一张纸。

（2）经验准备：认识和了解一些春季开花的树。

活动过程

1. 回忆关于花的一些已有经验

师：春天来了，许多花都开了，你出去踏春的时候见过什么花？

（幼儿回答他们认识的花朵名称。）

2. 共同欣赏教师提供的花朵的摄影图片，感受花的美以及枝干的生命力

（教师出示花的照片，请幼儿欣赏。）

师：你知道这是什么花吗？

师：它是什么样的？什么颜色的？花瓣是大的还是小的？

教师引导幼儿进行总结。

小结：杏花有白色的、有粉色的，花朵小小的、有五片小花瓣；桃花是粉色的，花瓣是一层一层的；玉兰花有粉色的、有白色的，花瓣是尖尖的；丁香花有白色的、有紫色的，有四片花瓣；苹果花有粉色的、有白色的，有五片花瓣；梨花是白色的，花瓣是有点圆的。

3. 创作花儿盛开的大树

师：出示各种材料，鼓励幼儿大胆制作。

师：每人一张带有树干的纸和不同的材料。怎样用这些材料来表现枝头盛开的花朵呢？

师：用轻黏土怎么表现花朵？用毛球怎么表现花朵？你还想用什么办法制作花朵？

师：怎样让树枝上长满花朵呢？

师：让幼儿分组进行艺术创作。

师：巡回指导，发现遇到问题的幼儿共同分析原因，寻找解决的方法。

4. 展示作品，共同欣赏

师：你们组做了什么样的花？

师：我们把做好的作品放在美工区一起欣赏吧。

师：你们组做了什么样的花？

师：我们把做好的作品布置在哪里呢？

活动延展

1. 活动延伸

将幼儿的作品布置到班内的手工区域内。

2. 家园共育

春天里这样满树花开的景色很多，结合幼儿的经验，利用周末的时间带幼儿去公园欣赏其他类型的花朵。这样，幼儿的表现力和创作方式也可以更加多样化，并且在操作环节可以让幼儿独自发挥，独立创作出作品。

3. 领域渗透

艺术领域、语言领域。

活动反思

本节活动内容是根据幼儿已有的生活经验，与幼儿共同确定了活动内容。教师为他们提供材料，引导幼儿围绕主题展开想象并进行艺术表现。小朋友们都选择了自己喜欢的材料进行作品的创作。在活动内容中，我们还应用到了语言领域让幼儿说出花朵的颜色、形状特点等。在幼儿操作过程中，由于每个幼儿的个体差异性不同，对于能力强的幼儿，我给予鼓励，点评一下他们的成果；对于能力稍弱的幼儿，我及时给予肯定，并耐心地指导幼儿进行创作，小朋友们最终在教师的引导下都能独立完成手工操作。

活动资料

歌曲:《春暖花开》。

专家点评

在准备材料的选择上，除了本次活动涉及的材料外，还可以结合本班幼儿的经验和喜好多准备一些丰富的材料和艺术表现形式，可以让幼儿向大家介绍一下自己的设计创意，鼓励幼儿积极思维、大胆想象、大胆表达；可以让幼儿点评其他小朋友的作品，锻炼幼儿发现美、欣赏美的能力。

58

在山魔王的宫殿里

活动基本信息

名　　称：《在山魔王的宫殿里》
活动领域：艺术
年 龄 班：大班
设 计 者：叶　媛
点 评 者：李伟光

活动设计

设计思路

《指南》中指出：艺术领域的学习关键在于充分创造机会，引导幼儿感受和体验音乐作品，丰富他们的想象力和创造力。在幼儿喜爱的动画片《猫和老鼠》中，我发现了很多世界名曲的片段，通过动画片里的故事情节把这些名曲呈现给小朋友，让他们更容易理解这些优秀的作品。于是我将名家名曲用孩子喜欢的方式去展示，带领孩子们一起欣赏，从而提高他们的艺术鉴赏能力。本次我选取的音乐是挪威作曲家爱德华·格里格的幻想诗剧《培尔金特》里的一段乐曲《在山魔王的宫殿里》，该段乐曲的旋律相似，通过速度和力度的逐步变化带来的冲击感对于大班孩子来说是非常新鲜和有趣的。幼儿通过身体动作来表现乐曲变化，提高了幼儿的音乐感受力和表现力，使幼儿体会到自由表达和创造的快乐。

活动目标

（1）欣赏乐曲，感知旋律相同、速度和力度的变化。
（2）提高用身体动作表现音乐变化的能力。
（3）享受随音乐表演的乐趣。

活动准备

（1）物质准备：动画视频制作、音乐截取片段。
（2）经验准备：大班幼儿能理解音乐作品中的情绪、节奏、强弱等特点，感知音乐中的细节部分，并敢于大胆表达自己的独特想法和感受。

重点难点

本节活动的重点是幼儿通过反复倾听音乐，感知乐曲所表达的内容和旋律变化，培养幼儿的音乐感受力和表现力。难点是通过角色扮演和身体动作来表现音乐变化。

活动过程

1. 导入过程

师幼问好，通过观察图片引起幼儿的兴趣。

师：我们来看这幅图，你们观察到了什么？（看到大树、树洞等）今天老师给小朋友们带来一段音乐，这段音乐和这个图片有关，我们一起来听一听吧。

2. 感受乐曲

第一次播放音乐，请幼儿仔细聆听并回答问题。

师：这段乐曲和这个山洞有什么关系呢？在这个山洞里发生了哪些故事呢？是怎么听出来的？（可怕的故事）（后面的声音震震的）

教师引导幼儿说出音乐的特点：音量由小到大、速度由慢到快的规律。

3. 故事代入

第二遍播放音乐，边讲故事边听音乐。

师：有一个小男孩，他的名字叫卡卡。在美丽的秋天，他上山去采果子吃。突然，他发现了一个美丽的山洞。于是，他被山洞里的美景所吸引，他慢慢地走进了山洞。越往里走，他发现山洞里好像有很多双闪着光亮的小眼睛在朝他看，他吓得大步走了起来。卡卡很害怕，他越走越快，越走越快，甚至跑了起来。这时，山洞前方出现了山魔王，卡卡虽然很害怕，但是他急中生智，抓起地上的石头砸向山魔王。最后卡卡终于打败了山魔王，安全地回到家里。

师：刚才卡卡用的什么办法打败的山魔王？（石头）用了几块石头？用了几块大石头和几块小石头？

教师再次强调音乐的特点：音量由小到大，速度由慢到快的规律。

4. 音乐游戏

（1）第三遍播放音乐，引导幼儿尝试用身体来表现音乐的变化。

师：我们可以用身体的哪个部位来表现音乐的变化？（拍手、拍腿、拍肩膀）

（2）第四遍播放音乐，师幼创编动作。

师：师幼共同创编扔石头的动作，大石头（双手）、小石头（单手）。

（3）第五遍播放音乐，幼儿自由表演。

师：我们如果是卡卡，怎样才能打败山魔王？（扔石头）那就请小朋友一起用自己的方式，打败山魔王吧！（请幼儿起立，随音乐变化自由表演。）

（4）第六遍播放音乐，分角色扮演。

师：老师扮演山魔王，请幼儿扮演卡卡，随音乐变化自由表现。

（5）第七遍播放音乐，换角色扮演。

师：现在我请一名小朋友来扮演山魔王，其他小朋友来扮演卡卡，大家一起随音乐的变化、用自己觉得适合的动作表情来战胜山魔王吧。

（6）第八遍播放音乐，再一次换角色扮演。

师：这次我们请女孩们来扮演山魔王，男孩们来扮演卡卡，看一看女孩扮演的山魔王，会不会被打败？

5. 结束

小朋友，卡卡是个机智勇敢的小男孩，我们一定要向他学习，遇到事情不慌张，才能战胜困难。回去以后，你们可以给好朋友讲这个故事，也可以和他们一起玩这个游戏。小朋友们，再见！

活动延展

1. 活动延伸

教师将《在山魔王的宫殿里》的音乐和相关道具、头饰等投放到表演区，幼儿可自主表演。

2. 家园共育

请家长与幼儿共同探讨问题“迷路了怎么办？”并分享谈论结果。

3. 领域渗透

美术领域：创作一个《卡卡奇遇记》系列连环画。

社会领域：各种各样的山洞。

健康领域：秋天的果实。

语言领域：创编故事《卡卡奇遇记》。

科学领域：秋天的大树。

活动反思

教育家苏霍姆林斯基说过：“童年不能没有游戏和童谣，同样也不能没有音乐。”法国作家雨果也曾说过：“开启人类智慧宝库有三把钥匙，一把是数学，一把是文学，一把是音符。”这些无不说明音乐在幼儿成长和发展中的重要作用。要使音乐的教育作用得以发挥，兴趣的激发必不可少，有趣的音乐活动能吸引幼儿主动参与、深入思考，让幼儿有愉悦的情感体验，才能够促进幼儿身心和谐发展。本次音乐活动从音乐的选择、目标的制定、游戏的玩法等方面，都以幼儿的兴趣为出发点，最大限度地激发起幼儿参与音乐活动的热情。音乐游戏玩法由浅入深、层层递进，孩子们情趣浓厚，活动结束后仍然意犹未尽。音乐播放八遍，更加有趣地让幼儿感受音乐的特点，理解音乐表达的情感。

不足之处是教师语言不够精练，活动环节之间承接得不够流畅。

活动资料

《在魔王的宫殿里》是格里格应邀为易卜生的诗剧《培尔·金特》所写的配乐组曲中的一首曲子，完成于1874年至1875年间，但他从配乐中选编的两套组曲（各分四段），却到1888年和1891年才先后编出。这两部组曲都是作者格里格的代表作品。

专家点评

活动设计符合幼儿年龄阶段特点，从音乐的选择、目标的制定到游戏的玩法等方面考虑到大班幼儿已经具有初步的理解音乐作品中的情绪、节奏、强弱等特点的能力，教师也采用多种形式激发起幼儿参与音乐活动的热情。音乐游戏的玩法由浅入深、层层递进，鼓励幼儿用身体的部位和动作来表现音乐的变化，随着音乐创编动作，通过自由表演、角色扮演等激发幼儿感受作品和表达作品的兴趣，鼓励幼儿敢于大胆表达自己的独特想法和感受，幼儿参与积极性较高。建议教师制作视频时重新设计背景画面，使其更加精美。

59

小精灵的魔法水

活动基本信息

名　　称：《小精灵的魔法水》
活动领域：艺术
年 龄 班：中班
设 计 者：窦　洁
点 评 者：邸燕鸣

活动设计

设计思路

《小精灵的魔法水》是一节音乐欣赏活动，所选的音乐是著名作曲家约翰·施特劳斯的《加速度圆舞曲》中相对经典的一段乐曲，是ABA的曲式结构，乐曲生动形象，欢快流畅，能给幼儿带来愉悦的感受，也能引发幼儿情绪的自主表达。本次活动巧妙地运用了小精灵做魔法水的情境贯穿全曲，利用图谱、肢体动作，让幼儿更形象直观地感知和表现音乐，并让幼儿亲身体验和探索，更易于幼儿接受、理解音乐，从而提高幼儿的音乐感受力和表现力。

活动目标

（1）知识目标：感受欢快、流畅的音乐风格，尝试分辨乐曲ABA式的结构。

（2）能力目标：通过音乐和图谱，能跟随音乐不同段落做出相应动作。

（3）情感目标：体验音乐欣赏的乐趣。

活动准备

课件图谱、魔术盒、瓶子、魔法布、魔法棒。

活动过程

1. 随音乐变魔法导入，趣味引入主题

引导语：小朋友们大家好，我是一只可爱的小精灵，我拥有神奇的魔法，今天给大家变一个神奇的魔术。

2. 情境贯穿，感受音乐旋律

教师出示瓶子和魔法布，边听音乐边做动作，完整表演魔法。（水变色了，让幼儿体验魔法的趣味性。）

师：我的魔术要开始了，请小朋友仔细看，认真听，一会我会把魔法传递给表现好的小朋友。

3. 利用 PPT 课件图谱，了解乐曲结构

看完整图谱，教师提问：小精灵变魔法时，都做了哪些动作？（点、搅拌、注入魔力、摇一摇。）

分解图谱，带领幼儿分析乐曲结构，并做相应动作。（突出重点）

4. 动作感知，深入感受乐段

请个别幼儿尝试边听音乐边做动作变魔法水。（针对幼儿掌握不好的部分，进行讲解和加强训练，突破难点。）

引导语：现在请两位小朋友到前面展示一下，大家看一看他们的魔术能成功吗？

教师共同带领幼儿听音乐做动作。

师：我们一起练习一次，我准备把魔法传递给大家了，听音乐开始了。

5. 成果展现，升华音乐活动

师幼再一次随音乐变魔法，水变色了，幼儿许愿、分享。

教师介绍乐曲的名字叫作《加速度圆舞曲》。

师：1，2，3……魔法传递给所有小朋友，下面我们一起跟随音乐变魔法，哇！都成功了，请小朋友许下你的愿望。今天这首乐曲的名字叫作《加速度圆舞曲》，请小朋友回家后表演给家人看，现在我们拿起许愿瓶去帮助更多的人实现他们的愿望吧，出发！

活动延伸

1. 区域延伸

把音乐投放到表演区，请幼儿进区随音乐进行创意表演。

2. 家园共育

回到家，为爸爸妈妈表演《加速度圆舞曲》，请家长及时对幼儿表示鼓励和肯定。

3. 领域渗透

将艺术、社会领域渗透整合，注重幼儿全面发展。

活动反思

本次活动内容完整、连贯，教师教态自然亲切，活动目标基本完成。导入部分变魔法的情境以及结束部分幼儿亲身体验变魔法的环节使活动达到了高潮，整个活动师幼互动良好，幼儿兴趣非常浓厚，积极主动回答问题、参与活动，使幼儿真正体验到音乐欣赏活动的乐趣。

不足之处是活动氛围不够活跃，教师应给予幼儿更加宽松自由的活动空间，再与幼儿多一些亲密互动，调动幼儿的积极性，活跃活动氛围。教师的表情、动作以及语音语调有些平淡，可以再夸张一些，增强吸引力。

专家点评

《小精灵的魔法水》是典型的ABA三段体的曲式结构。整首乐曲欢快流畅，有很强的流动感，让人情不自禁地想翩翩起舞。教师把目标定位在使幼儿感受乐曲欢快流畅的风格，结合图谱了解ABA的曲式结构，感受乐曲渐强、渐快的旋律特点，并用肢体律动表现旋律变化，乐于在音乐活动中大胆地表现。

教师准备很充分，透明水瓶（均装半瓶水，且数量与幼儿人数相等）、图谱、魔法布，孩子们有足够多的道具进行活动，而且把重难点定位准确，重点是使幼儿感受乐曲欢快流畅的曲风，难点是让幼儿感受乐曲速度与强弱的变化，整节教育活动能够达成重点、突破难点。

本活动借助图像符号、肢体律动来帮助孩子对音乐有更直观的理解和感受，同时以“小精灵制作魔法水”为游戏情境贯穿始终，帮助孩子富有兴趣地反复倾听感受，富有创意地表达表现。本次活动的氛围很好，幼儿也对活动非常感兴趣。活动中孩子们很开心，每位幼儿都很认真地在学、在看、在做，整节教育活动符合幼儿的年龄特点，很好地达成了活动目标。

秋天的果实之美味的水果

活动基本信息

名　　称：《秋天的果实之美味的水果》
活动领域：艺术
年 龄 班：大班
设 计 者：张京涛
点 评 者：马　文

活动设计

设计思路

秋天是最美丽的季节。五颜六色的叶子，湛蓝的天空，同时，秋天也是丰收的季节。本次活动通过观察美好的秋天给予人们的馈赠——果实，利用大班小朋友喜欢的橡皮泥来进行艺术创作。

活动目标

（1）能认识各种水果，并对其进行特征描述。

（2）让幼儿介绍自己熟悉的水果，发展幼儿的口语表达能力及社会交往能力。

（3）提高幼儿的观察、动手能力，培养其尝试、合作、分享的良好品质。

活动准备

（1）物质准备：PPT，橘子、柿子、草莓、香蕉等实物若干；纸盘、彩泥、刻刀等操作工具。

（2）经验准备：儿童有玩过彩泥的经历，并在老师的指导下，用刻刀进行艺术创作的经历。

活动过程

1. 欣赏 PPT

让幼儿仔细观察，提问引导幼儿：这些果实有哪些不一样？鼓励幼儿介绍看到的水果的种类、颜色、大小及认知的口味等特征。通过交流分享，促进幼儿语言表达能力的提升。

2. 展示水果

教师展示彩泥制作的各种水果，激发幼儿的制作欲望，调动幼儿的积极性。通过让幼儿观看制作视频及教师实际指导的形式，来进行利用彩泥作材料完成水果创造的活动。

3. 幼儿游戏“水果宴会”

（1）让幼儿根据水果的种类分别装盘，以混合水果装盘等不同形式做好摆放。

（2）启发幼儿“水果宴会”的情境角色表演。

（3）指导幼儿交流分享，提升幼儿的交际能力。

活动延展

1. 教学变式

这一教学活动可以根据四季的变化来进行。比如春天，制作小草、枝条、桃花；夏天，制作绚丽多彩的花朵；冬天，制作雪花、雪人、梅花等。

2. 活动延伸

可以将活动设计为主题活动。每个小朋友负责制作彩泥水果，最后大家开一个水果聚会。邀请其他班的老师和小朋友一起参加。这样，幼儿与幼儿园的弟弟妹妹的感情加深了，而且更加丰富了孩子们的想象力，锻炼了他们的社会交往能力。同时，也满足了小朋友们愿意展示自己作品、为自己创作的作品感到骄傲的心理特点。

3. 家园共育

可以在家中用彩泥为爷爷奶奶、外公外婆制作重阳节的礼物，表达对家人的关爱之心。

4. 领域渗透

社会领域：幼儿和三五个小朋友一起进行创作，符合这个年龄阶段小朋友合作学习的发展规律。

科学领域：制作出不同的水果，和小朋友们探讨水果的来源（比如，热带水果）和水果形成的自然规律。

健康领域：通过对儿童使用刻刀的观察，了解儿童肌肉发展的情况，进而设计并提供更多的锻炼幼儿肌肉或手眼协调能力的活动。

活动反思

活动材料和活动时间准备充足。大班儿童是可以进行独立活动的年龄段。只要提前把材料准备充足，包括不同颜色的彩泥、刻刀、纸盘等，教师的指导就会以最小化的形式出现。同时，给予幼儿充足的时间对顺利完成活动也是保障条件之一。彩泥创作同样是符合小班儿童发展特点的一种活动，小班幼儿的发展是以感觉为中心的，而彩泥正是可以带来触感的教具，对于大班幼儿，要求他们能用彩泥进行艺术创作。

活动资料

（1）橘子、柿子、草莓、苹果、香蕉等实物若干。

（2）纸盘、彩泥、刻刀等操作工具。

专家点评

知：此次教学活动为大班幼儿提供了动手动脑的有益活动契机。培养儿童对大自然的兴趣，对大自然、对周围事物进行细致的观察，而且幼儿在创作中学会了认识水果的形状和颜色的搭配以及刻刀的使用。

情：此次教学活动让幼儿感受大自然这个伟大的艺术家巧夺天工的艺术造诣，调动了幼儿热爱大自然和美好生活的情感，培养了幼儿爱生活、爱大自然、爱劳动的美好品质。

意：创作过程不是一蹴而就的。通过彩泥制作，磨炼了幼儿做事的持久力，并提高了幼儿发现问题、解决问题的能力。

艺术创作让幼儿的动手能力得到提高，使他们的创新力和创造力都得到发展。